انگلیسی را به سرعت

*In The Name Of God*

# Learn English Rapidly

# انگلیسی را به سرعت یادبگیرید

مؤلف: احمد عابدینی

# انگلیسی را به سرعت یاد بگیرید

عابدینی، احمد، ۱۳۵۰ -
انگلیسی را به سرعت یاد بگیرید / مولف احمد عابدینی.-- تهران : ابتداء، ۱۳۸۵.
۲۸۲ ص.: مصور.
ISBN 964-7460-16-3: ۳۹۰۰۰ ریال
فهرست نویسی براساس اطلاعات فیپا.
کتاب حاضر با عنوان "انگلیسی را به سرعت یاد بگیرید... مکالمات و اصطلاحات روزمره انگلیسی آمریکایی..." توسط شهر کتاب، ۱۳۸۳ منتشر شده است.
۱. زبان انگلیسی آمریکایی -- مکالمه و جمله‌سازی -- فارسی. ۲. زبان انگلیسی آمریکایی -- خودآموز. الف.عنوان. ب.عنوان: انگلیسی را به سرعت یاد بگیرید... مکالمات و اصطلاحات روزمره‌ای انگلیسی آمریکایی....
۸الف۲ع/ PE ۲۸۱۳ ۴۲۸
۱۳۸۵
کتابخانه ملی ایران
۲۷۸۹-۸۵م

**انگلیسی را به سرعت یاد بگیرید.**


- ناشر: نشر ابتدا
- لیتوگرافی: نقش آوران رنگین
- چاپ و صحافی: نقش هزاررنگ
- چاپ : اول ۱۳۸۵
- تیراژ: ۳۰۰۰ نسخه
- مرکزپخش: نشر هدف
- خیابان انقلاب، خیابان اردیبهشت، خیابان وحید نظری، پلاک ۲۰۷، واحد ۸، تلفن: ۶۶۴۸۳۰۷۲ - ۶۶۴۸۸۱۳۵

## مقدمه

### به نام خداوند علی(ع) که چنین زیبا می گوید:

Entreating the God is bravery — اِن تیریتینگ دِ گاد ایز بِریوِری

*التماس کردن به خداوند، شجاعت است*

if it is granted is necessity — ایف ایت ایز گرَنتِد ایز نِسِسیتی

*اگر برآورده شود، حاجت است*

if it is not granted is wisdom — ایف ایت ایز نات گرَنتِد ایز ویزدِم

*اگر برآورده نشود، حِکمت است*

Entreating people is humiliation — اِن تیریتینگ پیپِل ایز هیومیلیایشِن

*التماس کردن به خَلق، حِقارت است*

if it is accepted is obligation — ایف ایت ایز اَکسِپتِد ایز آبلیگیشِن

*اگر برآورده شود، مِنّت است*

if it is not accepted is abjection — ایف ایت ایز نات اَکسِپتِد ایز اَبجِکشِن

*اگر برآورده نشود، ذِلّت است*

خداوند متعال یاری کرد که این مجموعه را برای عزیزانی که علاقه مند به یادگیریِ زبان انگلیسی آمریکایی هستند فراهم بیاورم و اکنون جا دارد که از دوست عزیز و ارجمندم جناب آقای جواد ایومن کمال تشکر و قدردانی را داشته باشم چرا که ایده و فکر خلّاق ایشان باعث شد تا کتاب حاضر به وجود بیاید.

این مجموعه قابل استفاده برای تمام سطوح از مبتدی تا عالی می باشد چون دارای ویژگی های زیر است:

این کتاب دارای چهار بخش می باشد و تمام بخش ها با تلفظ و ترجمه.

بخش اول مربوط به مکالمات روزمرّه بوده و دارای چهار VCD آموزشی است. *این بخش شامل سی و چهار مکالمه می باشد که در موقعیّت های مختلف در کشور آمریکا صورت گرفته است وبرای یادگیریِ آسان تر آن را به هفت صد و پنجاه و چهار شماره تقسیم کرده ایم که دارای بیش از هزار جمله ی مفید و کاربردی است که تمامی تلفظ ها توسط اساتید آمریکایی بیان شده، در این چهار سی دیِ تصویری تمام مکالمات ابتدا به صورت نوشتاری و سپس به صورت گفتاری همراه با شماره های موجود در کتاب بیان شده است و برای یادگیریِ آسان تر، هر جمله سه بار تکرار شده. شما عزیزان باید ابتدا خوب به جملات گوش داده و سپس آن ها را با صدای بلند تکرار کنید تا یادگیری حاصل شود و این جملات در حافظه ی شما با ماندگاریِ بیشتری طبقه بندی شوند.*

*توجه: حافظه دارای چهار لا یه می باشد. در لا یه ی اول اطّلاعات به سرعت یاد گرفته می شوند و اگر تکرار صورت نگیرد به همان سرعت این*

اطلاعات فراموش می شوند مانند شماره تلفنی که برای بار اول می شنویم و می توانیم بگوییم اما اگر این شماره را تکرار نکنیم، فردای آن روز آن را به خاطر نمی آوریم امّا اگر آن را چند بار تکرار کنیم این شماره وارد لا یه ی دوم حافظه شده و برای مدت چند روز هم، شاید به یاد بماند. اگر یک یا چند هفته ی دیگر به آن شماره نیاز داشته باشیم آن را به یاد نخواهیم آورد ولی اگر در زمان های مختلف از این شماره استفاده می کردیم، این شماره وارد لا یه ی سوّم می شد و ماندگاری آن بسیار بیشتر و در زمان نیاز راحت تر مورد استفاده واقع می شد حال اگر اطلاعاتِ وارد شده در لا یه ی اول با تکرار وتمرین فراوان باشد و عمل تکرار کردن در زمان های مختلف صورت بگیرد و این عمل استمرار داشته باشد، اطلاعات به صورت طبقه بندی شده به لا یه ی چهارم می رسد و در آن می ماند و در صورت نیاز می توانیم به آسانی و بدون مشکل از این اطلاعات استفاده کنیم . یادگیری زبان نیز دقیقاً به همین شکل است یعنی تا آنجا که می توانید باید لغات را در جملات مفید به کار ببرید و آن ها را در زمان ها و مکان های مختلف تکرار کنید.

بخش دوّم، مربوط به گرامر مفید و کاربردی می باشد. در این بخش گرامر به صورت بسیار ساده امّا کاربردی بیان شده است.این بخش را با یادگیریِ زمان ها آغاز کردیم چون یکی از اساسی ترین موارد، زمان می باشد. و ماآن ها را به سه شکل مثبت، سوالی و منفی توضیح داده ایم و مثال های فراوان به کاربرده ایم تا شما نیز بتوانید برای خودتان مثال هایی بیاورید. برای یادگیری گرامر بهتر است که یک قسمت را انتخاب کنید و بخوانید سپس مثال ها را با صدای بلند تکرار کرده و سعی کنید که فرمول ها را حفظ کنید و با توجه به آن ها جمله سازی کنید.

توجه۱. یکی از بهترین مراحل یادگیری، خواندن مطالب از آسان به سخت می باشد. یعنی ابتدا مواردی را یادبگیرید که آسان تر هستند و آرام آرام به سُراغ مطالب مشکل تر بروید تا یادگیری بهتر حاصل شود.

توجه۲. یکی دیگر از مراحلِ یادگیریِ بهتر، این است که ابتدا به سُراغ مَطالبی بروید که به یادگیریِ آن ها علاقه یا نیازِ بیشتری دارید.

بخش سوّم، مربوط به اصطلاحاتِ کاربردی می باشد. در این بخش۱۶۰۰ اصطلاح و جمله ی زیبای کاربردی، بیان شده و چگونگیِ استفاده و یادگیری آن ها در صفحه ی ۲۷۰ آمده است.

بخش چهارم، مربوط به ضرب المثل ها و گفته ها می باشد.در این بخش ۴۵۰ ضرب المثل و گفته ی زیبا بیان شده این بخش مخصوص عزیزانی است که مراحل تکمیلی را می گذرانند. در این بخش علاوه بر ترجمه و تلفظ، بسیاری از ضرب المثل ها ابتدا به صورت کلمه به کلمه ترجمه شده وسپس معادل فارسیِ آن ها داخل پرانتز نوشته شده است. بعضی از این ضرب المثل ها بیشتر از یک مُعادل داشته اند که آن ها نیز بیان شده اند.

امیدواریم که با این مجموعه بتوانید به هدف خود برسید

ما خود را از نظرات و پیشنهادات شما خواننده ی گرامی بی نیاز نمی دانیم.

آدرس پست الکترونیکی aab_Abedini@Yahoo.com منتظر پیام های دوستانه ی شما عزیز گرامی خواهد بود. ( احمد عابدینی )

*** تقدیم به همسر عزیزم ***

# Contents        فهرست

*In the name of God*

بخش مکالمه براساس شماره هایی می باشد که در کتاب ، cd و کاست این مجموعه آمده است

از صفحه ی ۱۴ تا ۱۴۸        بخش اول : مکالمه

| Learn English Rapidly | | فهرست مطالب | انگلیسی را به سرعت یادبگیرید |
|---|---|---|---|

توجه: در پایان هر قسمت ، لغات مربوط به همان قسمت به همراه تلفظ و ترجمه آمده است

## بخش دوم : گرامر

# In the name of GOD

**This book and its VCDs**
**have been produced**
**by**
**Ahmad Abedini**

**and**
**I should like to thank**
**my wife Mrs. Zolfaghari**
**for unfailing encouragement**
**and support**
**Here**
**I want to express my gratitude to**
**my mother and father**
**and**
**to all my friends who helped me**
**Thank you very much**

*AHMAD*         *ABEDINI*

14

## Part one | پارت وان | قسمت اول

### A B C song | اِی بی سی سانگْ | آهنگ اِی . بی . سی

| | | | | | | | | | | |
|---|---|---|---|---|---|---|---|---|---|---|
| Aa | Bb | Cc | Dd | Ee | Ff | Gg | Hh | Ii | Jj | Kk |
| *Aa* | *Bb* | *Cc* | *Dd* | *Ee* | *Ff* | *Gg* | *Hh* | *Ii* | *Jj* | *Kk* |
| اِیْ | بیْ | سیْ | دیْ | ایْ | اِفْ | جیْ | اِیْچ | آیْ | جِیْ | کِیْ |
| Ll | Mm | Nn | Oo | Pp | Qq | Rr | Ss | Tt | Uu | Vv |
| *Ll* | *Mm* | *Nn* | *Oo* | *Pp* | *Qq* | *Rr* | *Ss* | *Tt* | *Uu* | *Vv* |
| اِلْ | اِمْ | اِنْ | اُ | پیْ | کْییو | آر | اِسْ | تیْ | یو | ویْ |

| | | | | |
|---|---|---|---|---|
| Ww | Xx | Yy | (and) | Zz |
| *Ww* | *Xx* | *Yy* | *(and)* | *Zz* |
| دابِلْیو | اِکْس | وآیْ | (آند) | زیْ (زِد) |

*Now I know ~~my~~ A B Cs*    نَوْ آیْ نُ مآیْ اِیْ . بیْ . سیْزْ    *حالا من اِی . بی . سی. را می دانم*

*Next time won't you sing along With me?*    *آیا تو دفعه بعد با من همخوانی نخواهی کرد؟*

نِکْسْ تآیْمْ وُنْتْ یو سینْگْ اِلانْگْ ویتْ میْ؟

## Part two

پارت    تو

قسمت دوم

### Greeting

گیریتینگْ

سلام و احوال پُرسی

| | | |
|---|---|---|
| 1-hello | هِلُ | 1- سلام |
| 2-hello | هِلُ | 2- سلام |
| 3-good morning | گود  مُرنینگْ | 3- صبح بخیر |

| | | |
|---|---|---|
| *4-good afternoon* | گود اَفتِر نونْ | 4- بعدازظهر بخیر |
| *5-hi* | هآیْ | 5- سلام |
| *6-hi* | هآیْ | 6- سلام |
| *7-how are you?* | هآو آر یو ؟ | 7- حال شما چطوراست؟ |
| *8-I'm fine.Thanks. And you?* | آیم فآینْ . تَنْکْسْ . اَند یو ؟ | 8- خوب هستم . متشکرم. و شما؟ |
| *9-fine.thanks* | فآینْ تَنْکْسْ | 9-خوب هستم.متشکرم |
| *10-how about you?* | هآوْ اِبوْتْ یو ؟ | 10- شما چطور هستید؟ |
| *11-pretty good* | پِرِتیْ گود | 11-کاملاً خوب هستم |
| *12-I'd like you to meet my friend Christina* | آیْد لآیْکْ یو تو میتْ مآیْ فِرِنْد کیریستینا | 12- من مایل هستم که شما با دوستم کریستینا آشناشوید |
| *13-nice to meet you* | نآیْس تو میتْ یو | 13- از آشنایی با شما خوشحال هستم |
| *14-nice to meet you, too* | نآیْس تو میتْ یو ، تو | 14- من هم از آشنایی با شما خوشحال هستم |
| *15-I'm Jessica* | آیْمْ جِسیکا | 15- من جسیکا هستم |
| *16-what's your name?* | واتْسْ یُرْ نِیمْ ؟ | 16- اسم شما چیه؟ |
| *17-by the way, I'm Steve* | بآیْ دِ وِیْ ، آیْمْ اِستیْوْ | 17- راستی، اسم من اِستیو است |
| *18-what do you do?* | واتْ دو یو دو ؟ | 18- شما چکاره هستید؟ |
| *19-I work with computers* | آیْ وُرکْ ویتْ کِمْپییوتِرز | 19- من با کامپیوتر کار می کنم |
| *20-really?* | ری یِلیْ ؟ | 20- واقعاً؟ |
| *21-do you like your job?* | دو یو لآیکْ یُر جابْ ؟ | 21- آیا شما شُغلتان را دوست دارید؟ |
| *22-that's great* | دَتْسْ گرِیتْ | 22- آن عالی است |
| *23-are you a student?* | آر یو اِ اِستیْیودِنْتْ ؟ | 23- آیا شما یک دانش آموز هستید؟ |

| | | |
|---|---|---|
| 24-Yes, I study Biology | یِس، آیْ اِستادی بایالُجی | 24- بله . من زیست مطالعه می کنم |
| 25-are you married? | آر یو مَرید ؟ | 25- آیا شما ازدواج کرده اید؟ |
| 26-No, I'm not married | نُ ، آیمْ ناتْ مَرید | 26- نه. من ازدواج نکرده ام |
| 27-you're very beautiful | یور وِریْ بیْ یو تیْ فول | 27- شما خیلی زیبا هستید |
| 28-what's it to you? | وآتسْ ایتْ تو یو ؟ | 28- به شما چه ربطی دارد؟ ( به شما چه؟) |
| 29-you are very handsome | یو آر وِری هَندسامْ | 29- شما خیلی خوش تیپ هستید |
| 30-really? | ری یِلیْ ؟ | 30- واقعاً؟ |
| 31-well.It was nice meeting you | وِل. ایتْ واز نآیسْ میْتینگْ یو | 31- خوب. از دیدار با شما لذّت بردم |
| 32-I have to go now. bye | آیْ هَفْ تو گُ نو. بآی | 32- من مجبور هستم حالا بروم. خدا حافظ |
| 33-It was nice meeting you | ایتْ واز نآیسْ میتینگْ یو | 33- از دیدار با شما لذّت بردم |

## *** لغات مهم مربوط به قسمت دوم ***

| | | |
|---|---|---|
| How | هآوْ | چطور - چگونه |
| Fine | فآینْ | خوب |
| And | اَنْد | و |
| About | اِبَوْت | در مورد – در حدود |
| Pretty | پرِتیْ | زیبا |
| To like | تو لآیْکْ | دوست داشتن |
| To meet | تو میْتْ | مُلاقات کردن |

| | | |
|---|---|---|
| *Fried* | فِرِنْد | دوست |
| *Nice* | نآیْسْ | خوب |
| *Too* | تو | خیلی |
| *What* | واتْ | چه - چی- چه چیزی- چه کاره |
| *To do* | تو دو | انجام دادن |
| *To work* | تو وُرکْ | کار کردن |
| *Job* | جابْ | کار |
| *Great* | گِریْتْ | عالی |
| *Student* | اِسْتیْیودِنْتْ | دانش آموز |
| *To study* | تو اِسْتادیْ | مُطالعه کردن |
| *Biology* | بایالُجیْ | زیست شناسی |
| *Married* | مَریْد | متأهل |
| *very* | وِریْ | خِیلی |
| *Beautiful* | بیْ یو تیْ فولْ | زیبا |
| *Handsome* | هَنْد سامْ | خوش تیپ |
| *Well* | وِلْ | خوب |
| *Have to* | هَفْ تو | مجبور بودن |

## *Part three* | پارتْ ثیریْ | قسمت سوم

### *Useful sentences* | یوزفولْ سِنْتِنْسِزْ | جُملاتِ مفید

| | | |
|---|---|---|
| *34-bye* | بآیْ | 34- خدا حافظ |
| *35-great* | گِریتْ | 35- عالی است |
| *36-that's great* | دَتْسْ گِریتْ | 36- آن عالی است |
| *37-too bad* | تو بَد | 37- خیلی بد |

| | | |
|---|---|---|
| ***38-that's too bad*** | دَتْسْ تو بَد | ***38-*** ***آن خیلی بد است*** |
| ***39-guess*** | گِسْ | ***39-*** ***حدس بزن*** |
| ***40-good guess*** | گود گِسْ | ***40-خوب حَدسی بود. ( تَشخیص شما دُرست بود )*** |
| ***41-thank you*** | تَنْک یو | ***41-*** ***از شما متشکرم*** |
| ***42-you're welcome*** | یور وِلْکامْ | ***42 - خواهش می کنم. ( قابلی ندارد )*** |
| ***43-have fun*** | هَوْ فانْ | ***43-*** ***خوش باش. ( خوش باشید )*** |
| ***44-enjoy your stay*** | اینْجُیْ یُرْ اِسْتِیْ | ***44-*** ***از اِقامتتان لذّت ببرید*** |
| ***45-have a nice trip*** | هَوْ اِ نآیسْ تِرِپْ | ***45-*** ***سفر خوشی داشته باشید*** |
| ***46-have a safe trip*** | هَوْ اِ سِیفْ تِرِپْ | ***46-*** ***سفر اَمنی داشته باشید*** |

***47-good luck and have a safe trip*** ***47-*** ***موفّق باشید وسفر اَمنی داشته باشید***

گود لاکْ اَند هَوْ اِ سِیفْ تِرِپْ

***48-well, I hope you enjoy your stay in San Francisco***

وِلْ ، آیْ هُپْ یو اینْجُیْ یُرْ اِسْتِیْ اینْ سَنْ فِرَنْسیسْکُ

***48-خوب، من امیدوارم که شما از اِقامتتان درسانفرانسیسکو، لذّت ببرید***

***49-I hope you have a good time in Washington***

آیْ هُپْ یو هَوْ اِ گود تآیمْ اینْ واشینگْتُن

***49-*** ***من امیدوارم که شما اوقات خوبی در واشینگتن داشته باشید***

| | | |
|---|---|---|
| ***50-I'm twenty-three*** | آیمْ (توانی) توانْتی - ثِیری | ***50-*** ***من 23 ساله هستم*** |
| ***51-I'm twenty-six*** | آیمْ (توانی) تُوانْتی - سِیکسْ | ***51-من26 ساله هستم*** |
| ***52-I'm hungry*** | آیمْ هانْگِیری | ***52-*** ***من گرسنه هستم*** |

***53-I'm sorry. you need a passport*** ***53-*** ***متأسف هستم .شما به پاسپورت نیازدارید***

آیمْ ساری . یو نید اِ پَسْپُرتْ

***54-I'm sorry. you need a visa*** — 54- متأسف هستم. شما به ویزا نیازدارید — آیمْ ساری . یو نید اِ ویزا

***55-I like sports*** — 55- من ورزش را دوست دارم — آیْ لآیکْ اِسپُرتسْ

***56-I like music and sports*** — 56- من موسیقی و ورزش را دوست دارم

آیْ لآیکْ مْیوزیکْ آند اِسپُرتسْ

***57-I like to go Hiking. and you?*** — 57- من دوست دارم ( به گردش بروم ) پیاده روی کنم. شما چی؟

آیْ لآیکْ تو گُ هآیکینگْ آند یو؟

***58-I like all kinds of music.how about you?*** — 58- من همه نوع موسیقی را دوست دارم. شما چطور؟

آیْ لآیکْ اُلْ کآیندز آوْ مْیوزیکْ . هآوْ اِبوت یو؟

***59-I like R and B*** — 59- من، R و B دوست دارم — آیْ لآیکْ آر آند بیْ

***60-I like opera*** — 60- من، اُپرا دوست دارم — آیْ لآیکْ آپرا

***61-so do I*** — 61- من هم همینطور — سُ دو آیْ

***62-me too*** — 62- من هم همینطور — میْ تو

***63-like my sister*** — 63- مثل خواهرم — لآیکْ مآیْ سیستِر

***64-like my daughter*** — 64- مثل دخترم — لآیکْ مآیْ داتِر

***65-hello. it's good to see you again*** — 65- سلام. باعث خوشحالی است که دوباره شما را می بینم

هِلُ. ایتْسْ گود تو سی یو اِگِینْ

***66-hello. it's a pleasure to meet you*** — 66- سلام. باعث خوشحالی است که شما را ملاقات می کنم

هِلُ. ایتْسْ اِ پیلیژِر تو میتْ یو

***67-hello. it's nice to meet you*** — 67- سلام.از دیدار با شما خوشحال هستم — هِلُ. ایتْسْ نآیسْ تو میتْ یو

***68-come on. I'd like you to meet some of my friends***

کامْ آنْ. آیْد لآیک یو تو میتْ سامْ آوْ مآیْ فرِنْدز

68- زود باش. مایل هستم که شما ، تعدادی از دوستانم راملاقات کنید

**69-good afternoon. may I see your passport, please?**

گود اَفتِر نونْ .مِیْ آیْ سیْ یُر پَسپُرْتْ، پِیْلیز؟

**69- بعدازظهر بخیر. ممکن است پاسپورت شما را ببینم؟**

**70-I'm glad to help. it's part of the job**

**70- خوشحال هستم که کمک می کنم. این بخشی از کارم است**

آیْمْ گلَد تو هِلپْ . ایْتْس پارتْ آوْ دِ جابْ

**71-we have room 758 reserved for you**

**71- ما اتاق 758 را برای شما رزرو کرده ایم**

ویْ هَوْ رومْ سِونْ فیفْتیْ اِیتْ رِیْزِروْدْ فُر یو

**72-it's about a ten-minute walk**

ایتْسْ اِبَوْتْ اِ تِنْ مِنِتْ واکْ

**72- حدوداً پیاده ده دقیقه راه است**

**73-please hold**

پِیْلیْز هُلْد

**73- لطفاً گوشی را نگهدارید.**

**74-oh.your English is very good**

**74- اُه. انگلیسی شما خیلی خوب است**

اُه. یُر اینْگْلیشْ ایز وِری گود

**75-really. my brother is an engineer**

**75- واقعاً. برادرم یک مهندس است**

ریْ یِلیْ . مآیْ برادِر ایزْ اَنْ اِنْجینْییِر

**76-my husband is an engineer, too**

**76- شوهر ( همسر ) من، هم یک مهندس است**

مآیْ هازبِنْد ایز اَنْ اِنْجینْییِر، تو

**77-really. my sister is a business major**

**77- واقعاً. رشته ی اَصلیِ خواهرِ من تجارت است**

ریْ یِلیْ . مآیْ سیسْتِر ایز اِ بیْزِنِسْ مِیجِر

**78-really. my sister lives in Germany**

**78- واقعاً. خواهر من در آلمان زندگی می کند**

ریْ یِلیْ. مآیْ سیسْتِر لِوز (لیوز) اینْ جِرمَنیْ

**79-let's go get something to eat**

**79- بیا برویم یه چیزی برای خوردن تهیّه کنیم**

لِتْسْ گُ گِتْ سامْثینْگْ تو ایتْ

**80-let's talk about your lease**

لِتْسْ تاکْ اِبَوْتْ یُر لیْسْ

**80- بیا در موردِ اجاره ی شما صحبت کنیم**

81- follow me, please فالُ میْ ، پیلیز 81- لطفاً دنبال من بیایید

82- Yes, there is یِسْ دِر ایزْ 82- بله. وجود دارد

83- you have a visa for three months 83- شما یک ویزای سه ماهه دارید

یو هَوْ اِ ویزا فُر ثیریْ مآنسْ

84- where are you going? وِر آر یوْ گُ اینگْ ؟ 84- کجا دارید می روید؟

85- here you are هیِر یو آر 85- بفرمایید. ( بفرمایید بگیرید. بفرمایید بخورید.)

86- they say, it's a lovely city 86- آنها( مردم ) می گویند،( که ) آن یک شهر دوست داشتنی است

دِیْ سِیْ ، ایتْسْ اِ لآوْلیْ سیتیْ

87- that's interesting دَتْسْ اینترِسْتینگْ 87- آن جالب است

88- I have insurance آیْ هَوْ اینشُرنسْ 88- من بیمه دارم

89- don't touch me دُنْتْ تاچ میْ 89- به من دست نزن

90- Eddie, I need a visa اِدیْ ، آیْ نید اِ ویزا 90- اِدی، من به یک ویزا نیازدارم

91- he looks exactly like you. Me? 91- او کاملاً شبیه به شما است.( شبیه به ) من؟

هیْ لوکسْ اِگزَکْتلیْ لآیکْ یو. میْ ؟

92- what's his name? واتْسْ هیزْ نیِمْ ؟ 92- نام او چیست؟

93- excuse me اِکْسْ کیْیوز میْ 93- ببخشید ( مرا ببخشید )

94- I beg your pardon آیْ بِگْ یُر پاردِنْ 94- مَعذرت می خواهم

95- I'm sorry. I don't understand 95- متأسف هستم. من متوجه نمی شوم

آیمْ ساریْ . آیْ دُنْتْ آندرِسْتَنْد

96- since last night سینْس لَستْ نآیتْ 96- از شب گذشته تا حالا

97- I'm going to call the police 97- قصد دارم به پلیس تلفن کنم. ( می خواهم به پلیس تلفن کنم )

آیمْ گُ اینگْ تو کالْ دِ پُلیسْ

**98- Oh, how was your trip?** اُه. هاوْ واز یُر تِرِپْ ؟ 98- اُه. سفر شما چطور ( چگونه ) بود؟

**99- I'll see you soon** آیْلْ سیْ یو سونْ 99- شما را به زودی می بینم

**100- we have one furnished apartment left** 100- ما یک آپارتمان مبله داریم

ویْ هَوْ وانْ فِرنیْشْتْ اِپارتْ مِنْتْ لِفتْ

**101-you have two options** یو هَوْ تو آپْشِنْز 101- شما دو (راه) انتخاب دارید

**102-a ticket to San Francisco** اِ تیْکِتْ تو سَنْ فِرَنْسیسْکُ 102- یک بلیط به سانفرانسیسکو

**103-you're not from around here, are you?** 103- شما اهل این اطراف نیستید، اینطور نیست؟

یور ناتْ فِرامْ اَرَوْنْد هییِر، آر یو ؟

**104-O.K. who saw what happened?** 104- بسیار خوب. چه کسی دید که چه اتّفاقی اُفتاد؟

اُ.کِیْ . هو سا واتْ هَپِنْد ؟

**105-a bellman will bring your bags** 105- یک مستخدم کیفهای شما را خواهد آورد

اِ بِلْ مَنْ وِیْلْ بیْرینْگْ یُر بَگْز

**106-shall I hold it for you?** 106- آیا می خواهید آن را برای شما نگهدارم؟

شَلْ آیْ هُلْد ایتْ فُر یو ؟

**107-the apartment is on the first floor** 107- آپارتمان در طبقه اول است

دِ اِپارتْ مِنْتْ ایز آنْ دِ فِرستْ فلُر

**108-you can tip the driver if you want** 108- اگر بخواهید می توانید به راننده انعام بدهید

یو کَنْ تیْپْ دِ درِآیْوِر ایفْ یو وانت

**109-the room will be on your right** 109- اُتاق، سَمت راست شما خواهد بود

دِ رومْ ویْلْ بیْ آنْ یُر رآیتْ

**110-make sure you go to China town** 110- حتماً به محلّه ی چینی ها ( china town ) بروید

مِیْکْ شُر یو گُ تو چاینا تَونْ

### *** لغات مربوط به قسمت سوم ***

| | | |
|---|---|---|
| *Fun* | فانْ | خوش . شادی |
| *To enjoy* | تو اینْجُیْ | لذّت بردن از |
| *Enjoy* | اینْجُیْ | لذّت ببر از – لذّت ببرید از |
| *Trip* | تِرِپْ | سفر |
| *Safe* | سِیْفْ | اَمن- سلامت |
| *Luck* | لاکْ | شانس |
| *To hope* | تو هُپْ | امیدوار بودن |
| *Hungry* | هانْگْرِی | گرسنه |
| *Sorry* | ساریْ | متأسف |
| *To need* | تو نیْدْ | نیاز داشتن |
| *Passport* | پَسْپُرْتْ | پاسپورت |
| *Visa* | ویْزا | ویزا |
| *Sport* | اِسْپُرْتْ | ورزش |
| *Music* | مْیوزیْکْ | موسیقی |
| *Hiking* | هاْیکینْگْ | پیاده روی |
| *To go* | تو گُ | رفتن |
| *All* | اُلْ | همه |
| *Kinds* | کاْینْدز | انواع |
| *So* | سُ | بنابراین |
| *Sister* | سیسْتِرْ | خواهر |

| | | |
|---|---|---|
| *daughter* | داتِرْ ( دُتِر ) | دختر |
| *Again* | اِگِیْنْ | دوباره |
| *Pleasure* | پِلیژِر | خوشحالی |
| *some* | سامْ | مقداری- تعدادی |
| *May* | مِیْ | ممکن بودن |
| *Please* | پِلیزْ | لطفاً |
| *Glad* | گِلَدْ | شاد |
| *Room* | رومْ | اُتاق |
| *To reserve* | تو ریزِروْ | رِزرو کردن |
| *For* | فُر | برای |
| *Minute* | مِنِتْ | دقیقه |
| *To walk* | تو واکْ | پیاده رفتن - قَدم زدن |
| *To hold* | تو هُلْد | نگهداشتن |
| *Brother* | بِرادِر | برادر |
| *Engineer* | اِنْجِنْییِرْ | مهندس |
| *Husband* | هازبِنْد | شوهر |
| *Business* | بیزْنِسْ | کار- تجارت |
| *Major* | مِیْجِرْ | اصلی |
| *To live* | تو لِوْ ( تو لیوْ ) | زندگی کردن |
| *To get* | تو گِتْ | تهیه کردن- رسیدن |

| | | |
|---|---|---|
| ***Something*** | سام ثینْگْ | *یه چیزی* |
| ***To eat*** | تو ایْتْ | *خوردن* |
| ***To talk*** | تو تاکْ | *صحبت کردن* |
| ***Lease*** | لیْسْ | *اِجاره* |
| ***To follow*** | تو فالُ | *پیروی کردن – دنبال کردن* |
| ***Month*** | مانْثْ | *ماه* |
| ***Where*** | وِر | *کجا* |
| ***To stay*** | تو اِستِیْ | *ماندن- اِقامت کردن* |
| ***Lovely*** | لاَوْلیْ | *دوست داشتنی* |
| ***City*** | سیْتیْ | *شهر* |
| ***Interesting*** | اینْتِرِسْتیْنْگْ | *جالب* |
| ***Insurance*** | اینْشُرِنْسْ | *بیمه* |
| ***To touch*** | تو تاچْ | *لمس کردن* |
| ***To look like*** | تو لوکْ لآیک | *شبیه بودن* |
| ***Exactly*** | اِگْزَکْتْ لیْ | *دقیقاً* |
| ***To understand*** | تو آنْدرِسْتَنْد | *فهمیدن* |
| ***Since*** | سینْسْ | *از... تا حالا* |
| ***Last night*** | لَسْتْ نآیتْ | *شب گذشته* |
| ***To call*** | تو کالْ | *صدا زدن - تلفن کردن* |
| ***Soon*** | سونْ | *به زودی* |

| | | |
|---|---|---|
| ***Furnished*** | فِرْنیْشْتْ | مُبله |
| ***Apartment*** | اِپارْتْمِنْتْ | آپارتمان |
| ***Option*** | آپْشِنْ | اختیار- انتخاب |
| ***Ticket*** | تیْکِتْ | بلیط |
| ***From*** | فِرامْ | از |
| ***Around*** | اَرَوْنْد | اطراف |
| ***Here*** | هیِرْ | اینجا |
| ***Who*** | هو | چه کسی |
| ***What*** | واتْ | چه چیزی |
| ***To happen*** | تو هَپِنْ | اتفاق افتادن |
| ***Bellman*** | بِلْ مَنْ | مُستخدم |
| ***To bring*** | تو بْرینْگْ | آوردن |
| ***Bags*** | بَگْزْ | کیف ها |
| ***First*** | فِرْسْتْ | اولین- اول |
| ***Floor*** | فِلُرْ | طبقه |
| ***Tip*** | تیْپْ | اِنعام - پاداش |
| ***Driver*** | دِرآیْوِر | راننده |
| ***To want*** | تو وانْتْ | خواستن |
| ***Your right*** | یُرْ رآیْتْ | سَمت راست شما |
| ***Sure*** | شُرْ | حتماً |

## Part four
### Question forms

پارتْ   فُرْ

کواِسْچِنْ   فُرْمْز

قسمت چهارم

شکل های سؤالی

111-is there a problem?

ایز دِر اِ پرابلِمْ؟

111- آیا مشکلی وجود دارد؟

112-is there anything wrong?

ایز دِر اِنِیثینگْ رانگْ؟

112- آیا اشکالی وجود دارد؟

113-is this a business trip or just a vacation? ✓

ایز دیسْ اِ بیزینِسْ تِرِپْ اُر جاسْتْ اِ وِکِیْشِنْ؟

113- آیا این یک سفر تجاری است یا فقط یک تعطیلی؟

114-are you here for business or pleasure? ✓     ۱۱۴- آیا شما برای تجارت اینجا هستید یا برای تفریح؟

آرْ یو هیْیِرْ فُرْ بیزْنِسْ اُرْ پِلِیژْر؟

115-are you looking for an apartment?     ۱۱۵- آیا شما دنبال یک آپارتمان می گردید؟

آرْ یو لوکینْگْ فُرْ اَنْ اِپارْتْمِنت؟

116-are you calling about an apartment?     ۱۱۶- آیا شما دارید درمورد یک آپارتمان تماس می گیرید؟

آرْ یو کالینْگْ اِبَوْتْ اَنْ اِپارْتْمِنت؟

117-may I help you?     مِیْ آیْ هِلْپْ یو؟     ۱۱۷- آیا اجازه هست کمکتان کنم؟

118-can I help you?     کَنْ آیْ هِلْپْ یو؟     ۱۱۸- آیا اجازه هست کمکتان کنم؟

119-can I have your name?     ۱۱۹- آیا می توانم اسم شما را داشته باشم؟ ( یادداشت کنم . بپرسم؟ )

کَنْ آیْ هَوْ یُرِ نِیْمْ؟

120-can you come right now?     کَنْ یو کامْ رآیْتْ نَوْ؟     ۱۲۰- آیا شما می توانید الان بیایید؟

121-can I take your picture for school paper? Sure ✓

کَنْ آیْ تِیکْ یُر پیکْچِر فُر اِسکولْ پِیْپِر؟ شُرْ

۱۲۱- آیا می توانم تصویر شما را برای روزنامه دیواریِ مدرسه بگیرم؟ حتماً

122-do you understand?     دو یو آنْدِرِسْتَنْد؟     ۱۲۲- آیا شما متوجه می شوید؟

123-do you like sports?     دو یو لآیْکْ اِسپُرتسْ؟     ۱۲۳- آیا شما ورزش دوست دارید؟

124-do you like it here?     دو یو لآیْکْ ایت هیِرْ؟     ۱۲۴- آیا شما اینجا را دوست دارید؟

125-do you need directions?     ۱۲۵- آیا شما به راهنمایی ( پرسیدن جهت ) نیاز دارید؟

دو یو نِید دیرِکْشِنْز؟

126-do you need anything else?     دو یو نِید اِنیْثینْگْ اِلْسْ؟     ۱۲۶- آیا شما به چیزِ دیگری هم نیاز دارید؟

127-do you need to rent a car?     ۱۲۷- آیا شما نیازدارید که یک ماشین اجاره کنید؟

دو یو نِید تو رِنْتْ اِ کار؟

128-do you have a reservation? ✓     دو یو هَوْ اِ رِزِرویْشِنْ؟     ۱۲۸- آیا شما رزرو دارید؟

31

**129-do you have any questions?** دو یو هَوْ اِنیْ کواِسچِنز ؟ ***129-*** *آیا شما هیچ ، سؤالی دارید؟*

**130-do you have a temperature?** دو یو هَوْ اِ تِمپْرچِرْ ؟ ***130-*** *آیا شما تب دارید؟*

**131-do you have a visa?** دو یو هَوْ اِ ویزا ؟ ***131-*** *آیا شما ویزا دارید؟*

**132-do you have kids?** دو یو هَوْ کیْدز ؟ ***132-*** *آیا شما بچه دارید؟*

**133-do you have any kids?** دو یو هَوْ اِنیْ کیْدز ؟ ***133-*** *آیا شما بچه دارید ؟*

**134-do you have any brothers or sisters?** ***134-*** *آیا شما هیچ ، برادر یا خواهر دارید؟*

دو یو هَوْ اِنیْ برادِرز اُر سیسْتِرْز ؟

**135-do you want anything to drink?** ***135-*** *آیا شما چیزی برای نوشیدن می خواهید؟*

دو یو وانتْ اِنیْ ثِینْگْ تو دیْرینْکْ ؟

**136-do you want Classic coke, Diet coke or Cherry coke?**

دو یو وانتْ کِلَسیکْ کُکْ ، دآیِتْ کُکْ اُر چِریْ کُکْ ؟

***136-*** *آیا شما کوکا کولای کلاسیک می خواهید یا رژیمی یا آلبالویی؟*

**137-did you get all of that?** ***137-*** *آیا همه ی آن را متوجه شدید؟ ( آیا همه ی آن را گرفتید؟)*

دیْد یو گِتْ اُلْ آوْ دَتْ ؟

**138-have you rented a car?** هَوْ یوْ رِنْتِد اِ کار ؟ ***138-*** *آیا شما ماشین، اجاره کرده اید؟*

**139-have you seen many things in San Francisco?**

هَوْ یوْ سیْنْ مِنی ثِینْگز اینْ سَنْ فِرَنْسیسْکُ ؟

***139-*** *آیا شما در سانفرانسیسکو چیزهای زیادی را دیده اید؟*

**140-have you taken anything for it?** ***140-*** *آیا شما چیزی برای آن(سر درد) خورده اید(استفاده کرده اید)؟*

هَوْ یوْ تِیکِنْ اِنیْثِیْنْگْ فُرْ ایتْ ؟

**141-have you taken any medication?** ***141-*** *آیا شما هیچ دارویی خورده اید؟*

هَوْ یو تِیکِنْ اِنیْ مِدیْ کِیْشِنْ ؟

**142-would you like a loaf of bread?** ***142-*** *آیا شما یک قُرص نان دوست دارید؟ ( می خواهید )*

وُود یو (وُوج یو) لآیکْ اِ لُفْ آوْ بِرِد ؟

**143-would you like some chicken?** — *143- آیا شما مقداری مرغ ( می خواهید ) دوست دارید؟*

وُود یو (وُوج یو) لآیکْ سامْ چیکِنْ ؟

**144-would you like some tomatoes?** — *144- آیا شما تعدادی گوجه فرنگی ( می خواهید ) دوست دارید؟*

وُود یو ( وُوج یو) لآیکْ سامْ تومِیْ تُزْ ؟

**145-would you like butter on your popcorn?** — *145- آیا دوست دارید که روی ذرت بو داده شما ،کره باشد؟*

وُود یو (وُوج یو) لآیکْ باتِر (بادِر) آنْ یُر پاپْکُرنْ ؟

**146-would you like something to drink?** — *146- آیا شما میل دارید که چیزی بنوشید؟*

وُود یو (وُوج یو) لآیکْ سامْ ثینْگْ تو دیْرینْکْ ؟

**147-would you like anything else?** — *147- آیا شما چیز دیگری هم میل دارید؟*

وُود یو (وُوج یو) لآیکْ اِنیْ ثینْگْ اِلْسْ ؟

**148-say, would you like to go out sometimes?** — *148-بگو، آیا شما میل دارید گاهی اوقات بیرون بروید؟*

سِیْ، وُود یو (وُوج یو) لآیکْ تو گُ اَوْتْ سامْ تایْمزْ ؟

**149-would you like to come by and look at the apartment?**

وُود یو (وُوج یو) لآیکْ تو کامْ بایْ آند لوکْ اَتْ دِ اِپارتْ مِنْتْ ؟

*149- آیا شما مِیل دارید سری بزنید و نگاهی به آپارتمان بیاندازید؟*

**150-would you like to play Tennis sometimes?**

وُود یو ( وُوج یو) لآیکْ تو پِلِیْ تِنیسْ سامْ تآیْمزْ ؟

*150- آیا شما میل دارید گاهی اوقات تنیس بازی کنید؟*

**151-what's your name?** — واتْسْ یُرْ نِیمْ ؟ — *151- نام شما چیست؟*

**152-now, what's my name?** — نَوْ، واتْسْ مآیْ نِیمْ ؟ — *152- حالا اسم من چیست؟*

**153-what's your address and phone number?** — *153- آدرس و شماره تلفن شما چیست؟*

واتْسْ یُر اَدرِسْ آندْ فُنْ نامْبِر ؟

**154-what's your temperature?** — واتْسْ یُر تِمْپِرچِر ؟ — *154- درجه حرارت ( تَب ) شما چند است؟*

155-what seems to be the trouble?
155- چه چیزی بنظر می رسد که مشکل باشد؟
واتْ سیمْز تو بیْ دِ ترابِلْ؟

156-how are you?
156- حال شما چطور است؟
هاوْ آر یو؟

157-how are you doing?
157- حال شما چطور است؟
هاوْ آر یو دو اینْگْ؟

158-how about you?
158- شما چطور(هستید)؟
هاوْ اِبَوتْ یو؟

159-how old is she?
159- او چند ساله است؟
هاوْ اُلْد ایز شیْ؟

160-how do you like it here?
160- ( نظر) شما در مورد این ( کشور ) چگونه است؟
هاوْ دو یو لآیکْ ایتْ هییرْ؟

161-how long are you staying?
161- چه مدت می مانید؟ (چه مدت اقامت می کنید؟)
هاوْ لانگْ آر یو اِستِیْ اینْگْ؟

162-how long will you be staying?
162- چه مدت اقامت خواهید کرد؟
هاوْ لانگْ ویْلْ یو بیْ اِستِیْ اینْگْ؟

163-how long do you plan to stay?
163- چه مدت قصد دارید بمانید؟
هاوْ لانگْ دو یو پِلَنْ تو اِستِیْ؟

164-how many would you like?
164- شما چه تعداد می خواهید؟ (چند تا می خواهی؟)
هاوْ مِنیْ وُود یو ( وُوج یو ) لآیکْ؟

165-how much would you like?
165- شما چه مقدار می خواهید؟( چقدر می خواهی؟)
هاوْ ماچ وُود یو (وُوج یو) لآیکْ؟

166-who's calling, please?
166- چه کسی داره تماس می گیره،لطفاً؟ (لطفاً خودتان را مُعرفی کنید؟)
هُوز کالیْنْگْ ، پیْلیزْ؟

167-which bedroom will you use?
167- از کدام تخت خواب، استفاده خواهید کرد؟
ویچ بِدرومْ ویْلْ یو یوز؟

| | | |
|---|---|---|
| *168-where are you from?* | وِر آر یو فِرامْ ؟ | *168- شما اهل کجا هستید؟* |
| *169-where are you going?* | وِر آر یو گُ اینْگْ ؟ | *169- شما کجا دارید می روید؟* |
| *170-where are you headed?* | وِر آر یو هِدِد ؟ | *170- شما کجا دارید می روید؟* |
| *171-where can I contact you?* | وِر کَنْ آیْ کانْ تَکْتْ یو ؟ | *171-کجا می توانم با شما تماس بگیرم؟* |
| *172-when can you come in?* | وِنْ کَنْ یو کامْ اینْ ؟ | *172- چه موقع می توانید تشریف بیاورید؟* |

## *** لغات مربوط به قسمت چهارم ***

| | | |
|---|---|---|
| *Problem* | پِرابْلِمْ | *مَسئله - مُشکل* |
| *Anything* | اِنیْ ثِیْنْگْ | *هیچ چیز* |
| *Wrong* | رآنْگْ | *اشتباه. مسئله. مشکل* |
| *Just* | جاسْتْ | *فقط- درست* |
| *Vacation* | وَکِیْشِنْ | *تعطیلی- تفریح* |
| *To look for* | تو لوکْ فُرْ | *جستجو کردن* |
| *Right now* | رآیْتْ نَوْ | *همین الان* |
| *To take a picture* | تو تِیْکْ اِ پیکْچِرْ | *عکس گرفتن* |
| *Direction* | دیْرِکْ شِنْ | *مسیر- جهت* |
| *To rent* | تو رِنْتْ | *اجاره کردن* |
| *Reservation* | رِزِرْوِیْشِنْ | *رِزرو* |

| | | |
|---|---|---|
| *Question* | کواِسْچِنْ | سؤال |
| *Temperature* | تِمْپِرچِر | تب - درجه حرارت |
| *Kid* | کیْدْ | بچه |
| *Brother* | بِرادِر | برادر |
| *To drink* | تو دیْریْنکْ | نوشیدن |
| *Coke* | کُکْ | کوکا کولا |
| *Cherry* | چِریْ | آلبالو(یی) |
| *To get* | تو گِتْ | فهمیدن، متوجه شدن |
| *To take medicine* | تو تِیْکْ مِدیْسِنْ | دارو خوردن |
| *Medication* | مِدیْکِیْشِنْ | دارو |
| *bread* | بِرِد | نان |
| *Loaf of bread* | لُفْ آوْ بِرِد | قُرصِ نان |
| *chicken* | چیْکِنْ | مرغ |
| *Butter* | باتِرْ ( بادِر ) | کَره |
| *To look at* | تو لوکْ اَتْ | نگاه کردن به |
| *To go out* | تو گُ اَوْتْ | بیرون رفتن |
| *Sometime* | سامْ تآیْمْ | یه وقتی |
| *Come by* | کامْ بآیْ | سَر زدن ( دیدن ) |

| | | |
|---|---|---|
| ***Address*** | آَدرِسْ | آدرس |
| ***number*** | نامْبِرْ | شماره |
| ***Phone number*** | فُنْ نامْبِرْ | شماره تلفن |
| ***To seem*** | تو سیْمْ | به نظر رسیدن |
| ***Trouble*** | ترابِلْ | مشکل- مسئله |
| ***How old*** | هآوْ اُلْد | چند ساله |
| ***How long*** | هآوْ لانْگْ | چه مدت |
| ***To stay*** | تو اِستِیْ | اِقامت کردن |
| ***To plan*** | تو پِلَنْ | در نظر داشتن |
| ***How many*** | هآوْ مِنیْ | چند تا- چه تعداد |
| ***How much*** | هآوْ ماچ | چه مقدار- چقدر |
| ***Who*** | هو | چه کسی |
| ***Which*** | ویْچْ | کدام |
| ***Bedroom*** | بِد رومْ | اتاق خواب |
| ***Use*** | یوز | استفاده کردن |
| ***To contact*** | تو کانْتَکْتْ | تماس گرفتن |
| ***When*** | وِنْ | چه موقع - چه زمانی - کِی |
| ***To come*** | تو کامْ | آمدن |

## Part five پارتْ فآیوْ قسمت پنجم

## Immigration and Customs ایْمیگْ ریْشِنْ آنْد کاستُمْز مُهاجرت و گُمرک

***173-good afternoon. may I see your passport, please?***

گود اَفْتِرنونْ . مِیْ آیْ سیْ یُر پَسْپُرتْ .پیْلیزْ ؟

*173- بعدازظهر بخیر.آیا ممکن است پاسپورت شما را ببینم ،لطفاً؟*

***174-Yes, here it is. and here's my visa***		***174- بله. بفرمایید بگیرید. و این هم ویزای من است***

یِسْ. هییِر ایتْ ایز. آند هیِیرز مآیْ ویْزا

***175-thank you. You have a tourist visa for three months***

تَنکْ یو. یو هَوْ اِ توریسْتْ ویْزا فُر ثیریْ مانْس

***175- متشکرم. شما یک ویزای توریستی، به مدتِ سه ماه دارید***

***176-Yes, that's right***		یِسْ. دَتْس رآیْتْ		***176- بله. درست است***

***177-I plan to travel some in the U.S.***		***177- من قصد دارم که مدتی در ایالات متحده سفر کنم***

آیْ پلَنْ تو تِرآوِلْ سامْ اینْ دِ یو. اِسْ

***178-where are you going?***		وِر آر یو گُ اینْگْ؟		***178-کجا دارید می روید؟***

***179- I'm going to spend some time in Atlanta***		***179- قصد دارم مدتی را در آتلانتا بگذرانم***

آیْمْ گُ اینْگْ تو اِسپِنْد سامْ تآیمْ اینْ آتْلانْتا

***180-after that. I'm going to Washington, Chicago, and California***

اَفْتِر دَتْ. آیْمْ گُ اینْگْ تو واشینگْتُنْ، شیکاگُ آنْد کَلیْفُرْنیا

***180- بعدازآن قصد دارم بروم به واشینگتن، شیکاگو و کالیفرنیا***

***181-all right. Enjoy your stay***		اُلْ رآیتْ. اینْجُیْ یُرْ اِسْتِیْ		***181- بسیار خوب. از اقامتتان لذّت ببرید***

***182-hi! anything to declare?***		***182-سلام.چیزی برای اِعلان (مُعرفی یا نشان دادن) به گمرک دارید؟***

هآیْ! اِنیْ ثینْگْ تو دیکلِرْ؟

***183-excuse me? I don't understand***		***183- مرا ببخشید؟ منظور شما را مُتوجه نمی شوم***

اِکْسْ کیْیوز میْ؟ آیْ دُنْتْ آندِرِسْتَنْد

***184-do you have any valuables or alcohol to declare?***

دو یو هَوْ اِنیْ وَلوابِلز اُر اَلْکُهُلْ تو دیکلِر؟

***184- آیا شما چیزهای با ارزشی یا مَشروبات اَلکلی، برای نشان دادن به گمرک، همراه دارید؟***

| | | |
|---|---|---|
| 185-No. nothing at all | نُ. ناثینْگْ اَتْ اُلْ | 185- نه. به هیچ وجه چیزی ندارم |
| 186-O.K. you can go ahead | اُکِیْ. یو کَنْ گُ اِهِد | 186- بسیار خوب. شما می توانید بروید |
| 187-thank you | تَنْک یو | 187- متشکرم |

### *** لغات مهم مربوط به قسمت پنجم ***

| | | |
|---|---|---|
| afternoon | اَفْتِرْ نونْ | بعدازظهر |
| To see | تو سیْ | دیدن |
| Tourist visa | توریْسْتْ ویْزا | ویزای توریستی |
| To travel | تو تِرآوِلْ | سفر کردن |
| To spend | تو اسْپِنْد | گذراندن ( وقت )- خَرج کردن |
| after | اَفْتِرْ | بعداز |
| To declare | تو دیْکلِرْ | اِعلان کردن - نشان دادن |
| To excuse | تو اِکسْ کیْیوزْ | مَعذرت خواستن |
| To understand | تو آنْدرِسْتَنْد | فهمیدن - متوجه شدن |
| valuables | وَلوابِلْزْ | باارزش |
| alcohol | اَلْکهُلْ | مَشروبات اَلکلی |
| nothing | ناثینْگْ | هیچ چیز |
| At all | اَتْ اُلْ | اَصلاً - به هیچ وجه |

## *Part six* | پارتْ سیکسْ | قسمت ششم

### *At the movies* | آتْ دِ مو ویْزْ | در سینما

***188-how many?*** هآو مِنیْ ؟ ***188- چند تا ( بلیط می خواهید ) ؟***

*189-one ticket, please*    وانْ تیکِتْ، پیلیز    *189- لطفاً یک بلیط ( بدهید )*

*190-that will be $6*    دَتْ ویْلْ بیْ سیکْسْ دالِرز    *190- شش دُلار می شود*

*191-what can I get for you?*    *191- چه چیزی می توانم برای شما تهیه کنم ( چی می خواهید برای شما بیاورم )؟*

واتْ کَنْ آیْ گِتْ فُر یو ؟

*192-popcorn, a coke, and some of those chocolates there*

پاپْکُرنْ، اِ کُکْ اَند سامْ آوْ دُز چاکْلِتْسْ دِر

*192- ذُرت بو داده، یک نوشابه و تعدادی از آن شُکلاتهایی که آنجا هستند*

*193-you mean Milk Duds?*    یو مینْ میلْکْ دادسْ ؟    *193- منظور شما* milk duds *است؟*

*194-Yes, that's right*    یِسْ دَتْسْ رآیتْ    *194- بله. درست است*

*195-a box of Milk Duds*    *195-یک جعبه* milk duds *( بدهید )*

اِ باکْسْ آوْ مِلک ( میلْکْ ) دادسْ

*196-do you want Classic coke, Diet coke, or Cherry coke?*

دو یو وانْتْ کِلَسیکْ کُکْ ، دآیِتْ کُکْ ، اُر چِریْ کُکْ؟

*196- آیا شما نوشابه ی کلاسیک می خواهید یا نوشابه ی رژیمی یا آلبالویی؟*

*197-Classic coke, I think*    کِلَسیکْ کُکْ، آیْ ثِینْکْ    *197- فکر می کنم نوشابه ی کلاسیک*

*198-would you like butter on your popcorn?*

وُود یو ( وُوج یو ) لآیکْ باتِر ( بادِر ) آنْ یُر پاپْکُرنْ؟

*198- آیا دوست دارید که روی ذُرتِ بو داده ی شما ، کَره باشد ؟*

*199-Yes. Thank you*    یِس. تَنْکْ یو    *199- بله. متشکرم*

*200-here you go. That'll be four dollars and fifty cents, please*

هییِر یو گُ . دَتْ ایلْ بیْ فُر دالِرز اَند فیفْتیْ سِنْتْسْ ، پیلیز

*200- بفرمایید بگیرید. آن 4 دُلار و 50 سِنت می شود، لطفاً*

### *** لغات مهم مربوط به قسمت ششم ***

| | | |
|---|---|---|
| ***popcorn*** | پاپْکُرْنْ | ذُرتِ بو داده |
| ***Chocolate*** | چاکْلِتْ | شُکلات |
| ***Milk Duds*** | میلکْ دادسْ | نوعی شُکلاتِ دُرست شده با شیر |
| ***A box*** | اِ باکْسْ | یک جعبه |
| ***diet*** | دآیِتْ | رِژیمِ غذایی |
| ***To think*** | تو ثِیْنکْ | فکر کردن |
| ***dollar*** | دالِرْ | دُلار |
| ***cent*** | سِنْتْ | سِنت |

Part seven

پارْتْ سِوِنْ

قسمت هفتم

***Dining out***

دآیْنیْنگْ اَوْتْ

صَرفِ غذا در رستوران

***201-hi, will you be having lunch?***

201- سلام. آیا شما ناهار میل خواهید کرد؟

هآیْ، وِیلْ یو بیْ هَوینْگْ لانْچ ؟

202-Yes, but I'm not very hungry — 202- بله. ولی خیلی گرسنه نیستم

یِسْ ، باتْ آیمْ ناتْ وِریْ هانْگْیریْ

203-It's too hot outside — ایْتْسْ تو هاتْ اَوْتْ سایْد — 203- ( هوای ) بیرون خیلی گرم است

204-I know what you mean. It's scorcher today

آیْ نُ واتْ یو مینْ . ایْتْسْ اِسکُرچِر تودِیْ

204- می دانم که منظور شما چیه . امروز، شدیداً هوا گرم است

205-I'm not used to this kind of weather — 205- من به این نوع آب و هوا عادت ندارم

آیمْ ناتْ یوزد تو دیْسْ کایْنْد آوْ وِدِر

206-I'm glad that everything is air conditioned here

آیمْ گِلَد دَتْ اِوْریْ ثینگْ ایز اِر کانْدیشِنْد هیِر

206- من خوشحال هستم که همه چیزدر اینجا از نظر شرایط هوایی خوب است

207-hi. my name is Carl — هآیْ ، مآیْ نِیمْ ایز کارلْ — 207- سلام . اسم من کارل است

208-and I'll be serving you today — 208- و امروز من به شما سرویس خواهم داد . ( از شما پذیرایی خواهم کرد )

اَند آیْلْ بیْ سِروینْگْ یو تودِیْ

209-can I get you something to drink? — 209- آیا اجازه هست ( می خواهید ) چیزی برایتان بیاورم تا بنوشید؟

کَنْ آیْ گِتْ یو سامْ ثینْگْ تو دیرینْکْ ؟

210- just water, please.With ice — 210- فقط آب به همراه یَخ ، لطفاً

جاستْ واتِر ، پیلیْز . ویتْ آیسْ

211-ofcourse. I'll be back in a moment — 211- البته . تا یک لحظه ی دیگر بر می گردم

آفْ کُرسْ . آیْلْ بیْ بَکْ اینْ اِ مُمِنْتْ

212-would you like to hear about our house specials?

وُود یو ( وُوج یو ) لآیْکْ تو هیِر اِبوْتْ اَوْر هَوْسْ اِسپِشِلز ؟

212- آیا شما مایل هستید که غذای مخصوصِ سر آشپز را خدمتتان بگویم؟

**213-I think. I'll just have a salad,**　　**213- فکر می کنم که من فقط یک سالاد می خواهم**

آیْ ثینْکْ . آیْلْ جاستْ هَوْ اِ سَلِد ،

**214-bread, and a glass of white wine**　　**214- نان و یک لیوان شَرابِ سفید**

بِرِد ، آند اِ گِلَسْ آوْ وآیتْ وآینْ

**215-O.K. what kind of wine?**　　**215- بسیار خوب . چه نوع شرابی ( میل دارید ) ؟**

اُکِیْ . واتْ کآیْنْد آوْ وآینْ ؟

**216-our house wine is quite good**　　**216- شَرابِ ( مخصوصِ رستوران ) ما بسیار خوب است**

اَوْر هَوْسْ وآینْ ایز کو آیتْ گود

**217-fine. I'll have a glass of that**　　**217- خوب است . یک لیوان از آن را می خواهم**

فآینْ . آیْلْ هَوْ اِ گِلَسْ آوْ دَتْ

**218-I'll be right back with your wine**　　**218- آلان با شَرابتان ، برمی گردم**

آیْلْ بیْ رآیتْ بَکْ ویتْ یُر وآینْ

**219-would you like some desert?**　　وُوج یو لآیکْ سامْ دیزِرتْ ؟　　**219- آیا دسِر ، میل دارید ؟**

**220-we have a delicious chocolate cheese cake**

ویْ هَوْ اِ دیلیشِز چاکْلِتْ چیز کِیْکْ

**220- ما یک کیک پنیرِ شُکلاتیِ خوشمزه ، داریم**

**221-I don't think so**　　آیْ دُنْتْ ثینْکْ سُ　　**221- اینطور تصوّر نمی کنم. ( میل ندارم )**

**222-I'm on a diet**　　آیمْ آنْ اِ دآیتْ　　**222- من در رژیمِ غذایی هستم ( رژیم دارم )**

**223-just bring the check, please**　　**223- لطفاً فقط صورت حساب را بیاور**

جاستْ بیْرِنْگْ دِ چِکْ ، پیْلیْز

## *** لغات مهم مربوط به قسمت هفتم ***

| | | |
|---|---|---|
| ***To have*** | تو هَوْ | *خوردن- داشتن* |
| ***lunch*** | لانْچْ | *ناهار* |
| ***Hungry*** | هانْگیریْ | *گُرسنه* |
| ***too*** | تو | *خیلی- همچنین* |
| ***Hot*** | هاتْ | *داغ* |
| ***Outside*** | اَوْتْ سآیْد | *بیرون* |
| ***To know*** | تو نُ | *شناختن - دانستن* |
| ***To mean*** | تو مینْ | *منظور داشتن* |
| ***Weather*** | وِدِر | *آب و هوا* |
| ***Air conditioned*** | اِر کانْدیْشِنْد | *مَطبوع- خوب از نظر شرایط هوایی* |
| ***To serve*** | تو سِرْوْ | *سرویس دادن* |
| ***To drink*** | تو دیْرِیْنْکْ | *نوشیدن* |
| ***water*** | واتِرْ | *آب* |
| ***ice*** | آیْسْ | *یَخ* |
| ***Of course*** | آفْ کُرْسْ | *البته* |
| ***back*** | بَکْ | *پشت- عَقب* |
| ***To be back*** | تو بیْ بَکْ | *برگشتن* |

| | | |
|---|---|---|
| *moment* | مُمِنْتْ | لحظه |
| *To hear* | تو هیِرْ | شنیدن |
| *house* | هَوْسْ | خانه |
| *Special* | اِسْپِشِلْ | مخصوص |
| *House special* | هَوْسْ اِسْپِشِلْ | غذای مخصوصِ سرآشپز |
| *Salad* | سَلِد | سالاد |
| *Glass* | گِلَسْ | لیوان |
| *wine* | وآیْنْ | شراب |
| *Quite* | کُو آیْتْ | کاملاً |
| *Desert* | دیْزِرتْ | دِسر |
| *Delicious* | دیْلیْشِزْ | خوشمزه |
| *cheese* | چیْزْ | پنیر |
| *cake* | کِیْکْ | کیک |
| *To bring* | تو بیْریْنْگ | آوردن |
| *check* | چِکْ | صورتِ حساب |

*part eight*

**shopping at the Mall**

پارْتْ    اِیْتْ

شاپینگْ اَتْ دِ مالْ

قسمت هشتم

خرید از فروشگاه مال

13,10,2009

224-are you being helped?

آر یو بینگْ هِلْپْتْ ؟

۲۲۴- آیا به شما کمک شده است؟

225-No, I'm not

نُ . آیْمْ ناتْ

۲۲۵- نه. نشده.( نه. من راهنمایی نشده ام )

*226-I'm looking for gifts for my children* 226- من دارم دنبال هدایایی برای بچه هایم می گردم

آیمْ لوکینْگ فُر گیفْتسْ فُر مآیْ چیلْدرِنْ

**227-possibly T-shirts** پاسیبْ لیْ تیْ شِرتْسْ 227- احتمالاً تی شرت

**228-for a girl or a boy?** فُر اِ گِرلْ اُر اِ بُیْ؟ 228- برای دختر یا پسر؟

**229-Both. I have a son and a daughter** 229- هر دوتا. من یک پسر و یک دختر دارم

بُثْ. آیْ هَوْ اِ سانْ آند اِ داتِر ( دُتِر - دادِر )

**230-what sizes do you need?** واتْ سایْزِز دو یو نیْد ؟ 230- شما چه اندازه هایی نیاز دارید؟

**231-I guess I'll need a large for my son** 231- حدس می زنم که برای پسرم به اندازه ی بزرگ نیاز دارم

آیْ گِسْ آیْلْ نیْد اِ لارج فُر مآیْ سانْ

**232-and a medium for my daughter** 232- و اندازه متوسط برای دخترم

آند اِ میدیْ یِمْ فُر مآیْ داتِر

**233-how about the color?** هآوْ اِبوْتْ دِ کالِرْ ؟ 233-رنگ آنها چطور باشد؟

**234-I think I'll get a light green shirt for my daughter**

آیْ ثینْکْ آیْلْ گِتْ اِ لآیْتْ گیْرینْ شِرتْ فُر مآیْ داتِر

234- فکر می کنم که یک پیراهن سبز روشن برای دخترم بگیرم

**235-and a navy blue one for my son** 235- و یک ( لباس) سُرمه ای برای پسرم

آند اِ نِیوی بولو وانْ فُر مآیْ سانْ

**236-are they easy to take care of?** 236- آیا نگهداری از آن ها (لباس ها) آسان است؟

آر دِیْ ایزیْ تو تِیْکْ کِر آوْ ؟

**237-Yes, they're machine-washable and shouldn't fade or shrink very much**

یِسْ ، دِیِر مَشینْ- واشِبِلْ آند شودِنْتْ فِیْد اُر شیْرینْکْ وِریْ ماچ

237- بله.آن ها قابل شستشو با ماشین هستند و نباید رنگشان برود یا آب بروند

I'll need - I'll get - I'll take -

238-fine. I'll take the two shirts | 238- خوب. من آن دو پیراهن را می خواهم. ( بَر می دارم )

فآیْنْ. آیْلْ تِیْکْ دِ تو شِرْتْسْ

239-how about something for your husband?

هآوْ اِبوْتْ سامْ ثِیْنْگْ فُر یُر هازْبِنْد ؟

239- چطور است ( که شما ) یک چیزی برای شوهرتان ( بخرید )؟

240-Not right now | ناتْ رآیْتْ نَوْ | 240- همین آلان، نه

241-I'm going to look some more | 241- می خواهم قدری بیشتر، نگاه کنم. ( بگردم )

آیْمْ گُ اینگْ تو لوکْ سامْ مُر

242-where is the fine jewelry department? | 242- بخش جواهرات فروشی خوب، کجا است؟

وِر ایز دِ فآیْنْ جوالْری دیْ پارتْ مِنْتْ ؟

243-right over there, to the left | رآیْتْ اُوِر دِر ، تو دِ لِفت | 243- درست آن طرف ، سمت چپ

## *** لغات مهم مربوط به قسمت هشتم ***

| | | |
|---|---|---|
| To help | تو هِلْپْ | کمک کردن |
| gift | گیْفْتْ | هدیه |
| Children | چیْلْدرِنْ | بچه ها |
| possibly | پاسیْبْلیْ | احتمالاً |
| girl | گِرْلْ | دختر |
| boy | بُیْ | پسر |
| Both | بُثْ | هر دو |
| son | سانْ | فرزند پسر |
| Daughter | داتِرْ ( دُتِر - دادِر ) | فرزند دختر |

| | | |
|---|---|---|
| *What size* | واتْ سآیزْ | *چه اندازه ای* |
| *guess* | گِسْ | *حدس بزن* |
| *Large* | لارج | *بزرگ* |
| *Medium* | میدیِمْ | *متوسط* |
| *color* | کالِرْ | *رَنگ* |
| *Light green* | لآیتْ گیْرینْ | *سبز روشن* |
| *Navy blue* | نِیوی بولو | *سُرمه ای* |
| *Easy* | ایزیْ | *آسان* |
| *To take care of* | تو تِیکْ کِرْ آوْ | *مراقبت کردن از* |
| *Machine-washable* | مَشینْ - واشِبلْ | *قابل شستشو با ماشین* |
| *To fade* | تو فِید | *رنگ از دست دادن* |
| *To shrink* | تو شیْرینْکْ | *آب رفتن ( لباس )* |
| *Some more* | سامْ مُرْ | *قدری بیشتر* |
| *Over there* | اُوِر دِر | *آن طرف* |
| *left* | لِفتْ | *سمت چپ* |
| *jewelry* | جواِلْری | *جواهرات* |

## Part nine

پارْتْ  نآیْنْ

قسمت نهم

### Finding an apartment

فآیْنْدیْنگْ  اَنْ  اِپارتْ مِنْتْ

پیداکردن آپارتمان

**244-hello. I'm calling about an apartment**

**244- سلام.من دارم در مورد یک آپارتمان تماس می گیرم**

هِلُ.  آیْمْ  کالیْنْگْ  اِ بَوْتْ  اَنْ  اِپارتْ مِنْتْ

***245-I'd like to rent a furnished, two-bedroom place***

آیْد  لآیکْ  تو  رِنتْ  اِ  فِرنیشْت  تو  بِد رومْ  پلِیسْ

*245- من می خواهم یک جایِ ( آپارتمان ) دو خوابه ی مُبله شده، اجاره کُنم*

***246-we have one furnished apartment left***

*246- ما یک آپارتمانِ مُبله شده داریم*

ویْ  هَوْ  وانْ  فِرنیشْتْ  اِپارتْمِنتْ  لِفتْ

***247-it's air conditioned and rents for $575 per month***

ایْتس  اِر  کانْدیشِنْد  آند  رِنْتسْ  فُرْ 575 ( فایو هاندرِد سِونتی- فایو ) دالِرز  پِر  مانْثْ

*247- آن( منزل ) تهویه ی هوایی دارد و ماهانه 575 دُلار اِجاره می شود*

***248-are the utilities included?***

آر  دِ  یوتیْلیْتیْزْ  اینْ کولودِد ؟

*248- آیا امکانات رفاهی به آن اضافه شده است؟ ( آیا اجاره ، شامل امکانات رِفاهی می شود؟ )*

***249-the water is, but not the gas and electricity***

دِ  وُتِر ( واتِر ) ایز ، باتْ  ناتْ  دِ  گَسْ  آند  اِلکْتیْرِیسیْتیْ

*249- ( اجاره شامل ) آب می باشد اما گاز و برق، نه*

***250-that's a little more than I wanted to pay***

دَتْسْ  اِ لیْتِلْ  مُر  دَنْ  آیْ  وانْتِد  تو  پِیْ

*250- اجاره،مقداری بیشتر از آن چیزی است که من می خواستم بپردازم*

***251-thanks anyway***    تَنْکسْ  اِنیْ وِیْ    *251- به هر حال متشکرم*

***252-hello. BreezeWay Maner Apartments. how may I help you?***

هِلُ. بیْریزْ ویْ  مَنِرْ  اِپارتْ مِنْتسْ . هآوْ  مِیْ  آیْ  هِلْپْ  یو ؟

*252- سلام .آپارتمان های بیریزوی مَنِر. چطوری می توانم کمکتان بکنم؟*

Vent for - it goes for ..

253-do you have a furnished | دو یو هَوْ اِ فِرْنیشْتْ | 253- آیا شما یک .......... مبله شده دارید

254- two-bedroom apartment? | تو - بِد روم اِپارتْ مِنْتْ ؟ | 254- آپارتمان دو خوابه؟

255-in the $ 400 range? | اینْ دِ فُر هانْدرِد دالِرز رِینْج ؟ | 255- به نرخ 400 دُلار؟

256- why yes. You're in luck | وآیْ یِسْ .یور اینْ لاکْ | 256- بله. شما خوش شانس هستید

257-one just came open today | 257- دُرست یک (مورد) امروز رسید. ( باز شد )

وانْ جاستْ کِیمْ اُپِنْ تودِی

258-it goes for $450 per month, including water | 258- اجاره ی هر ماه، علاوه برآب 450 دُلار می باشد

ایْتْ گُز فُر فُر هانْدرِد آنْد فیْفْتیْ دالِرز پِر مانْث ، اینْ کولودیْنگْ واتِر

259-is it on the first or second floor? | 259- آیا آن در طبقه اول است یا دوم؟

ایْز ایتْ آنْ دِ فِرسْتْ اُر سِکِنْد فِلُر ؟

260-the first floor | دِ فِرسْتْ فِلُر | 260- طبقه اول

261-it's very close to our swimming pool | 261- آن خیلی نزدیک به استخرِ ما می باشد

ایْتْس وِریْ کِلُسْ تو اَوْر سوایمیْنْگْ پولْ

262-shall I hold it for you? | شَلْ آیْ هُلْد ایتْ فُر یو ؟ | 262- آیا می خواهید آن را برای شما نگهدارم؟

263-I'll need one month's rent as a deposit as soon as possible

آیْلْ نیْد وانْ مانْسْ رِنْتْ اَز اِ دیْپازیْتْ اَز سُونْ اَز پاسیْبِلْ

263- من یک ماه ، اجاره را هر چه زودتر به عنوان ودیعه نیاز دارم

264-Yes,please do. | 264- بله. لطفاً آنرا برایم نگهدارید . ( بله. لطفاً آن کار را انجام دهید )

یِسْ ، پیْلیْز دو

265-I'll be right over | 265- من همین الان به آنجا می آیم. ( من همین الان آنجا خواهم بود )

آیْلْ بیْ رآیْتْ اُوِر

### *** لغات مربوط به قسمت نهم ***

| | | |
|---|---|---|
| ***To rent*** | تو رِنْتْ | اِجاره کردن |
| ***Two-bedroom*** | تو - بِد رومْ | دو خوابه |
| ***place*** | پِلِیسْ | مکان |
| ***Per month*** | پِرْ مانْثْ | هر ماه |
| ***Utilities*** | یوتیْ لیْتیْز | امکانات |
| ***To include*** | تو اینْ کولود | شامل شدن |
| ***gas*** | گَسْ | گاز - بنزین |
| ***electricity*** | اِلکْتیرْیسیْتیْ | برق |
| ***A little*** | اِ لیْتِلْ | مقدار کمی |
| ***more*** | مُرْ | بیشتر |
| ***Than*** | دَنْ | از |
| ***To want*** | تو وانْتْ | خواستن |
| ***To pay*** | تو پِیْ | پرداختن |
| ***Anyway*** | اِنیْ وِیْ | به هر حال |
| ***range*** | رِینْجْ | نرخ |
| ***luck*** | لاکْ | شانس |
| ***To open*** | تو اُپِنْ | باز کردن |

| | | |
|---|---|---|
| *Including* | اینْ کولودینْگْ | شاملِ |
| *second* | سِکِنْد | دومین – دوم |
| *To close* | تو کِلُزْ | بستن |
| *close* | کِلُزْ | ببند – ببندید ( چون فعل است s صدای ز می دهد ) |
| *close* | کِلُسْ | نزدیک ( چون صفت است S همان س تلفظ می شود ) |
| *Swimming* | سوایْمینْگْ | شنا |
| *pool* | پولْ | استخر |
| *Deposit* | دیپازیتْ | وَدیعه |
| *as soon as* | اَزْ سُونْ اَزْ | به مَحض اینکه |
| *possible* | پاسیبِلْ | ممکن |
| *As soon as possible* | اَز سونْ اَز پاسیبِلْ | هر چه زود تر |

## Part ten          پارتْ   تِنْ          قسمت دهم

### Moving day          موویْنگْ   دِیْ          روزِ اثاث کشی

**266-good morning. Are you ready to see the apartment?**

گود   مُر نیْنگْ.  آر   یو  رِدیْ   تو   سیْ   دِ   اِپارتْ مِنْتْ؟

*266- صبح بخیر. آیا شما آماده هستید که آپارتمان را ببینید؟*

267-Yes, let's go inside — یِس ، لِتس گُ این سآید — 267- بله.اجازه بدهید برویم داخل

268-we'll start with the kitchen and dining room

ویل اِستارت وِیت دِ کیچِن آند دآیِنینگ روم

268- ما از آشپزخانه و اُتاق غذا خوری، شروع خواهیم کرد.

269-oh, good. a refrigerator and stove — 269- اُه، خوب. یک یخچال و اجاق گاز

اُه ، گود . اِ رِفرِجِریتِر آند اِستُو

270-is there a dishwasher, too? — ایز دِر اِ دیش واشِر تو ؟ — 270- آیا ماشین ظرف شویی هم دارد؟

271-it's right over there. next to the sink — 271- آن درست آنطرف است. کنار ظرف شویی

ایتس رآیت اُوِر دِر. نِکست تو دِ سینک

272-there is also a garbage disposal and a trash compactor

دِر ایز آلسُ اِ گاربِیج دیس پُزال آند اِ تِرَش کامپکتِر

272- یک سَطل آشغال ویک مُتراکم کننده ی آشغال هم ، موجود می باشد

273-I'd like to take a look at the bedrooms and bath

آید لآیک تو تیک اِ لوک اَت دِ بِد رومز آند بَث

273- من دوست دارم که نگاهی به اتاق های خواب و حمام، بیاندازم

274-here are the bedrooms — هییِر آر دِ بِد رومز — 274- ( بفرمایید ) این هم اتاق های خواب

275-they're connected by the bathroom — 275- آن ها مرتبط به حمام می باشند

دیِر کانِکتِد بآی دِ بَث روم

276-there's also a half bath off the living room

دِرز آلسُ اِ هَف بَث آف دِ لیوینگ روم

276- یک حَمام کوچک هم بیرون اُتاقِ پذیرایی ( اتاق نشیمن ) می باشد

**277-which bedroom will you use?**　　**277- کدام أتاق خواب را استفاده خواهید کرد؟**

**ویچ  بِدروم  ویل  یو  یوز ؟**

**278-I like the one facing the pool**　　**278- من آن را که روبروی استخر است، دوست دارم**

**آی  لآیک  دِ  وان  فِیسینگ  دِ  پول**

**279-I'll use the other one for the study**　　**279-از آن یکی برای مطالعه استفاده خواهم کرد**

**آیل  یوز  دِ  آدِر  وان  فُر  دِ  اِستادی**

**280-can I get a desk and chair for the study?**

**کَن  آی  گِت  اِ  دِسک  اَند  چِر  فُر  دِ  اِستادی ؟**

**280- آیا می توانم یک میز و صندلی برای مطالعه داشته باشم؟**

**281-I'll call the office and see if there are any in storage**

**آیل  کال  دِ  آفیس  آند  سی  ایف  دِر  آر  اِنی  این  اِستُرِج**

**281- با دفتر تماس خواهم گرفت.( تاببینند ) اگر چیزی در أنبار باشد**

**282-I don't have a car**　　**آی  دُنت  هَو  اِ  کار**　　**282- من ماشین ندارم**

**283-is there a grocery store nearby?**　　**283- آیا در این نزدیکی، مغازه خواربار فروشی هست؟**

**ایز  دِر  اِ  گِرُسِری  اِستُر  نیِر  بآی ؟**

**284-you're in luck**　　**یور  این  لاک**　　**284- شما خوش شانس هستید**

**285-there's a supermarket down the street**

**دِرز  اِ  سوپر مارکِت  دَون  دِ  اِستیریت**

**285- یک سوپرمارکت پایین خیابان می باشد**

**286-it's about a ten-minute walk**　　**ایتس  اِبَوت  اِ  تِن- مِنِت  واک**　　**286- حدوداً پیاده ده دقیقه راه است**

**287-let's go back to my office and talk about your lease**

**لِتس  گُ  بَک  تو  مآی  آفیس  آند  تاک  اِبَوت  یُر  لیس**

**287- بیا برگردیم به دفترم و در مورد اجاره ی شما صحبت کنیم**

### *** لغات مربوط به قسمت دهم ***

| | | |
|---|---|---|
| ***ready*** | رِدیْ | *آماده* |
| ***let's*** | لِتْسْ | *اجازه دهید ( بیایید )* |
| ***inside*** | اینْ سآیْدْ | *داخل* |
| ***to start*** | تو اِسْتارْتْ | *شروع کردن* |
| ***kitchen*** | کیْچِنْ | *آشپزخانه* |
| ***dining room*** | دآیْنینْگْ رومْ | *اُتاق غذاخوری ( اُتاق ناهار خوری )* |
| ***refrigerator*** | رِفْرِجِرِیْتِرْ | *یخچال* |
| ***stove*** | اِسْتُوْ | *اجاق گاز* |
| ***dish washer*** | دیْشْ واشِرْ | *ماشینِ ظرف شویی* |
| ***next to*** | نِکْسْتْ تو | *نزدیکِ - کنارِ* |
| ***sink*** | سینْکْ | *ظرف شویی* |
| ***also*** | آلْسُ | *همچنین* |
| ***garbage disposal*** | گاربِیْجْ دیسْپُزالْ | *سطل زباله. جای آشغال* |
| ***trash compactor*** | تِرَشْ کامْپَکْتِرْ | *متراکم کننده زباله* |
| ***to take a look*** | تو تِیْکْ اِ لوکْ | *نگاهی انداختن* |
| ***bath*** | بَثْ | *حَمّام* |
| ***connected*** | کانِکْتِد | *مرتبط- متصل* |

| | | |
|---|---|---|
| *half* | هَفْ | نیم- نصف |
| *living room* | لیْوِنْگْ رومْ | اُتاقِ نِشیمَن |
| *to use* | تو یوز | استفاده کردن |
| *facing* | فِیسِنْگْ | روبروی- مقابل |
| *the other* | دِ آدِر | دیگر- دیگری |
| *for the study* | فُرْ دِ اِستادیْ | برای مطالعه |
| *desk* | دِسکْ | میز |
| *chair* | چِرْ | صندلی |
| *office* | آفیْسْ | اداره - دفتر |
| *storage* | اِستُرِجْ | اَنبار |
| *grocery store* | گِرُسِریْ اِستُرْ | مغازه ی خوار بار فروشی |
| *near by* | نیِرْ بآیْ | نزدیک |
| *supermarket* | سوپِرْ مارکِتْ | سوپر مارکت |
| *down* | دَوْنْ | پایین |
| *street* | اِستیْریْتْ | خیابان |

## *Part eleven* — پارتْ ایْلِونْ — *قسمت یازدهم*

### *Shopping for groceries* — شاپینْگْ فُرْ گِرُسِریْزْ — *خرید از خواربارفروشی*

***288-good morning. can I weigh those for you?***

گود مُرنینْگْ . کَنْ آیْ وِیْ دُز فُرْ یو ؟

***288- صبح بخیر. آیا اجازه هست آن ها را برای شما بِکِشَم؟ ( وزن کنم )***

289-Yes, and how much are the tomatoes?　　289- بله. و قیمت گوجه فرنگی چقدر است؟
یِسْ ، آند هآوْ ماچ آر دِ تو میِ تُزْ ؟

290-eighty cents a pound　　ایتیْ سِنتْسْ اِ پوْنْد　　290- هر پوند ، هشتاد سِنت

291-how many would you like?　　هآوْ مِنیْ وُود یو لآیکْ ؟　　291- چند تا می خواهید؟

292-three will be enough　　ثیریْ ویلْ بیْ ایناف　　292- سه تا کافی است

293-I also want this head of lettuce　　293- من سَرِ ( مَغز ) این کاهو را هم می خواهم
آیْ آلسُ وانْتْ دیسْ هِد آوْ لِتِسْ

294-how much do I owe you?　　هآوْ ماچ دو آیْ اُ یو ؟　　294- چقدر باید به شما بپردازم؟

295-oh, you don't pay here　　اُه ، یو دُنْتْ پیْ هیِیر　　295- اُه. شما اینجا پول پرداخت نمی کنید

296-you pay at the check-out counter when you leave
یو پیْ اَتْ دِ چِکْ - اَوْتْ کَوْنْتِر وِنْ یو لیِوْ ( لِوْ )
296- شما پول را به صندوق می پردازید وقتی که می روید

297-sorry about that　　ساریْ اِبَوْتْ دَتْ　　297- در مورد آن عُذر می خواهم

298-can I help you?　　کَنْ آیْ هِلپْ یو ؟　　298- اجازه هست به شما کمک کنم؟

299-I'd like a chicken, please　　آید لآیکْ اِ چیِکِنْ ،پیِلیز　　299- من یک مرغ می خواهم، لطفاً

300-would you like it whole or cut up?　　300- آیا آنرا کامل می خواهید یا قَطعه قطعه ( پاک ) شده؟
وُود یو لآیکْ ایتْ هُلْ اُر کاتْ آپْ ؟

301-a whole fryer, please　　اِ هُلْ فِرآیِرْ ، پیِلیزْ　　301-یک ( مُرغ ) کاملِ سُرخ کردنی

302-I'll cut it up myself　　302- من خودم آن را قطعه قطعه ( پاک ) می کنم
آیلْ کاتْ ایتْ آپْ مآیْ سِلفْ

303-thanks　　تَنْکْسْ　　303- متشکرم

304-Yes. ma'am?　　یِسْ . مَمْ ؟　　304- بله.خانم؟

305-I'd like a loaf of bread, please　　305- لطفاً یک قُرص نان بدهید
آید لآیکْ اِ لُفْ آوْ بِرِد ،پیِلیز

306-do you want rye, whole wheat or white bread?
دو یو وانْتْ رآیْ، هُلْ وِیتْ اُر وآیتْ بِرِد ؟
306- آیا شما نانِ رای می خواهید یا نانِ گندم یا نانِ سفید؟

307-I'll take the rye bread　　آیلْ تِیکْ دِ رآیْ بِرِد　　307- من نان رای (می خواهم ) می برم

## *** لغات مربوط به قسمت یازدهم ***

| | | |
|---|---|---|
| *To weigh* | تو وِیْ | وَزن کردن |
| *those* | دُز | آن ها |
| *tomato* | تو مِیْتُ | گوجه فرنگی |
| *eight* | اِیْتْ | هشت |
| *eighty* | اِیتی | هشتاد |
| *pound* | پَوْنْد | پوند |
| *enough* | اِیْنافْ | کافی |
| *also* | آلْسُ | همچنین |
| *head* | هِد | سَر- رَأس |
| *lettuce* | لِتِسْ | کاهو |
| *to owe* | تو اُ | بدهکار بودن |
| *check-out-counter* | چِکْ - اَوْتْ - کَوْنْتِرْ | محل دریافتِ پول |
| *to leave* | تو لیْوْ | تَرک کردن- رفتن |
| *whole* | هُلْ | کامل- درسته- سرتاسر |
| *cut up* | کاتْ آپْ | تکه تکه شده |
| *fryer* | فِرآیِرْ | سُرخ کردنی |
| *myself* | مآیْسِلْفْ | خودم |
| *rye* | رآیْ | نانِ رای (نان جو) |
| *wheat* *(( whole wheat ))* | ویْتْ | گندم (( نان سبوس دار)) |

## *Part twelve* | پارْتْ تواِلْوْ | قسمت دوازده

### *At the Laundry* | اَتْ دِ لآنْدْریْ | در لباس شویی

***308-how does this washing machine work?*** | ***308- این ماشینِ لباس شویی، چطوری کار می کند؟***

هآوْ داز دیسْ واشیْنگْ - مَشیْنْ وُرکْ ؟

***309-you have to put four quarters in the slot***

یو هَفْ تو پوتْ فُر کوآرتِرز اینْ دِ اِسْلاتْ

***309- شما باید 4 تا 25 سنتی در آن شیار بیاندازید***

***310-then add the detergent*** دِنْ اَد دِ دیتِرجِنْتْ ***310- سپس پودر (پاک کننده) را ( به آن ) اضافه کنید***

***311-I don't have any change*** آیْ دُنْتْ هَو اِنیْ چِینْج ***311- من پول خُرد ندارم***

***312-where can I get some?*** وِر کَنْ آیْ گِتْ سامْ؟ ***312-کجا می توانم مقداری ( پول خُرد ) تهیه کنم؟***

***313-there is a coin machine over there. it takes dollar bills***

دِر ایز اِ کُینْ مَشینْ اُور دِر. ایتْ تِیْکْسْ دالِر بیلْز

***313- آن طرف یک ماشین پول خُردکُنی هست. آن دُلار قبول می کند***

***314-do you have any detergent?*** دو یو هَو اِنیْ دیتِرجِنْتْ؟ ***314- آیا شما پودر شُستشو دارید؟***

***315-oh, no! I forgot to buy some at the supermarket***

اُه. نُ ! آیْ فُرگاتْ تو بآیْ سامْ اَتْ دِ سوپِرمارکِتْ

***315- اُه. نه. من فراموش کردم که مقداری ( پودر ) از سوپرمارکت بخرم***

***316-can I borrow a cup?*** کَنْ آیْ بارُ اِ کاپْ؟ ***316- آیا می توانم یک فنجان(پودر) قرض بگیرم؟***

***317-sure. take as much as you need*** شُر. تِیْکْ اَز ماچ اَز یو نیْد ***317- حتماً. هر قدر که نیاز دارید بردارید***

***318-I've finished using the dryer, and there's still some time left if you want to dry your clothes***

آیْوْ فینیشْتْ یوزینْگْ دِ درآیِرْ، اَنْد دِرز اِستیْلْ سامْ تآیْمْ لِفْتْ ایفْ یو وانْتْ تو درآیْ یُر کلُز

***318- من کارم را با خُشک کُن تمام کرده ام واگر شما می خواهید لباس هایتان را خُشک کنید، هنوز مقداری وقت باقی مانده است***

***319-that's very kind. Thanks a lot*** ***319- آن نظر لطف شما است. متشکرم خیلی زیاد***

دَتْسْ وِریْ کآیْنْد . تَنْکْسْ اِ لاتْ

***320-don't mention it*** دُنْتْ مِنْشِنْ ایتْ ***320- قابلی ندارد .( حرفش هم نزن - خواهش می کنم )***

***321-here's my business card if you need anything for yourself or your apartment.***

هیِرْز مآیْ بیزْنِسْ کارد ایفْ یو نید اِنیْثینْگْ فُر یُرسِلْفْ اُر یُر اِپارْتمِنْتْ

***321- بفرمایید این کارت تجاری من است. اگر شما چیزی برای خودتان یاآپارتمانتان نیاز دارید***

***322-I manage a department store in the Mall***

آیْ مَنِج اِ دیپارتْ مِنتْ اِستُر اینْ دِ مالْ

***322 - من مدیریت یک فروشگاه زنجیره ای را ، در مال دارم***

***323-we're having a big sale this week*** **323- ما این هفته یک حراج بزرگ داریم**

**ویر هَوینگْ اِ بیگْ سِیلْ دیسْ ویکْ**

***324-why don't you stop by sometime?*** **324- چرا یه وقتی، سری به ما نمی زنی؟ (یه موقع بیا و سری بما بزن)**

**وآیْ دُنْتْ یو اِستاپْ بآیْ سامْ تآیمْ؟**

***325-thank you, I'll try to*** **تَنْکْ یو .آیْلْ تِرآیْ تو** **325- از شما متشکرم. سعی خودم را می کنم**

## *** لغات مربوط به قسمت دوازده ***

| | | |
|---|---|---|
| ***washing-machine*** | **واشیْنگْ - مَشیْنْ** | ***ماشینِ لباس شویی*** |
| ***to put*** | **تو پوتْ** | ***قرار دادن- گذاشتن*** |
| ***quarter*** | **کوآرتِرْ** | ***سکه 25 سِنتی*** |
| ***slot*** | **اِسْلاتْ** | ***شیار*** |
| ***then*** | **دِنْ** | ***سپس*** |
| ***to add*** | **تو اَد** | ***اضافه کردن*** |
| ***detergent*** | **دیْتِرْجِنْتْ** | ***پودرِ رخت شویی*** |
| ***change*** | **چِینْجْ** | ***پول خُرد*** |
| ***coin*** | **کُیْنْ** | ***سکه*** |
| ***coin machine*** | **کُیْنْ مَشیْنْ** | ***ماشینِ پول خُردکُنی*** |
| ***bill*** | **بیْلْ** | ***اِسکناس*** |
| ***to forget*** | **تو فُرْگِتْ** | ***فراموش کردن*** |
| ***to buy*** | **تو بآیْ** | ***خریدن*** |
| ***to borrow*** | **تو بارُ** | ***قَرض گرفتن*** |

| | | |
|---|---|---|
| *cup* | کاپْ | فنجان |
| *to finish* | تو فینیشْ | تمام کردن |
| *dryer* | دِرآیِرْ | خُشک کُن |
| *still* | اِستیلْ | هنوز |
| *left* | لِفتْ | باقی مانده |
| *to dry* | تو دِرآیْ | خُشک کردن |
| *clothes* | کِلُز | لباس ها |
| *kind* | کآیندْ | مهربان |
| *card* | کارد | کارت |
| *your self* | یُرْ سِلفْ | خودت |
| *to manage* | تو مَنِجْ | اداره کردن- مدیریت کردن |
| *store* | اِستُرْ | فروشگاه |
| *big* | بیگْ | بزرگ |
| *sale* | سِیلْ | حراج- فروش |
| *this* | دیسْ | این |
| *week* | ویکْ | هفته |
| *why* | وآیْ | چرا |
| *to stop by* | تو اِستاپْ بآیْ | سَر زدن - دیدن کردن |
| *to try* | تو تِرآیْ | سَعی کردن |

**Part thirteen**

*At the gas station*

پارتْ ثِرْتینْ

اَتْ دِ گَسْ اِسْتِیْشِنْ

قسمت سیزدهم

در ایستگاه پمپِ بنزین

326-regular or super unleaded?

ریگولار اُر سوپر آنْ لئِدِدْ ؟

326- معمولی یا سوپرِ بدونِ سرب؟

70

327-fill it up with regular, please — 327- لطفاً آنرا با ( بنزین) معمولی، پُر کنید

فیلْ ایتْ آپْ ویْتْ ریْگولار ، پیلیز

328-could you also check the oil and the tires? — 328- میشه لطفاً روغن و تایرها راکنترل کنید؟

کود یو ( کوج یو ) آلسُ چِکْ دِ ( دی ) اُیْلْ آند دِ ( دی ) تایِرز ؟

329-your oil is a little low — 329- روغن( ماشین ) شما یه مقداری کم است

یُر اُیْلْ ایز اِ لیْتِلْ لُ

330-shall I put in a quart? — 330- آیا می خواهید حدوداً یک لیتر در آن ( روغن ) بریزم؟

شَلْ آیْ پوتْ اینْ اِ کُرتْ؟

331-O.K.would you mind cleaning the windshield, too?

اُکِیْ . وُود یو ( وُوج یو ) مآیْند کیْلیْنیْنگْ دِ ویْند شیْلْد تو ؟

331- بسیار خوب. آیا اشکالی ندارد که شیشه ی جلویِ اتومبیل را هم تمیز کنید؟

332-sure.Where are you headed? — شُر . وِر آر یو هِدِد ؟ — 332- حتماً. به کجا می روید؟

333-to Washington — تو واشینْگْتُنْ — 333- به واشینگتن

334-I've got to do some research there — 334- مجبور هستم در آنجا قدری، تحقیق کنم

آیْوْ گاتْ تو دو سامْ ریْسِرچ دِر

335-I know nothing about the city — 335- من چیزی در مورد آن شهر نمی دانم

آیْ نُ ناثینْگْ اِبَوتْ دِ سیْتیْ

336-it's a great place — ایتْسْ اِ گرِیتْ پلِیسْ — 336- آن یک مکان بسیار خوبی (عالی) است

337-lots of good restaurants, museums and stores

لاتْسْ آوْ گود رِستو رَنْتسْ، میْ یو زیْیِمْز آند اِستُرز

337- تعداد زیادی رستوران های خوب، موزه ها و مغازه های ( خوب دارد )

338-how long will you be there? — 338- شما چه مدت در آنجا خواهید ماند؟

هآوْ لآنْگْ ویْلْ یو بیْ دِر ؟

339-I'm not sure yet — آیْمْ ناتْ شُر یِتْ — 339- هنوز اطمینان ندارم

340-probably several days — پِرآبْ لیْ سِوِرالْ دیْز — 340- احتمالاً چند روزی(می مانم)

341-have a safe trip — هو اِ سِیْفْ تِرِپْ — 341- سفر امنی داشته باشید

342-and don't miss the Smithsonian! — 342- (تماشای) اِسمیس سونین (Smithsonian) را از دست ندهید!

آند دُنْتْ میْسْ دِ اِسمِثْ سُنیِنْ !

### *** لغات مربوط به قسمت سیزده ***

| | | |
|---|---|---|
| *regular* | ریگولار | معمولی |
| *unleaded* | آنلیدِد | بدونِ سرب |
| *To fill up* | تو فیلْ آپْ | پُر کردن |
| *to check* | تو چِکْ | کُنترل کردن - چِک کردن |
| *oil* | اُیلْ | روغن |
| *tire* | تایرْ | لاستیک- تایر |
| *a quart* | اِ کُرْتْ | حدوداً یک لیتر |
| *to mind* | تو مآیْند | اهمّیت دادن |
| *to clean* | تو کیلْینْ | تمیز کردن |
| *windshield* | وینْدْ شیلْد | شیشه ی جلوی اتومبیل |
| *research* | ریْ سِرْچْ | تحقیق |
| *city* | سیتیْ | شهر |
| *lots of* | لاتْسْ آوْ | زیاد |
| *restaurant* | رِستورَنْتْ | رستوران |
| *museum* | میوزیِمْ | موزه |
| *probably* | پرابِبْلیْ | احتمالاً |
| *several* | سِورالْ | چندین |
| *to miss* | تو میْس | از دست دادن |

## *Part fourteen* | پارتْ فُرْتیْنْ | قسمت چهاردهم

### *Car trouble* | کار تِرابِلْ | خَرابیِ ماشین

***343-I don't know what's wrong?*** | ***343- من نمی دانم که مشکل چی است؟***

آیْ دُنْتْ نُ واتْسْ رانْگْ ؟

***344-it's a rental car*** ایتْسْ اِ رِنْتالْ کار ***344-آن یک ماشین اجاره ای است***

***345-maybe I should call the emergency number of the agency***

مِیْ بیْ آیْ شود کالْ دِ اِمِرجِنْسیْ نامْبِر آوْ دِ اِیجِنْسیْ

***345- شاید من باید به شماره ی اضطراری آژانس تلفن کنم***

***346-can I give you a lift to the service station at the next exit?***

کنْ آیْ گیوْ یو اِ لیفتْ تو دِ سِروْیسْ اِستِیْشِنْ اَتْ دِ نِکْستْ اِگْزیتْ؟

***346- آیا اجازه هست که شما را برسانم به تعمیرگاهی که در خروجیِ بعدی است؟***

***347-Yes, if you don't mind*** یِسْ ، ایفْ یو دُنْتْ مآیْنْد ***347- بله، اگر اشکالی ندارد***

***348-I think I'll call the rental agency there***

آیْ ثِینْکْ آیلْ کالْ دِ رِنْتالْ اِیجِنْسیْ دِر

***348-من فکر می کنم که در آنجا به آژانس کرایه ای تلفن خواهم کرد***

***349-I'm glad to help. It's part of the job***

آیمْ گِلَد تو هِلْپْ . ایتْسْ پارتْ آوْ دِ جابْ

***349- من خوشحال هستم که کمکی کنم.این بخشی از کار من است***

***350-you're not from around here, are you?*** ***350- شما اَهل این اطراف نیستید، اینطور نیست؟***

یور ناتْ فِرامْ اَرَوْنْد هِییرْ ، آر یو؟

***351-No,I'm not an American*** نُ ، آیمْ ناتْ اَنْ اِمریکَنْ ***351- نه. من آمریکایی نیستم***

***352-I'm visiting the U.S for the first time*** ***352- اولین باری است که دارم ایالات متحده را می بینم***

آیمْ ویزیتینْگْ دِ یو.اِسْ فُر دِ فِرسْتْ تآیمْ

***353-I've been to Atlanta,Georgia*** آیوْ بینْ تو آتلانْتا ، جورجیا ***353- من درآتلانتا و جرجیا بوده ام***

***354-and now I'm on my way to your nation's capital***

اَند نَوْ آیمْ آنْ مآیْ وِیْ تو یُر نِیشِنْز کَپیتالْ

*354- و حالا در مسیرم هستم به سمت پایتختِ ملتِ شما*

***355-you mean Washington?*** یو مینْ واشینْگْتُنْ؟ *355- منظور شما واشینگتن است؟*

***356-that's right*** دَتْسْ رآیْتْ *356- دُرست است ( بله )*

***357-I've never been there*** آیوْ نِور بینْ دِر *357- من هرگز آنجا نبوده ام*

***358-I'd like to go there one day*** *358- من دوست دارم یه روزی به آنجا بروم*

آیْد لآیْکْ تو گُ دِر وانْ دِیْ

***359-they say it's a lovely city*** *359- آن ها ( مردم ) می گویندکه آن یک شهرِ دوست داشتنی است*

دِیْ سِیْ ایْتْسْ اِ لآوْلیْ سیْتیْ

***360-hope the rest of your trip goes well*** *360- اُمید وارم که ادامه ی سفر شما، به خوبی پیش برود*

هُپْ دِ رِسْتْ آوْ یُر تِرِپْ گُز وِلْ

***361-thank you*** تَنْک یو *361- متشکرم*

***362-you've been very helpful*** *362- شما کمک خیلی خوبی بودید. ( شما خیلی مُفید بودید )*

یووْ بینْ وِریْ هِلْپْ فولْ

## *** لغات مربوط به قسمت چهاردهم ***

| | | |
|---|---|---|
| ***wrong*** | رانْگْ | *اشکال- اشتباه* |
| ***rental*** | رِنْتالْ | *اجاره ای* |
| ***maybe*** | مِیْ بیْ | *شاید* |
| ***emergency*** | اِمِرْجِنْسیْ | *اضطراری* |
| ***agency*** | اِیْجِنْسیْ | *آژانس* |
| ***To give a lift*** | تو گیْوْ اِ لیْفْتْ | *رساندن ( با ماشین )* |
| ***station*** | اِسْتِیْشِنْ | *ایستگاه* |
| ***service*** | سِرْوِیْسْ | *خدمت - سرویس* |
| ***service station*** | سِرْوِیْسْ اِسْتِیْشِنْ | *تعمیرگاه* |
| ***exit*** | اِگْزیْتْ | *خروج- خروجی* |
| ***part*** | پارْتْ | *قسمت- بخش* |
| ***around*** | اَرَوْنْدْ | *اَطراف - دور و بر* |
| ***American*** | اِمریْکَن | *آمریکایی* |
| ***to visit*** | تو ویْزیْتْ | *دیدن- ملاقات کردن* |
| ***the first time*** | دِ فِرْسْتْ تآیْمْ | *اولین بار* |
| ***nation*** | نِیْشِنْ | *مِلّت* |
| ***capital*** | کَپیْتالْ | *پایتخت* |
| ***on my way*** | آن مآیْ وِیْ | *سَرِ راه - سَرِ راه هم - در مسیرم* |
| ***never*** | نِوِر | *هرگز- هیچ وقت - اصلاً* |
| ***one day*** | وانْ دِیْ | *یک روز- روزی* |

## Part fifteen | پارتْ فیفْ تینْ | قسمت پانزدهم

## a Washington traffic jam | اِ واشینْگْتُنْ تِرَفیکْ جَمْ | اِزدحام در واشینگتن

***363-my year in Washington, D.C. taught me so much about American history***

مآیْ یِر اینْ واشینْگْتُنْ، دیْ. سیْ. تُتْ (تات) میْ سُ ماچ اِبَوْتْ اِمِریکَنْ هیسْتُریْ

*363- سالهایی که در واشینگتن دی. سی (بودم)، چیزهای زیادی در مورد تاریخ آمریکا به من یاد داد*

***364-I therefore instruct my niece to do the following while she is in Washington***

آیْ دِرفُرْ اینْ اِستِراکْتْ مآیْ نیسْ تو دو دِ فالوایْنْگْ وآیْلْ شیْ ایز اینْ واشینْگْتُنْ

*364- بنابراین من دستور می دهم به دختر خواهرم که کارهای زیر را انجام دهد، وقتیکه در واشینگتن است*

***365-one. visit Georgetown where I lived a number of years ago as a student***

وانْ. ویْزیْتْ جُرج تَوْنْ وِر آیْ لِوْدْ اِ نامْبِر آوْ یِرز اِگُ اَز اِ اِسْتیْیودِنْتْ

*365- اول. جُرجتون را ببین، جایی را که من تعداد زیادی از سال های قبل را به عُنوان یک دانشجو، زندگی کردم*

***366-two. have dinner at Antonio's***

*366- دوم. در رستوران آنتُنی شام بخور*

تو. هَو دینِر اَتْ آنْتُنیز

***367-my favorite Italian restaurant***

*367- رستورانِ ایتالیاییِ موردِ علاقه ی من*

مآیْ فِیْوِریْتْ ایْتالیَنْ رِسْتورَنْتْ

***368-request a menu***

ریْکواِسْتْ اِ مِنْیو

*368- درخواستِ لیست غذا کُن*

***369-and bring back a copy of the check as proof***

آند بیْرِنْگْ بَکْ اِ کُپیْ آوْ دِ چِکْ اَز پوروفْ

*369- و کپی صورت حساب را برای اثبات (حرفت) بیاور*

***370-three. visit the Smithsonian institution***

ثیْریْ. ویْزیْتْ دِ اِسْمیْسْ سُنْیاَنْ اَنیسْتیْ تیْیوشِنْ

*370- سوم. موسسه ی اسمیس سونین* (Smithsonian) *را ببین*

***371-take a picture of Lindbergh's "spirit of saint Louis"***

تیْکْ اِ پیْکْچِر آوْ لینْد بِرگز "اِسپیْریْتْ آوْ سِیْنْتْ لوئیسْ"

*371- یک عکس از لیندبرگ (لوح لویس مقدس) بیانداز*

***372-four. visit the National Archives to view the Declaration of independence***

فُر. ویْزیْتْ دِ نَشْنالْ آرکآیْوْز تو ویْیو دِ دیْکْلِریْشِنْ آوْ ایندیْپِنْدِنْس

*372- چهارم. آرشیوِ مِلّی را ببین تا اِظهارنامه ی استقلال را مشاهده کنی*

*373-and the Bill of Rights*　　*373- و سَندِ حَقایق را ( ببینی )*

اَند دِ بیْلْ آوْ رآیْتسْ

*374-five. drive through the National Arboretum*　　*374- پنجم. از میان پارک ( باغ ) ملی رانندگی کن*

فآیوْ. دِرآیوْ ثورو دِ نَشنالْ آربُریْتمْ

*375-Washington's best-kept secret*　　*375- بهترین راز حفظ شده واشینگتن*

واشینْگتُنز بِسْتْ- کِپْتْ سیکْرِتْ

*376-six. finish by visiting the Lincoln Memorial and the U.S capitol*

سیکْسْ. فیْنیْشْ بآیْ ویْزیْتیْنْگْ دِ لینْکُلْنْ مِمُریْ آلْ اَند دِ یو.اِسْ کَپیْتُلْ

*376- ششم. ( سفر خودت را ) باتماشای بَنای یادبودِ آبراهام لینکُلن و عِمارتِ پارلمانِ ایالتی، به پایان برسان*

*377-while I do not expect my niece to prove that she visited all the places I have listed*

وآیْلْ آیْ دو ناتْ اِکسْ پِکْتْ مآیْ نیْسْ تو پورووْ دَتْ شیْ ویْزیْتِد اُلْ دِ پلیْسِز آیْ هَو لیْسْتِد

*377- در حالی که من انتظار ندارم دختر خواهرم ثابت کند که او تمام مکان هایی که من لیست کرده ام را دیده است*

*378-I assume that she will follow my wishes*

آیْ اَسیْیومْ دَتْ شیْ ویْلْ فالُ مآیْ ویْشیْز

*378- من فَرض می کنم که او خواسته های من را انجام خواهد داد*

*379-my hope is that she will learn as much about the U.S as I did*

مآیْ هُپْ ایزْ دَتْ شیْ ویْلْ لِرنْ اَز ماچ اِبوْتْ دِ یو.اِسْ اَز آیْ دیْد

*379- آرزوی من این است که او یاد بگیرد به همان اندازه ای که من در رابطه با ایالات متحده یاد گرفتم*

*380-when I first moved here*　　*380- وقتی که من برای اولین بار به اینجا آمدم*

وِنْ آیْ فِرسْتْ مووْد هیْیِرْ

### *** لغات مربوط به قسمت پانزدهم ***

| | | |
|---|---|---|
| year | یِرْ | سال |
| taught | تُتْ ( تات ) | یاد داد (یاد دادم- یاد دادی- یاد داد ...) |
| so much | سُ ماچْ | خیلی زیاد |
| history | هیْسْتُریْ | تاریخ |
| therefore | دِرفُرْ | بنابراین |
| instruct | اینْسْتِراکْتْ | دستور دادن |
| niece | نیْسْ | دخترِ خواهر یا دخترِ برادر |
| to follow | تو فالُ | پیروی کردن - دنبال کردن |
| favorite | فِیْ وِریْتْ | مورد علاقه |
| while | وآیْلْ | وقتی که |
| ago | اِگُ | قبل - پیش |
| as | اَزْ | مانند - به عنوان |
| dinner | دیْنِرْ | شام |
| Italian | ایْتالیَنْ | ایتالیایی |
| to request | تو ریْکواِسْتْ | درخواست کردن |
| menu | مِنیو | لیستِ غذا |
| proof | پوروفْ | اثبات |
| institution | اَنیسْتیْتیْ یوْشِنْ | مؤسسه |
| to take a picture | تو تِیْکْ اِ پیْکْچِرْ | عَکس گرفتن |

| | | |
|---|---|---|
| *national* | نَشْنالْ | مِلّی |
| *archives* | آر کآیْوْز | آرشیو |
| *to view* | تو ویْیو | نگاه کردن |
| *declaration* | دیْکْلِریْشِنْ | اِظهار نامه |
| *independence* | ایندیْپِنْدِنْسْ | استقلال |
| *bill* | بیْلْ | سَنَد |
| *right* | رآیْتْ | حق - حقایق - راست |
| *through* | ثورو | از میانِ |
| *arboretum* | آربُریْتِمْ | باغ |
| *memorial* | مِمُریْآلْ | یادبود |
| *Capitol* | کَپیْتُلْ | پارلمان - مَجلس |
| *to expect* | تو اِکسْپِکْتْ | انتظار داشتن |
| *to prove* | تو پورووْ | اثبات کردن |
| *list* | لیست | لیست |
| *to assume* | تو اَسیْیومْ | فَرض کردن |
| *hope* | هُپْ | اُمید |
| *To hope* | تو هُپْ | اُمیدوار بودن - اُمید داشتن |
| *to learn* | تو لِرْنْ | یاد دادن- یاد گرفتن |
| *to move* | تو مووْ | اثاث کشی کردن- حرکت کردن |

## Part sixteen　　پارتْ سیکسْ تینْ　　قسمت شانزدهم

### A fender bender in Chicago　　اِ فِنْدرِ بِنْدرِ اینْ شیْکاگُ　　یک تصادف کوچک در شیکاگو

**381-what the hell do you think you're doing?**　　381- فکر می کنی داری چه غَلطی می کنی؟

واتْ دِ هِلْ دو یو ثِینْکْ یور دو اینْگْ ؟

382- sorry. I didn't see your turn signal until it was too late to stop

ساری . آیْ دیدِنْتْ سیْ یُر تِرنْ سیْگْنالْ آنْتیلْ ایتْ وازْ تو لیْتْ تو اِستاپْ

382- ببخشید. من چراغِ راهنمای شما را ندیدم تا اینکه خیلی دیر شده بود که متوقف شوم

383-hey, did you see what happened?    383- هیْ، آیا شما دیدید که چه اتفاقی افتاد؟

هِیْ ، دیْد یو سیْ واتْ هَپِنْد؟

384-Yes, I think so. Why?    یِسْ ، آیْ ثیْنْکْ سُ . وآیْ؟    384- بله. فکر می کنم که همین طور است . چرا؟

385-I'm going to call the police    385- من قصد دارم به پلیس خبر بدهم

آیْمْ گُ اینْگْ تو کالْ دِ پُلیسْ

386-you can tell them what you saw    386- شما می توانید به آنها بگویید که چی ( چه چیزی ) دیدید

یو کَنْ تِلْ دِمْ واتْ یو سا

387-this jerk ran right in to me    387- این آدم احمق درست به سمت من آمد   ( با من تصادف کرد )

دیسْ جِرکْ رَنْ رآیْتْ اینْ تو میْ

388-look at my bumper!    388- به سپر ماشینِ من نگاه کن!    لوکْ اَتْ مآیْ بامْپِر !

389-it'll cost $1000 to fix    389- هزار دلار هزینه ی تعمیر آن خواهد شد

ایتیْلْ کاسْتْ وانْ تازِنْد دالِرز تو فیْکْسْ

390-calm down    کالْمْ ( کام ) دَوْنْ    390- آرام باش . ( کوتاه بیا بابا )

391-it was just one of those things    391- این هم درست، مثل یکی از اون حرف هایت بود

ایت وازْ جاسْتْ وانْ آوْ دُز ثیْنْگْز

392-I have insurance    آیْ هَو اینْشُرِنْسْ    392- من بیمه دارم

393-I really don't want to get involved    393- من واقعاً نمی خواهم که درگیر( این موضوع ) بشوم

آیْ ریْ اِلیْ دُنْتْ وانْتْ تو گِتْ اینْوُلْوْد

83

**394-I'm from out of town** | ***394- من اهل خارج از این شهر هستم. (من ساکن این شهر نیستم)***

آیمْ فِرامْ اَوْتْ آوْ تَوْنْ

**395-you're a witness, right?** | یور اِ ویتْنِسْ ، رآیْتْ ؟ | ***395-شما شاهد هستید، درست است ؟***

**396-can I have your name, address, and phone number?**

کَنْ آیْ هَو یُر نِیمْ ، اَدرِسْ ، اَنْد فُنْ نامْبِر ؟

***396-آیا می توانم نام، آدرس و شماره تلفنِ شما را داشته باشم؟ ( بنویسم )***

**397-Yes, I saw what happened** | ***397- بله. من دیدم که چه اتفاقی افتاد***

یِسْ، آیْ سا واتْ هَپِنْد

**398- here's my passport** | هیِیرز مآیْ پَسْپُرتْ | ***398- بفرمایید. این پاسپورت من است***

**399-I'm not an American citizen** | ***399- من شهروندِ آمریکایی نیستم***

آیمْ ناتْ اَنْ اِمریکَنْ سیْتیْزِنْ

**400-I've come to Chicago on business** | ***400- من برای ( کار ) تجارت به شیکاگو آمده ام***

آیْوْ کامْ تو شیْکاگُ آنْ بیْزینِسْ

**401-here's a contact number if you want to get in touch**

هیِیرز اِ کانْتَکْتْ نامْبِر ایفْ یو وانت تو گِتْ اینْ تاچ

***401- بفرمایید این شماره ی تماس اگر می خواهید که تماس بگیرید***

## *** لغات مربوط به قسمت شانزده ***

| | | |
|---|---|---|
| *what the hell* | واتْ دِ هِلْ | چه غَلطی ( hell به معنای جَهَنّم می باشد ) |
| *turn signal* | تِرنْ سیگْنالْ | چراغِ راهنما |
| *until* | آنْتیْلْ | تا |
| *late* | لِیْتْ | دیر |
| *to stop* | تو اِسْتاپْ | متوقف کردن- ایستادن |
| *why* | وآیْ | چرا |
| *to call* | تو کالْ | خبر کردن- تلفن زدن |
| *to tell* | تو تِلْ | گفتن |
| *jerk* | جِرْکْ | آشغال- آدم عوضی |
| *To run into* | تو رانْ اینْ تو | زیر گرفتن (با ماشین) |
| *bumper* | بامْپِرْ | سَپر |
| *to cost* | تو کاسْتْ | هزینه داشتن |
| *insurance* | اینْشُرِنْسْ | بیمه |
| *to get involved* | تو گِتْ اینوُ لْوْد | دَرگیر شدن |
| *town* | تَوْنْ | شهر- شهر کوچک |
| *witness* | ویْتْنِسْ | شاهد |
| *citizen* | سیْتیْزِنْ | شهروند |
| *to get in touch* | تو گِتْ اینْ تاچ | در تَماس بودن |

## *Part seventeen*
پارتْ سِونْ تیْنْ
قسمت هفدهم

### *Invitation*
اینْ ویتیْشِنْ
دَعوت

**402-good evening.I'm Ellen Jones**

402- عصر بخیر. من اِلِن جونز هستم

گود ایْوِنینگْ. آیْمْ اِلِنْ جُنْز

403-won't you come in? — وُنْتْ یو کامْ اینْ ؟ — 403- آیا داخل نمی آیی؟ ( چرا تو نمی آ یی؟ )

404-what lovely flowers! Thank you — 404- چه گل های زیبایی! متشکرم

واتْ لاَوْلیْ فِلاَوِرز ! تَنْکْ یو

405-I'll call Michael — آیلْ کالْ مآیْکِلْ — 405- به مایکل تلفن خواهم کرد. ( به مایکل خبر خواهم داد )

406-please make yourself at home — 406- لطفاً اینجا را منزل خودتان بدانید ( فکر کنید که در منزل خودتان هستید)

پیْلیز میْکْ یُرسِلْفْ اَتْ هُمْ

407-hello, I'm so glad to meet you — 407- سلام. خیلی خوشحال هستم که شما را ملاقات می کنم

هِلُ ، آیْمْ سُ گِلَد تو میتْ یو

408-Stephanie told me so much about you — 408- اِستفانی در مورد شما، چیزهای زیادی به من گفته است

اِستِفانیْ تُلد میْ سُ ماچ اِبوْتْ یو

409-did you know you were her favorite? — 409 -آیا می دانستید که شما مورد علاقه ی او بودید؟

دیْد یو نُ یو وِر هِر فِیْوریْتْ ؟

410-No, I'm sorry I didn't get to see her again before she died

نُ ، آیْمْ ساریْ آیْ دیْدِنْتْ گِتْ تو سیْ هِر اِگِیْنْ بیفُر شیْ دآیْد

410- نه.متأسفم. من نرسیدم تا دوباره او را ببینم قبل از اینکه بمیرد

411-so, what brings you to Chicago? — 411- بنابراین چی باعث شد تا به شیکاگو بیایید؟

سُ ، واتْ بیْرینْگز یو تو شیکاگُ ؟

412-Aunt Stephanie wanted me to know more about the city

آنْتْ اِستِفانیْ وانْتِد میْ تو نُ مُر اِبوْتْ دِ سیْتیْ

412- عَمه ام، اِستفانی از من خواست، تا مقدار بیشتری در مورد این شهر بدانم

413-did she live around here? — دیْد شیْ لیوْ اَرَوْنْد هیْیِر ؟ — 413- آیا او در این اطراف زندگی می کرد؟

414-Yes,we became friend almost twenty years ago

414- بله. ما تقریباً 20 سال پیش دوست شدیم

یِس، وی، بیکیْمْ فِرِنْدْ آلْمُسْتْ تْوِانْتی ( توانی ) یِرز اِگُ

415-she had moved here from Washington

415- او از واشینگتن به اینجا آمده بود

شی، هَد موْوْد هیِیر فِرآم واشینْگْتُنْ

416-she left Chicago a few years later

416- او چند سال پیش شیکاگو را ترک کرد

شی، لِفْتْ شیکاگُ اِ فِیو یِرز لِیْتِر

417-and moved to the West Coast

417- و به وِست کُست رفت

آند مووْد تو دِ وِسْتْ کُسْتْ

418-Chicago winters were too harsh for her

418- زمستان های شیکاگو ، برای او خیلی سخت بود

شیکاگُ وِیْنْترز وِر تو هارشْ فُر هِر

419-she wanted more sun and warmer temperatures

شی، واِنْتِد مُر سانْ آند وارمِر تِمْپِرِچِرز

419- او درجه حرارت گرم تر و نور بیشتر می خواست ( نیاز داشت )

420-dinner is ready

دیْنِر ایْز رِدی،

420- شام آماده است

## *** لغات مربوط به قسمت هفدهم ***

| | | |
|---|---|---|
| flower | فِلآوِر | گُل |
| told | تُلْد | گفت ( گفتم - گفتی - گفت ... ) |
| to know | تو نُ | دانستن - شناختن |

88

| | | |
|---|---|---|
| *to die* | تو  دآیْ | مُردن |
| *to bring* | تو  بْرینْگْ | آوردن |
| *aunt* | آنْتْ | عَمه - خاله |
| *city* | سیْتیْ | شهر |
| *to become* | تو  بیْکامْ | شدن |
| *almost* | آلْمُسْتْ | تقریباً |
| *twenty* | توانْتیْ ( توانیْ ) | بیست |
| *a few* | اِ  فیْیو | تعداد کمی |
| *later* | لِیْتِرْ | بعداً - بعد |
| *winter* | وینْتِرْ | زمستان |
| *harsh* | هارشْ | سخت |
| *sun* | سانْ | خورشید - ( آفتاب ) |
| *warmer* | وآرمِرْ | گرم تر |

## Part eighteen
### A household emergency

پارت    اِیتین

اِ   هَوْسْ   هُلْد   اِمِرْجِنْسی

قسمت هیجدهم

کارهای اِضطراری منزل

**421-what seems to be the trouble?**

421- چه چیزی به نظر می رسد که مشکل باشد؟ ( مشکل چیست؟ )

وات   سیْمْزْ   تو   بی   دِ   تِرآبِلْ؟

***422-look! there's an inch of water on the floor***

لوکْ! درز اَنْ اینچ آوْ واتِر آنْ دِ فلُر

***422- نگاه کن! یک اینچ آب روی طبقه ( زمین ) را گرفته است***

***423-what a mess!***　　واتْ اِ مِسْ!　　***423- چه افتضاحی!***

***424-can you fix it?***　　کَنْ یو فیْکسْ ایتْ؟　　***424- آیا شما می توانید آن را درست کنید؟***

***425-No sweat***　　نُ سواتْ　　***425- هیچ کاری ندارد. ( آسان است )***

***426-where's the main water valve?***　　***426- شیرِ اصلیِ آب کجاست؟***

وِرز دِ مِینْ واتِر وَلْوْ؟

***427-the what?***　　دِ واتْ؟　　***427- چی؟***

***428-do you know where I can cut off the water?***

دو یو نُ وِر آیْ کَنْ کاتْ آفْ دِ واتِرْ؟

***428- آیا تو می دانی که کجا من می توانم آب را قَطع کنم؟***

***429-I think it is in the closet***　　***429- فکر کنم که در قفسه باشد***

آیْ ثینْکْ ایتْ ایز اینْ دِ کِلازِتْ

***430-what shall I do about all the water on the floor?***

واتْ شَلْ آیْ دو اِبوْتْ اُلْ دِ واتِر آنْ دِ فلُر؟

***430- من در مورد آب های روی طبقه چکار باید بکنم؟***

***431-tell the manager to call a carpet cleaning service***

تِلْ دِ مَنجِر تو کالْ اِ کارپِتْ کِیْلیْ نینْگْ سِرویْسْ

***431- به مُدیر بگویید که با یک فرش شویی تماس بگیرد***

***432-how much is this going to cost?***　　***432- این چقدر هزینه دارد؟ ( هزینه اش، چقدر خواهد شد )***

هآو ماچ ایز دیْسْ گُ اینگْ تو کاسْتْ؟

***433-I'm pretty sure the apartment owners will cover it***

آیْمْ پِرتیْ شُر دِ اِپارْتْمِنْتْ اُنرز وِیْلْ کاوِر ایْتْ

***433- من اطمینان دارم که صاحبان آپارتمان آن را پرداخت می کنند. ( به عهده می گیرند )***

**434-as long as you didn't cause the problem yourself**

اَز لانْگْ اَز یوْ دیدِنْتْ کاز دِ پِرابْلِمْ یُرسِلْفْ

**434- بخاطر اینکه شما خودتان باعث آن مشکل نشده اید**

**435-how could I?** هاوْ کود آیْ؟ **435- من چطور می توانستم ( باعث آن مشکل بشوم ) ؟**

**436-I've been out of town for weeks** **436- هفته ها است که من خارج از شهر هستم**

آیوْ بینْ اَوْتْ آوْ تَونْ فُر ویکْسْ

**437-what a way to end my trip!** **437- چگونه سفرم را به پایان برسانم!**

واتْ اِ وِیْ تو اِنْد مآیْ تِرِپْ!

## *** لغات مربوط به قسمت هجدهم ***

| | | |
|---|---|---|
| inch | اینْچْ | اینچ |
| to fix | تو فیکْسْ | تعمیر کردن |
| main | مِینْ | اَصلی |
| valve | وَلْوْ | شیر ( آب ) - فَلَکه ی آب |
| to cut off | تو کاتْ آفْ | قَطع کردن - بَستن |
| closet | کِلازِتْ | قَفسه |
| manager | مَنجِر | مدیر |
| carpet | کارپِتْ | فَرش |
| owner | اُنِر | مالک |
| to cause | تو کاز | باعث شدن |
| to end | تو اِنْد | به پایان رساندن |

## Part nineteen
### Under the weather

پارتْ  نآینْ تیْنْ

قسمت نوزدهم

آندِرِ دِ وِدِر

سَر حال نبودن – کِسِلِ بودن

*438-what seems to be the trouble?*

438- چه چیزی به نظرمی رسد که مشکل باشد؟ ( مشکل چیست؟ )

واتْ  سِیْمْز  تو  بیْ  دِ  تِرابِلْ ؟

93

**439-I feel terrible**    آیْ  فیْلْ  تِرِبِلْ    **439- اِحساس بدی دارم**

**440-I have a fever and chills**    **440- من تب و لرز ، دارم**

آیْ  هَوْ  اِ  فیوِر  اَند  چیْلْزْ

**441-what's your temperature?**    واتْسْ  یُر  تِمْپِرچِر ؟    **441- درجه حرارت شما چند است؟**

**442-one hundred and two degrees**    **442- یکصد و دو دَرجه**

وانْ  هانْدرِد  اَند  تو  دیْگریْز

**443-have you taken anything for it?**    **443- آیا چیزی برای آن ( سردرد ) خورده اید ( استفاده کرده اید )؟**

هَو  یو  تیْکِنْ  اِنیْثیْنگْ  فُر  ایتْ ؟

**444-just some Aspirin**    جاستْ  سامْ  اَسپیْرینْ    **444- فقط آسپرین**

**445-what should I do?**    واتْ  شود  آیْ  دو ؟    **445- من باید چه کار کنم؟**

**446-I think you better see one of our doctors**    **446- فکر می کنم که بهتر است یکی از دکترهای ما را ببینید**

آیْ  ثیْنکْ  یو  بِتِر  سیْ  وانْ  آوْ  اَوِر  داکْتِرز

**447-you probably have an infection**    **447- شما احتمالاً عُفونت دارید**

یو  پرابِبْلیْ  هَو  اَنْ  اینْفِکْشِنْ

**448-can you come right now?**    **448- آیا می توانید همین الان بیایید؟**

کَنْ  یو  کامْ  رآیْتْ  نَوْ ؟

**449-Yes, I'm on my way**    یِسْ ، آیْمْ  آنْ  مآیْ  وِیْ    **449- بله. تو راه هستم.( الان می آیم )**

**450-I don't have any medical insurance**    **450- من بیمه ی دَرمانی ندارم**

آیْ  دُنْتْ  هَو  اِنیْ  مِدیْکالْ  اینْ شُرِنْس

| | | |
|---|---|---|
| *451-is that all right?* | ایز دَتْ اُلْ رآیْتْ ؟ | *451- آیا مشکلی نیست؟* |
| *452-don't worry* | دُنْتْ وُرِیْ | *452- نگران نباشید* |

*453-our business office takes cash, personal checks or credit cards*

اَوْر بیزْیِنسْ آفیسْ تِیْکْسْ کَشْ ، پِرسونالْ چِکْسْ اُر کِرِدیْتْ کاردسْ

*453- دفتر کاری ما، پول نَقد، چِک مسافرتی یا کارتِ اعتباری قبول می کند*

## *** لغات مربوط به قسمت نوزدهم ***

| | | |
|---|---|---|
| *to feel* | تو فیْلْ | *احساس کردن* |
| *terrible* | تِرِبل | *بد – وحشتناک* |
| *Fever* | فیْوِرْ | *تَب* |
| *chill* | چیْلْ | *لَرز* |
| *one hundred* | وانْ هانْدرِد | *یکصد* |
| *degree* | دیْگریْ | *درجه* |
| *better* | بِترْ | *بهتر* |
| *infection* | اینْفِکْشِنْ | *عُفونت* |
| *medical insurance* | مِدیْکالْ اینْشُرِنْسْ | *بیمه درمانی* |
| *cash* | کَشْ | *پول نقد* |
| *personal* | پِرْسونالْ | *شخصی* |
| *credit* | کِرِدیْتْ | *اعتباری* |

## *Part twenty*
پارتْ تواِنْتیْ ( توانی )
قسمت بیستم

### *At the doctor's office*
اَتْ دِ داکْترِزْ آفیْسْ
در مطبِ دکتر

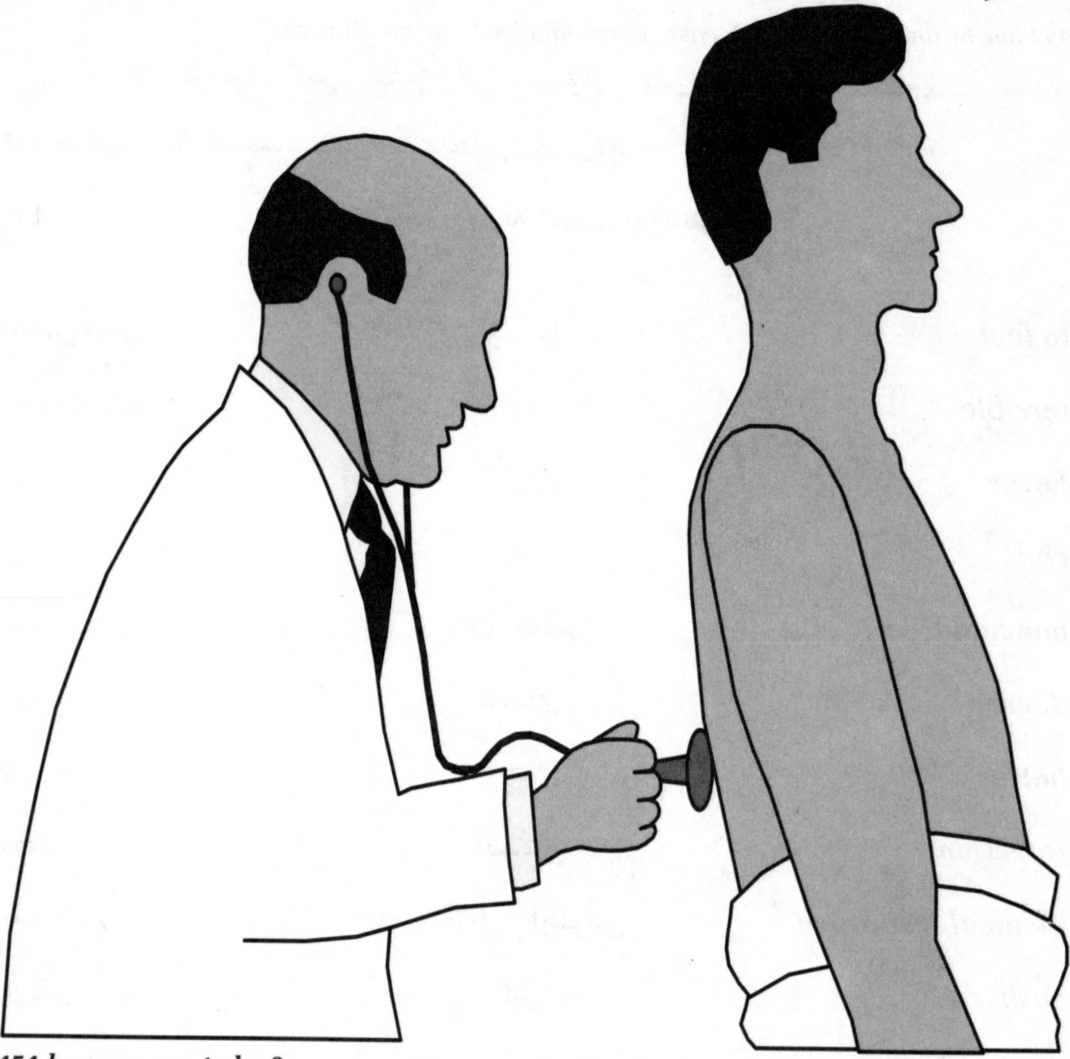

***454-how are you today?***
هآو آر یو تودِیْ ؟
*454- امروز حال شما چطور است ؟*

***455-Not so good***
ناتْ سُ گود
*455- خیلی خوب نیستم*

**456-I think I have the flu or something** — **456- من فکر می کنم که آنفلوآنزا یا چیزی شبیه به آن دارم**

آیْ ثینْکْ آیْ هَو دِ فولو اُر سامْ ثینْگْ

**457-what are your symptoms?** — **457- نشانه های ( بیماری ) شما چه چیزهایی هستند؟**

واتْ آر یُر سِمْپْ تِمْز ؟

**458-I have a fever, chills and a sore throat** — **458- من تَب و لَرز و گلو دَرد دارم**

آیْ هَو اِ فیْور ، چیلْز آند اِ سُر ثوروت

**459-let's take a look** لِتْسْ تِیکْ اِ لوکْ — **459- اجازه بدهید نگاهی بکنم**

**460-open wide** اُپِنْ وآید — **460- ( دهانتان را ) کاملاً باز کنید**

**461-hmmm. your throat is pretty red** — **461- هممم. گلوی شما کاملاً قرمز است**

هممم . یُر ثوروتْ ایز پِرتیْ رِد

**462-how long have you had a fever?** — **462- چه مدت است که تب دارید؟**

هآوْ لانْگْ هَو یو هَد اِ فیْور ؟

**463-since last night** سِینسْ لَستْ نآیتْ — **463- از شب گذشته تا حالا**

**464-it comes and goes** ایتْ کامْز آند گُز — **464- آن می آید و می رود**

**465-what's wrong with me?** وآتْسْ رانْگْ وِیتْ میْ ؟ — **465- من چه مشکلی ( بیماری ) دارم؟**

**466-you have some sort of bacterial infection** — **466- شما یک نوع عُفونت باکتریایی دارید**

یو هَو سامْ سُرتْ آوْ بَکْتِریْ یآلْ اینْفِکْشِنْ

**467-I'm going to write you a prescription** — **467- قصد دارم ( می خواهم ) برای شما یک نُسخه بنویسم**

آیمْ گُ اینْگْ تو رآیتْ یو اِ پیْریْسْ کیْریْپْ شِنْ

**468-take it to any drugstore** تِیکْ ایتْ تو اِنیْ دِرا گْ اِسْتُر — **468- آن را به داروخانه ببرید**

**469-and they'll give you some pills that you'll need to take for five days**

آند دِیلْ گیْوْ یو سامْ پیلْز دَتْ یولْ نید تو تِیکْ فُر فآیوْ دِیز

**469- وآنها به شما تعدادی قُرص می دهند که لازم است برای 5 روز بخورید**

**470-you should be completely well by then** — **470- تا آن موقع شما باید کاملاً خوب بشوید**

یو شود بیْ کامْپیْلیْتْ لی وِلْ بآیْ دِنْ

**471-thanks. I sure wish I felt better** — 471- متشکرم.حتماً آرزو می کنم که بهتر بشوم. ( ای کاش حتماً بهتر بشوم )

تَنْکسْ . آیْ شُر ویْشْ آیْ فِلْتْ بِتِر

**472-I guess I'll go home and rest** — 472- گُمان می کنم ( بهتر است ) بروم خانه و استراحت کنم

آیْ گِسْ آیْلْ گُ هُمْ آنْد رِسْتْ

## *** لغات مربوط به قسمت بیستم ***

| | | |
|---|---|---|
| ***flu*** | فولو | آنفلوآنزا |
| ***symptoms*** | سِمْپْتِمْزْ | علائم ( بیماری ) |
| ***sore throat*** | سُرْ ثو روتْ | گلِو درد |
| ***sort*** | سُرْتْ | نوع |
| ***bacterial*** | بَکْتِرْیالْ | باکتریایی |
| ***to write*** | تو رآیْتْ | نوشتن |
| ***prescription*** | پیْریسْ کیْریپْ شِنْ | نُسخه |
| ***drugstore*** | دِراگْ اِسْتُر | داروخانه |
| ***pill*** | پیْلْ | قُرص |
| ***completely*** | کامْپیْلیْتْلیْ | بطور کامل |
| ***well*** | وِلْ | سالم- خوب- سلامت |
| ***wish*** | ویْشْ | آرزو |
| ***to wish*** | تو ویْشْ | آرزوداشتن- آرزو کردن |
| ***to rest*** | تو رِسْتْ | استراحت کردن |

## Part twenty-one پارتْ توانْتیْ - وانْ قسمت بیست و یکم

## At the dentist's office اَتْ دِ دِنْتیسْتْس آفیسْ در مَطبِ دندانپزشکی

*473-my assistant said you have a toothache* *473- دَستیارم گفت که شما دندان درد دارید*

مآیْ اَسیسْتِنْتْ سِد یو هَو اِ توثْ اِکْ

*474-how long have you had it?* هآوْ لانْگْ هَو یو هَد ایتْ ؟ *474- چه مدت آن را ( دندان درد ) دارید؟*

*475-for about twenty-four hours* فُر اِبَوْتْ توانْتیْ- فُر آورز 475- حدوداً 24 ساعت است

***476-I've had trouble with this tooth before*** — ***476-*** من قبلاً هم با این دندان مشکل داشتم

آیو هَد ترابِل ویتْ دیس توتْ بیفُرْ

***477-my dentist at home said that it would eventually have to be removed***

مآیْ دِنْتیستْ اَتْ هُمْ سِد دَتْ ایتْ وُود اِوِنچولیْ هَفْ تو بیْ ریْمووْد

***477-*** دندانپزشک من گفت که آن بالاخره باید کشیده شود

***478-let me take a closer look*** — ***478-*** اجازه بده من یک نگاه دقیق تر بکنم — لِتْ میْ تِیکْ اِ کلِسِر لوکْ

***479-hmmm, I concur with your dentist*** — ***479-*** هممم. من با دندانپزشک شما موافق هستم

هممم، آیْ کانکِر ویتْ یُر دِنْتیسْتْ

***480-the tooth has to come out*** — ***480-*** دندان باید کشیده شود — دِ توتْ هَز تو کامْ اَوْتْ

***481-will it hurt?*** — ***481-*** آیا آن صدمه(درد)خواهد داشت؟ — ویْلْ ایتْ هِرْتْ؟

***482-not too much*** — ***482-*** نه خیلی زیاد — ناتْ تو ماچ

***483-I'll give you some novocain*** — ***483-*** من به شما مقداری بی حس کننده می زنم ( می دهم )

آیْلْ گیوْ یو سامْ نُوکِین

***484-to make the tooth numb*** — ***484-*** تا دندان بی حس شود — تو مِیکْ دِ توتْ نامْ

***485-when will you remove it?*** — ***485-*** چه موقع آن را می کشید؟ — وِنْ ویْلْ یو ریْ مووْ ایتْ؟

***486-it should come out right now*** — ***486-*** آن ( دندان ) همین الان باید کشیده شود

ایتْ شود کامْ اَوْتْ رآیْتْ نَوْ

***487-all right*** — ***487-*** بسیار خوب — اُلْ رآیْتْ

***488-go ahead*** — ***488-*** کارتان را انجام دهید — گُ اهِد

***489-what a way to end my stay in the U.S!*** — ***489-*** چگونه اقامتم را در ایالات متحده به پایان برسانم!

واتْ اِ وِیْ تو اِنْد مآیْ اِسْتِیْ اینْ دِ یو.اِسْ!

***490-when are you leaving?*** — ***490-*** چه موقع عازم هستید؟ — وِنْ آر یو لیْوینْگ؟

***491-I have to see an attorney in the morning*** — ***491-*** من مجبور هستم در هنگام صبح ، وکیلی را ببینم

آیْ هَفْ تو سیْ اَنْ اَتُرْنیْ اینْ دِ مُرنینگْ

***492-my flight home is late tomorrow afternoon***

مآیْ فلآیتْ هُمْ ایز لِیتْ تومارُ اَفتِرنون

***492-*** پرواز به کشورم، فردا بعداز ظهر، دیر وقت می باشد

***493-around six p.m.*** — ***493-*** حدود ساعت 6 بعداز ظهر — اَرَوْنْد سیکْسْ پی . اِمْ

### *** لغات مربوط به قسمت بیست و یکم ***

| | | |
|---|---|---|
| *assistant* | اَسیْستِنْتْ | دَستیار |
| *to say* | تو سِیْ | گفتن |
| *toothache* | توثْ اِکْ | دندان درد |
| *before* | بیْفُرْ | قبل از |
| *dentist* | دِنْتیْسْتْ | دندان پزشک |
| *eventually* | اِونْچولیْ | بالاخره |
| *to remove* | تو ریْمووْ | در آوردن- کشیدن |
| *to concur* | تو کانْکِرْ | موافق بودن |
| *to hurt* | تو هِرْتْ | صدمه زدن |
| *novocain* | نُوُ کِیْنْ | داروی بیحس کننده |
| *numb* | نامْ | بی حس |
| *attorney* | اَتُرنیْ | وکیل |
| *flight* | فِلآیْتْ | پرواز |
| *tomorrow* | تومارُ | فردا |
| *p.m* | پی.اِمْ | بعد از ظهر |

## part twenty-two
## پارتْ   توانْتیْ - تو
## قسمت بیست ودوم

### making an appointment
### مِیْکینْگْ   اَنْ   اَپُیْنْتْ مِنْتْ
### قرارِ ملاقات گذاشتن

*494-good morning. Haskel , Cleaver, and Young*

گود   مُرنیْنْگْ . هَسْکِلْ ، کلِوِر ، اَنْد   یانْگْ

*494- صبح بخیر. ( اینجا شرکت ) هسکِل و کلِوِر و یانگ می باشد*

495-I'd like to speak with Mr. Young, Please — 495- می خواهم با آقای یانگ صحبت کنم، لطفاً

آیْد لآیْکْ تو اِسپیْکْ ویتْ مِسْتِر یانْگْ، پیْلیْز

496-who's calling, please? — هُوز کالیْنْگْ، پیْلیْز ؟ — 496- چه کسی داره صحبت می کنه ،لطفاً؟ ( جنابعالی،لطفا )

497-I'm related to Stephanie Garner — 497- من از بستگان اِستفانی گارنِر هستم

آیْمْ ریْلیْتِد تو اِسْتِفانیْ گارنِر

498-Mr.Young asked me to get in touch when I arrived in the U.S.

مِسْتِر یانْگْ اَسْکْتْ میْ تو گِتْ اینْ تاچ وِنْ آیْ اَرایْوْد اینْ دِ یو.اِسْ

498- آقای یانگ از من خواست که وقتی به ایالات مُتحده رسیدم ( با ایشان تماس بگیرم )

499-please hold — پیْلیْز هُلْد — 499- لطفاً صَبرکُن. ( لطفاً گوشی حضورتان )

500-I'm looking forward to meeting you — 500- مُشتاق دیدار با شما هستم

آیْمْ لوکیْنْگْ فُروارد تو میْتیْنْگْ یو

501-can you come by tomorrow at ten a.m?

کَنْ یو کامْ بآیْ تومارُ اَتْ تِنْ اِیْ.اِمْ ؟

501- آیا می توانید تا فردا ساعت 10 صبح تشریف بیاورید؟

502-Yes, I think so — یِسْ. آیْ ثِیْنْکْ سُ — 502- بله. فکر می کنم، بتوانم

503-where are you located? — 503- محل( کار ) شما کجا است؟ ( جای شما کجاست؟ )

وِر آر یو لُکیْتِد ؟

504-our offices are just behind the state capitol building

اَوْر آفیْسِز آر جاسْتْ بیهآیْنْد دِ کَپیْتُلْ بیلْدیْنْگْ

504- دفترهای ما درست پُشت عِمارت پارلمانِ ایالتی ( مجلس ) می باشد

505-you can walk here from the hotel — 505- شما می توانید از هُتل تا اینجا، پیاده بیایید

یو کَنْ واکْ هیْیر فِرامْ دِ هُتِلْ

506-what time should I leave the hotel? — 506- چه ساعتی ( چه زمانی ) باید هُتل را تَرک کنم؟

واتْ تآیْمْ شود آیْ لیوْ دِ هُتِلْ ؟

507-oh. Maybe around 9:30. — اُه . مِیْبیْ اَرَوْنْد نآیْنْ - ثِرتیْ — 507- اُه. شاید حدود ساعت 9:30

508-It should only take about twenty minutes on foot — 508- آن حدوداً پیاده 20 دقیقه طول می کشد

ایتْ شود اُنْلیْ تِیْکْ اِبَوْتْ تواِنْتیْ مِنِتْسْ آنْ فوتْ

509-thanks. I'll see you tomorrow morning — 509- متشکرم . فردا صبح شما را خواهم دید

تَنْکْسْ. آیْلْ سی یو تومارُ مُرنیْنْگْ

### *** لغات مربوط به قسمت بیست و دوم ***

| | | |
|---|---|---|
| *to speak* | تو اِسپیکْ | صحبت کردن |
| *with* | ویتْ | با |
| *to ask* | تو اَسْکْ | پرسیدن |
| *to arrive* | تو اَرآیْوْ | رسیدن |
| *to look forward* | تو لوکْ فُرْوارد | مُشتاق دیدار بودن |
| *a.m* | اِیْ . اِمْ | قبل از ظهر |
| *to locate* | تو لُکِیْتْ | واقع بودن |
| *behind* | بیْهآیْنْد | پُشت - عَقَب |
| *to walk* | تو واکْ | پیاده رفتن- قدم زدن |
| *on foot* | آنْ فوتْ | پیاده |

## Part twenty-three
## پارْتْ  تواِنْتیْ - ثِیْریْ
## قسمت بیست و سوم

### Meeting an attorney
### مِیْتیْنْگْ  اَنْ  اَتُرْنیْ
### مُلاقات یک وَکیل

***510-your aunt Stephanie was a fine lady***

***510- عَمه ی شما اِستفانی خانم خوبی بود***

یُر  آنتْ  اِستِفانیْ  واز  اِ  فآینْ  لِیْدیْ

**511-she certainly thought a lot of you** ***511- او حقیقتاً، بسیار به شما فکر می کرد. ( به یادِ شما بود )***

شیْ سِرتِنْلیْ تُتْ (تات) اِ لاتْ آوْ یو

**512-as you may know. She had no direct descendants**

اَز یو مِیْ نُ. شیْ هَد نُ دیْرِکْتْ دیْسِندِنْتسْ

***512- همان طور که ممکن است بدانید او هیچ وارث اصلی نداشت***

**513-so she wanted to leave you the bulk of her estate**

سُ شیْ وانْتِد تو لیوْ یو دِ بالْکْ آوْ هِر اِستِیتْ

***513- بنابراین او می خواست تا قسمت اصلی دارایی اش را برای شما بگذارد***

**514-I can't believe it** آیْ کَنْتْ بیْلیْوْ ایتْ ***514- باورم نمی شود***

**515-she didn't come home to visit very often** ***515- او اغلب به منزل نمی آمد تا سَری( به من ) بزند***

شیْ دیْدِنْتْ کامْ هُمْ تو ویْزیْتْ وِریْ آفِنْ

**516-well. It's right here in her will** ***516- خوب.این موضوع همین جا در وصیت نامه ی او( نوشته شده ) است***

وِلْ. ایتْسْ رآیْتْ هیْر اینْ هِر ویْلْ

**517-you can claim your inheritance as soon as you meet the stated requirements**

یو کَنْ کِلِیْمْ یُر اینْهِریْتِنْسْ اَز سونْ اَز یو میْتْ دِ اِستِیْتِد ریْکوآیرمِنْتسْ

***517- شما می توانید ارث تان را دریافت کنید به مَحض اینکه شرایط لازمِ بیان شده را انجام دهید***

**518-what requirements?** واتْ ریْکوآیرمِنْتسْ ؟ ***518- چه شَرایطی؟***

**519-after immigrating to the U.S.** ***519- بعد از مهاجرت به ایالات متحده***

اَفْتِر ایمیگرِیْتینگْ تو دِ یو.اِسْ

**520-your aunt fell in love with her adopted country**

یُر آنْتْ فِلْ اینْ لاوْ ویتْ هِر اَدآپْتِد کانْتریْ

***520- عمه ی شما عاشق به کشوری شد، که به آن عادت کرد***

**521-she was especially fond of Atlanta, Washington, Chicago, and San Francisco**

شیْ واز اِسپِشِلیْ فاند آوْ آتْلانْتا ، واشینْگْتُنْ ، شیکاگُ ، آند سَنْ فِرَنْسیسکُ

***521- او مخصوصاً، علاقه ای زیاد به آتلانتا، واشینگتن، شیکاگو و سانفرانسیسکو داشت***

**522-she wanted you to visit some of the places** ***522- او می خواست که شما ببینید بعضی از مکان هایی را***

شیْ وانْتِد یو تو ویْزیْتْ سامْ آوْ دِ پِلیْسِز

523-that she enjoyed so much — دَتْ شیْ اینْجُیْد سُ ماچ — 523-که او خیلی زیاد لذت می برد

524-that seems easy enough — دَتْ سیمْز ایزْی ایناف — 524- آن به اندازه ی کافی، آسان به نظر می رسد

525-anything else? — اِنیْ ثینْگْ اِلْسْ؟ — 525- چیز دیگری هم هست؟

526-here are sealed envelopes — 526- بفرمایید اینها، نامه های مُهر و موم شده هستند

هیِر آر سیلْد اِنوِلُپسْ

527-with instructions about each place — 527- با دستورالعمل هایی درباره ی هر مکان

ویتْ ایناِسْتِراکْشِنْز اِبَوْتْ ایچ پِلیْس

528-when you arrived in Washington, for example, open that one

وِنْ یو اَرایْوْد اینْ واشینْگْتُنْ ، فُرْ اِگْزَمْپِلْ، اُپِنْ دَتْ وانْ

528- مثلاً وقتی که شما به واشینگتن رسیدید آن یکی را باز کنید

529-then you'll know what to do. — 529- سپس شما می فهمید که چه کاری انجام دهید

دِنْ یولْ نُ واتْ تو دو

530-this is all very strange — دیْسْ ایزْ اُلْ وِریْ اِسْتِرِیْنْج — 530- این ها همه خیلی عَجیب هستند

531-Yes, it's strange — یِسْ ، ایتْسْ اِسْتِرِیْنْج — 531- بله. عَجیب است

532-But worth the trouble, I think — 532- اما فکر می کنم که اَرزش به زَحمت اُفتادن را دارد

باتْ وُرْثْ دِ تِرابِلْ ، آیْ ثینْکْ

533-when you finished your "treasure hunt" and return to Atlanta

وِنْ یو فینیْشْتْ یُرْ " تیرِیْژِر هانْتْ " اَند رِیْتِرْنْ تو آتْلانْتا

533- وقتی که شما " شکار گَنج " را تمام کردید و به آتلانتا برگشتید

534-I'll give you your check — آیْلْ گیْوْ یو یُرْ چِکْ — 534- من چِکتان را به شما خواهم داد

### *** لغات مربوط به قسمت بیست و سوم ***

| | | |
|---|---|---|
| *lady* | لِیْدیْ | خانم |
| *certainly* | سِرْتِنْلیْ | مطمئناً |
| *thought* | تُتْ ( تات ) | فکر کردم - فکر کردی- فکر کرد . . . |
| *direct* | دیْرِکْتْ | مستقیم ( اصلی ) |
| *descendants* | دیْسِنْدِنْتْسْ | وارث |
| *bulk* | بالْکْ | قِسمت عُمده - مقدار زیاد |
| *estate* | اِستِیْتْ | دارایی ( ثِروت ) |
| *to believe* | تو بیْلیْوْ | باور کردن |
| *will* | ویْلْ | وَصیّت |
| *to claim* | تو کِلِیْمْ | درخواست کردن |
| *requirements* | ریْکوآیِرْمِنْتْسْ | شرایط- چیزهای مورد نیاز |
| *immigrating* | ایْمیْگْرِیْتیْنْگْ | مُهاجرت |
| *to fall in love* | تو فالْ اینْ لاَوْ | عاشق شدن |
| *adopted* | اَدآپْتِدْ | عادت کرده |
| *country* | کانْتِریْ | کشور |
| *especially* | اِسپِشِلیْ | به ویژه |

| | | |
|---|---|---|
| *fond* | فانْد | عاشق ( علاقه مند ) |
| *easy* | ایْزیْ | آسان |
| *sealed* | سیلْد | مُهر و موم شده |
| *envelope* | اِنْوِلُپْ | پاکت نامه |
| *instructions* | اینْ اِسْتِراکْشِنْزْ | دستور العمل |
| *each* | ایْچْ | هر |
| *for example* | فُرْ اِگْزَمْپِلْ | برای مثال |
| *strange* | اِسْتِرِیْنْجْ | عَجیب |
| ( *to be* ) *worth* | ( تو بی ) وُرْثْ | اَرزش داشتن |
| *to return* | تو ریْتِرْنْ | برگشتن - بازگشتن |

## Part twenty-four پارتْ توانِتیْ - فرْ قسمت بیست و چهارم

### Applying for a credit card اَپلاَ اینْگْ فُرْ اِ کِردیْتْ کارد تقاضای کارت اِعتباری کردن

535-are you applying for a charge account? 535- آیا شما تقاضای حساب جاری دارید؟

آر یو اَپلاَ اینْگْ فُر اِ چارج اَکونْتْ ؟

536-Yes. How long will it take for approval? — 536- بله. چه مدت برای موافقت طول خواهد کشید؟

یِس. هاوْ لانگْ ویْلْ ایتْ تیْکْ فُر اَپْرو والْ

537-only a few weeks — آنْلیْ اِ فیْو ویْکْسْ — 537- فقط چند هفته

538-have you filled out the application form yet? — 538- آیا تا کنون فُرم درخواست را پُر کرده اید؟

هَو یو فیْلْد اوْتْ دِ اَپْلیکیْشِنْ فُرمْ یِتْ؟

539-Not entirely. I'm not a U.S citizen — 539- نه کاملاً. من شهروند آمریکایی نیستم

ناتْ اِنْتایِرلیْ. آیمْ ناتْ اِ یو.اِسْ سیْتیْزِنْ

540- my bank and previous charge accounts are abroad

مآیْ بَنْکْ اَند پِرویِیسْ چارج اَکَوْنْتْ آر اَبْراد

540- بانک و حساب های قبلی من همه خارج ( از این مملکت ) هستند

541-what should I do? — واتْ شود آیْ دو؟ — 541- من چه کار باید بکنم؟

542-I don't think there'll be a problem — 542- فکر نمی کنم که مشکلی وجود داشته باشد

آیْ دُنْت ثینْکْ دِرلْ بیْ اِ پرابْلِمْ

543-just write down the name and number of your accounts at home

جاستْ رآیْتْ دَوْنْ دِ نیْمْ اَند نامْبِر آوْ یُر اَکَوْنْتْس اَتْ هُمْ

543- فقط نام و شماره حساب هایت را ( که ) درکشورت ( داری ) بنویس

544-we'll let our credit office work out the details

ویْلْ لِتْ اَوْر کِرِدیْتْ آفیْسْ وُرکْ اُوتْ دِ دیْ تِیْلز

544- ما اجازه می دهیم که دفتر اعتباریِ مان، به جزئیات رسیدگی کند

545-is there a charge to use the card? — 545- آیا برای استفاده از کارت، هزینه ای باید پرداخت؟

ایزْ دِر اِ چارج تو یوز دِ کارد؟

546-there's no charge for the card itself — 546- خود کارت هیچ هزینه ای نمی خواهد

دِرز نُ چارج فُر دِ کارد ایتْ سِلْفْ

547-you pay a small amount of interest on the remaining balance at the end of each month

یو پِیْ اِ اِسْمُلْ اَمَوْنْتْ آوْ اینتِرِسْتْ آن دِ ریْمیْنیْنگْ بَلِنْسْ اَد دِ اِنْد آوْ ایچْ مانْثْ

547- شما بهره ی خیلی کمی را در پایان هر سال برای باقی مانده ی حسابتان می پردازید

548 -is there a limit on what I can charge?

ایزْ دِر اِ لیْمیْتْ آنْ واتْ آیْ کَنْ چارج؟

548- آیا محدودیتی هست، برای چیزی که می خواهم هزینه کنم؟

***549-we'll start you off with a $1200 maximum***

وِیْلْ اِستارتْ یو آفْ ویتْ اِ 1200 (وان تازِند تو هاندرِد) دالِرز مَکسیمُمْ

*549- برای شروع حداکثر 1200 دُلار ( در کارت شما خواهد بود )*

***550-if your credit history is good*** ایفْ یُر کِردیتْ هیستُریْ ایز گود *550- اگر اعتبار شما خوب باشد*

***551-and you need to increase your line*** *551- و شما نیاز داشته باشید که مبلغ (خَط تان) را افزایش دهید*

آند یو نید تو اینکیریز یُر لاین

***552-we can usually do it*** وِیْ کَنْ یوژوالِیْ دو ایتْ *552- ما معمولاً می توانیم آن کار را انجام دهیم*

***553-great.When can I start using it?*** *553- عالی است.چه موقع می توانم از آن استفاده کنم؟*

گِریتْ. وِنْ کَنْ آیْ اِستارتْ یوزینْگْ ایتْ ؟

***554-we should have approval with in ten days***

وِیْ شود هَو اَپرو والْ ویتْ اینْ تِنْ دِیز

*554- ما باید تا 10 روزدیگر، مُجوز ( موافقت این کار ) را بگیریم*

***555-where shall we mail your card?*** *555- ما کارت شما را به کجا باید پُست کنیم؟*

ور شَلْ وی مِیلْ یُر کارد ؟

***556-to this address*** تو دیسْ اَدرِسْ *556- به این آدرس*

***557-I'm having all my mail forwarded to my attorney's office while I'm out of town***

آیمْ هَوینْگْ اُلْ مایْ مِیلْ فُرْوآردِد تو مایْ اَتُرنیز آفیسْ وآیْلْ آیمْ اَوتْ آوْ تَونْ

*557- من تمام نامه هایم را ارجاع می دهم به دفتر وکیلم وقتی که خارج از شهر هستم*

## *** لغات مربوط به قسمت بیست و چهارم ***

| | | |
|---|---|---|
| ***to apply*** | تو اَپلآیْ | *درخواست کردن* |
| ***charge account*** | چارج اَکونْتْ | *حسابِ جاری* |
| ***approval*** | اَپرو والْ | *موافقت – تصویب* |
| ***only*** | اُنلیْ | *فقط* |
| ***To fill out*** | تو فیلْ اَوْتْ | *پُر کردن ( فُرم )* |
| ***application*** | اَپلیکِیشِنْ | *فرمِ تقاضا* |
| ***yet*** | یِتْ | *هنوز – تا به حال* |

| | | |
|---|---|---|
| *entirely* | اِنْتایِرْلیْ | بطور کامل |
| *previous* | پِروِیْیِسْ | قبلی |
| *abroad* | اَبْراد | (کشور) خارج |
| *to let* | تو لِتْ | اِجازه دادن |
| *details* | دیْتِیْلْزْ | جزئیات |
| *charge* | چارجْ | هزینه |
| *itself* | ایْتْسِلْفْ | خودش |
| *to pay* | تو پِیْ | پرداختن |
| *small* | اِسْمُلْ | کوچک (کم) |
| *amount* | اَمَوْنْتْ | مَبلغ |
| *interest* | اینْتِرِسْتْ | سُود |
| *remaining* | ریْمِیْنیْنْگْ | باقی مانده |
| *limit* | لیْمیْتْ | حَد (محدودیت) |
| *maximum* | مَکْسیْمُمْ | حد اکثر |
| *to increase* | تو اینْکْیْریْزْ | افزایش دادن |
| *usually* | یو ژو الیْ | معمولاً |
| *to mail* | تو مِیْلْ | فرستادن - پُست کردن |
| *mail* | مِیْلْ | نامه |
| *To forward* | تو فُرْوارد | فِرستادن |
| *forwarded* | فُرْواردِد | به سَمتِ - ارجاع داده شده |

## Part twenty-five
پارتْ توانِتیْ - فآیوْ
قسمت بیست و پنجم

### A business lunch
اِ بیْزِیْنِسْ لآنْچْ
صَرفِ ناهار در مورد کار

***558-how did you know my aunt?***
558- شما چطوری عَمّه ی من را می شناختید ؟ (چگونه با عَمّه ی من آشنا شدید؟)
هآوْ دیْد یو نُ مآیْ آنتْ؟

***559-Stephanie and I founded a small company***

اِستِفانیْ　آند　آیْ　فوْندِد　اِ　اِسمُلْ　کامْپنیْ

***559- استفانی و من یک شرکت کوچکی را تأسیس کردیم***

***560-specializing in fine wines and foods***

***560-که در انواع شراب های خوب و غذاها، ویژه بود***

اِسپِشیاَلآیزینْگْ　اینْ　فآینْ　وآینز　آند　فودز

***561-we worked together for about six years***

***561- ما تقریباً به مدت 6 سال با هم کار می کردیم***

ویْ　وُرکْتْ　توگدِر　فُر　اِبوْتْ　سیکْسْ　یِرز

***562-she took care of finances***　شیْ　توک (تُکْ) کِر　آوْ　فآیْنَنْسیز

***562- او مُراقب کارهای مالی بود***

***563-and I handled marketing and sales***

***563- و من کارهای بازاریابی و فروش را اداره می کردم***

آند　آیْ　هَندِلْد　مارکِتینْگْ　آند　سِیلْز

***564-she was a delighted to work with***

***564-کار کردن با او باعث خوشحالی ما بود***

شیْ　واز　اِ　دیلآیتِد　تو　وُرکْ　ویتْ

***565-I didn't realize that she lived on the West Coast for six years***

آیْ　دیدِنْتْ　ریَلآیز　دَتْ　شیْ　لیْوْد (لِوْد)　آنْ　دِ　وِستْ کُسْتْ　فُر　سیکْسْ　یِرز

***565- من نمی دانستم که او به مدت 6 سال در وِست کُست زندگی می کرد***

***566-she didn't***　شیْ　دیدِنْتْ

***566- او (در آنجا) زندگی نمی کرد***

***567-we met in Chicago***　ویْ　مِتْ　اینْ　شیکاگُ

***567- ما (یک دیگر) را در شیکاگو، ملاقات کردیم***

***568-as the company grew***　اَز　دِ　کامْپنیْ　گورو

***568- وقتی که شرکت توسعه یافت***

***569-I moved to California to be closer to our distributors***

آیْ　مووْد　تو　کَلیفُرنیا　تو بیْ　کِلُسِر　تو　اَوْر　دیسْتیْریْ بیْیوتِرز

***569- من به کالیفرنیا آمدم تا به توزیع کنندگان، نزدیک تر باشم***

***570-she eventually moved to Atlanta. As you know***

شیْ　اِوِنْچوْلیْ　مووْد　تو　آتلانتا. اَز　یو　نُ

***570- همان طوری که می دانید او بالاخره به آتلانتا رفت***

***571-how is the company doing?***

هآوْ　ایز　دِ　کامْپِنیْ　دو اینْگْ؟

***571- حالا شرکت چطوری دارد کارمی کند؟ (حالا اوضاع شرکت چطور است؟)***

***572-very well. Thank you***　وِریْ　وِلْ. تَنْکْ　یو

***572- خیلی خوب است.متشکرم***

**573-when Stephanie became ill**
**573- وقتی که اِستفانی بیمار شد**

وِنْ اِستِفانیْ بیکیمْ ایْلْ

**574-she sold her shares of the company**
**574- او سَهم شرکت خود را فروخت**

شیْ سُلْد هِر شِرز آوْ دِ کامْپِنیْ

**575- so what brings you to the states?**

سُ واتْ بیرینْگز یو تو دِ اِستِیْتسْ؟

**575- بنابراین چه چیزی باعث شده تا شما سری به این ایالت بزنی؟**

**576-my aunt wanted me to see the places in America that she loved**

مآیْ آنتْ وانْتِد میْ تو سیْ دِ پلِیسِز اینْ اِمریکا دَتْ شیْ لاَوْد

**576- عَمه ام از من خواسته تا شهرهایی را که او درآمریکا دوست داشت را ببینم**

**577-I'll receive an inheritance once I complete this trip**

آیْلْ رِیسیوْ اَنْ اینْهِریْتِنسْ وانْسْ آیْ کامْپیلیْتِد دیسْ تِرِپْ

**577- من ارثی را دریافت خواهم کرد وقتی که این سفر را کامل کنم**

**578-and return to Atlanta** آنْد رِیْترنْ تو آتْلانتا
**578- و به آتلانتا برگردم**

**579-interesting** اینْ تِرِسْتینْگْ
**579- جالب است**

**580-before you leave San Francisco**
**580- قبل از اینکه شما سانفرانسیسکو را تَرک کنید**

بیْفُر یو لیْوْ سَنْ فِرَنْسیسْکُ

**581-be sure you see the Golden Gate bridge**
**581- حتماً پُل دروازه طلایی را ببینید**

بیْ شُر یو سیْ دِ گُلدِنْ گِیتْ بیْریْج

**582- Chinatown and Sausalito**
**582- و محله ی چینی ها ( Chinatown ) و ساسلیتو ( Sausalito )**

چآینا تَوْنْ آنْد ساسِلیْتْ

**583-I've already been to Chinatown**
**583- من پیش از این در محلّه ی چینی ها ( Chinatown ) بودم**

آیوْ آلْرِدیْ بیْنْ تو چآیْناتَوْنْ

**584-I was just about to go see the bridge**
**584- و تقریباً داشتم می رفتم که آن پُل را ببینم**

آیْ واز جاست اِبَوْتْ تو گُ سیْ دِ بیْریْج

**585-well.Thanks for lunch** وِلْ. تَنْکْسْ فُر لآنْچ
**585- بسیارخوب . بابت ناهارتان، متشکرم**

**586-it was a pleasure meeting you**
**586- دیدار با شما باعث خوشحالیِ من بود**

ایتْ واز اِ پیْلیژِر میْتینگْ یو

## *** لغات مربوط به قسمت بیست و پنجم ***

| | | |
|---|---|---|
| *to found* | تو فَوْنْد | *تَأسیس کردن* |
| *company* | کامْپِنیْ | *شرکت- کُمپانی* |
| *food* | فود | *غذا* |
| *together* | تو گِدِر | *باهم* |
| *finance* | فآیْنِنْسْ | *مالی* |
| *to handle* | تو هَنْدِلْ | *اِداره کردن - کُنترل کردن* |
| *marketing* | مار کِتیْنْگْ | *بازاریابی* |
| *to realize* | تو رِیْاَلآیْزْ | *تشخیص دادن. فهمیدن* |
| *to grow* | تو گِرُ | *رُشدکردن - توسعه یافتن* |
| *grew* | گو رو | *توسعه یافت* |
| *distributors* | دیْسْ تیْریْ بیْیوتِرْزْ | *توزیع کنندگان* |
| *ill* | ایْلْ | *بیمار* |
| *sold* | سُلْد | *فروخت ( فروختم - فروختی - فروخت .... )* |
| *share* | شِرْ | *سَهم* |
| *to receive* | تو ریسیْوْ | *دَریافت کردن* |
| *once* | وآنْسْ | *وقتی که - یک بار* |
| *already* | اُلْرِدیْ | *تقریباً* |

## Part twenty-six

پارتْ توانْتیْ- سیکْسْ

قسمت بیست و ششم

### California Dreaming

کَلیْفُرْنیْیا دیْرِیْمینْگْ

رویای کالیفرنیا

**587-one of my favorite places in America is the area around Monterey, California**

وانْ آوْ مآیْ فیْوریْتْ پِلیْسِز این اِمریْکا ایز دِ اِرنیا اَرَوْنْد مانْتِریْ، کَلیْفُرْنیا

*587- یکی از مکان های موردِ علاقه ی من درآمریکا، منطقه ای است اطراف مانتِری، کالیفرنیا*

***588-I would like my niece to visit Monterey the way I did, as a tourist***

آیْ وُود لآیکْ مآیْ نیسْ تو ویْزیْتْ مانْتریْ دِ وِیْ آیْ دیْد، اَز اِ توریْسْتْ

***588-دوست دارم که دختر خواهرم مانتری را ببیند به همان طَریقی که من به عُنوان یک توریست، دیدم***

***589-she should do the following*** ***589- او باید کارهای زیر را انجام دهد***

شیْ شود دو دِ فالُ اینْگْ

***590-one . have lunch at a restaurant on Cannary Row***

وانْ. هَو لآنْچ اَتْ اِ رِسْتورَنتْ آنْ کَنریْ رُ

***590- اول. در رستوران کَنری رُ*** ( Cannary Row ) ***ناهار بخور***

***591-sit at a table overlooking the water*** ***591- پشت میزی بنشین که مُشرف بر آب باشد***

سیْتْ اَتْ اِ تیْبِلْ اُوِر لوکینْگْ دِ وآتِر

***592-perhaps you'll be able to catch a glimpse of the famous sea otters***

پرهَپْس یولْ بیْ اِیْبِلْ تو کَچ اِ گْلیْمْپسْ آوْ دِ فِیْمِسْ سی آتِرز

***592- شاید شما بتوانید بطور اِتفاقی آن سَمورهای دریایی معروف را ببینید***

***593-two. visit the Monterey Bay Aquarium*** ***593- دوم. آکواریوم خلیجِ مانتری را ببین***

تو. ویْزیْتْ دِ مانْتریْ بِیْ آکوآریْیِمْ

***594-three. take the scenic 17 Mile drive*** ***594- سوم. هفده مایل در آن منظره خوش آب وهوا رانندگی کن***

ثِریْ . تِیْکْ دِ سینِکْ سِوِنْتیْنْ مآیْلْ دِرآیْوْ

***595-four. drive on highway 1 down to Big Sur***

فُر . دِرآیْوْ آنْ هآیْ وِیْ وانْ دَون تو بیْگْ سِر

***595- چهارم. از بزرگراه شماره 1 به سمت پایین تا*** Big Sur ***رانندگی کن***

***596-for a splendid view of the rugged California coastline***

فُر اِ اِسْپْلِنْدِد ویْیو آوْ دِ راگْد کَلیْفُرْنیْیا کُستْ لآیْنْ

***596- برای تماشای منظره ی باشکوهِ صَخره های خطِ ساحلیِ کالیفرنیا***

***597-five. on the return, drive to Monterey*** ***597- پنجم. در برگشت، به سَمت مانتری رانندگی کن***

فآیْوْ. آنْ دِ ریْتِرنْ، دِرآیْوْ تو مانْتریْ

***598-spend a night at the quaint Lamp Lighter in beautiful Carmel by the sea***

اِسپِند اِ نآیْتْ اَتْ دِ کواینْتْ لَمْپْ لآیْتِر اینْ بیوتیفول کارمِلْ بآیْ دِ سیْ

***598- شب را درآن کارمل زیبای کنار دریا با آن روشنایی جالبِ چراغ ها ، بگذران***

***599-ask for the Hansel and Gretel cottage***

***599- درخواست کلبه های هَنسِل و گِرِتل را بکن***

اَسکْ فُر دِ هَنْسِلْ آند گرِتلْ کآتِج

***600-if you can get it*** ایفْ یو کَنْ گِتْ ایتْ ***600- اگر بتوانی بگیری***

## *** لغات مربوط به قسمت بیست و ششم ***

| | | |
|---|---|---|
| ***area*** | اِرِیآ | **منطقه** |
| ***tourist*** | توریسْتْ | **توریست** |
| ***to sit*** | تو سیتْ ( تو سِت ) | **نشستن** |
| ***table*** | تِیبِلْ | **میزِ ناهار خوری** |
| ***overlooking*** | اُوِر لوکینْگْ | **چشم انداز** |
| ***perhaps*** | پِرْهَپْس | **شاید** |
| ***to be able to*** | تو بیْ اِیبِلْ تو | **قادر بودن** |
| ***glimpse*** | گیلیْمْپْسْ | **بطور ا تفاقی** |
| ***famous*** | فِیمِسْ | **مَشهور** |
| ***sea otter*** | سیْ آتِرْ | **سَمور دریایی** |
| ***bay*** | بِیْ | **خلیج** |

| | | |
|---|---|---|
| *aquarium* | آکوآرنیِمْ | آکواریوم |
| *scenic* | سینِکْ | خوش مَنظره - تماشایی |
| *highway* | هآیْ وِیْ | بزرگراه |
| *splendid* | اِسپْلِنْدِد | باشکوه |
| *coastline* | کُسْتْ لآینْ | خط ساحلی |
| *return* | ریْتِرْنْ | بازگشت |
| *quaint* | کوایْنْتْ | خیلی خوب |
| *Lamp Light* | لَمْپْ لآیْت | روشنایی چراغ |
| *Cottage* | کآتِج | کُلبه |

## Part twenty-seven | پارتْ تواِنْتیْ - سوِنْ | قسمت بیست و هفتم

### Collecting your inheritance | کالِکْتینْگْ یُرْ اینْهرِیْتنْسْ | وصول ارثِ شما

*601-well. How did your trip go?* وِلْ. هاوْ دید یُر تِرِپْ گُ ؟ *601- خوب. سَفر شما چگونه بود؟*

**602-it was great** ایتْ واز گرِیْتْ 602- آن عالی بود

**603-I had no idea the U.S was so large**

آیْ هَد نُ آیْدیا دِ یو.اِسْ واز سُ لآرج

603- من عَقیده نداشتم ( باور نمی کردم ) که ایالات متحده ، اینقدر بزرگ است

**604-I thought I would never get back to Atlanta**

آیْ تُتْ (تاتْ) آیْ وُود نِور گِتْ بَکْ تو آتْلانْتا

604- فکر می کردم که هرگز به آتلانتا باز نخواهم گشت

**605-did you follow your aunt's instructions?**

دیْد یو فالُ یُر آنْتسْ اینْ اِسْتراکْشِنْز؟

605- آیا شما از دستورالعمل های عَمه اتان پیروی کردید؟

**606-I think so** آیْ ثینْکْ سُ 606- فکر می کنم که همین طور باشد

**607-here are my receipts and the other items she wanted me to collect**

هیِر آر مآیْ رِسیپْتْس آند دِ آدِر آیْتِمْز شیْ وانْتِد میْ تو کالِکْتْ

607- بفرمایید این هم رسیدهای من و دیگر اَقلامی که او می خواست من جَمع کنم

**608-I think everything is in order** 608- فکر می کنم که همه چیز مرتب است

آیْ ثینْکْ اِوْریْ ثینْگْ ایز اینْ اُردِر

**609-Yes, I believe you have satisfied the conditions in your aunt's will**

یِسْ، آیْ بیْلیْوْ یو هَو سَتیْسْفآیْد دِ کانْدیْشِنْز اینْ یُر آنْتسْ ویْلْ

609- بله.من مُعتقد هستم که شما انجام داده اید با شرایطی که در وصیت نامه ی عَمه ی شما می باشد

**610-here's your check** هیِرز یُر چِکْ 610- بفرمایید این هم چِک شما

**611-you can deposit it once you get home if you want**

یو کَنْ دیْپازیْتْ ایتْ وانْسْ یو گِتْ هُمْ ایفْ یو وانْتْ

611- اگر بخواهید شما می توانید وقتی که به منزل برسید آن را به حساب بگذارید

**612-wow! I think I'll do that** 612- وای! فکر می کنم که همین کار را انجام خواهم داد

وَوْ! آیْ ثینْکْ آیْلْ دو دَتْ

***613-I'll have a lot of credit card bills waiting for me***

آیلْ هَو اِ لاتْ آوْ کِردیتْ کارد بیلْز ویتینْگ فُر میْ

***613 من باید قبض های زیادی مربوط به کارت های اعتباری بپردازم***

***614-one thing is for sure*** وانْ ثینْگ ایز فُر شُر ***614- یک چیز حتمی می باشد***

***615-your English has really improved since you arrived***

یُر اینْگلیش هَز رییْلیْ ایمْپرووْد سینْسْ یو اَرآیوْد

***615- از وقتی که شما آمدید تا حالا، انگلیسی شما واقعاً خوب شده است***

***616-you're kind*** یور کاآینْد ***616- نَظرِ لُطف شما است***

***617-I think it has, too*** آیْ ثینکْ ایتْ هَز ، تو ***617- من فکر می کنم که همین طور است***

***618-I wonder how I'll keep it up*** ***618- فکر می کنم که چه طوری آن را به همین حالت، نگاه دارم***

آیْ وآندِر هاوْ آیلْ کیپْ ایتْ آپْ

***619-with the money from your inheritance*** ***619- با پولی که از ارث به شما رسیده***

ویتْ دِ مانیْ فِرامْ یُر اینهِریتِنسْ

***620-you'll be able to come back to the U.S as often as you like***

یولْ بیْ اِیبِلْ تو کامْ بکْ تو دِ یو.اِسْ اَز آفِنْ اَز یو لآیکْ

***620- شما قادر خواهید بود که هر وقت دوست داشته باشید به ایالات متحده برگردید***

***621-or go anywhere else in the world for that matter***

اُر گُ اِنیْ ور اِلْسْ اینْ دِ وُلد فُر دَتْ مَتِر

***621 -یا برای آن موضوع به هر جایی که در دنیا بخواهید بروید***

***622-have a safe trip home*** هَوْ اِ سِیفْ تِرِپْ هُمْ ***622- سَفرِ خوبی به منزل داشته باشید***

***623-thank you. I will be back!*** ***623- متشکرم . بَرخواهم گشت !***

تَنکْ یو. آیْ ویْل بیْ بکْ!

## *** لغات مربوط به قسمت بیست وهفتم ***

| | | |
|---|---|---|
| ***idea*** | آیْدیْیا | عقیده - نظر |
| ***receipt*** | رِسیْپْتْ | رسید ( برگه ی رسید ) |
| ***items*** | آیْتِمْزْ | اَقلام |
| ***to collect*** | تو کالِکْتْ | جَمع کردن - گِرد آوردن |
| ***in order*** | اینْ اُردِر | به منظورِ |
| ***conditions*** | کانْدیْشِنْزْ | شَرایط |
| ***to deposit*** | تو دیْپآزیْتْ | به حساب ( بانکی ) گذاشتن |
| ***to wait*** | تو وِیْتْ | مُنتظر ماندن |
| ***for sure*** | فُرْ شُرْ | مطمئناً |
| ***improved*** | ایْمْ پوروووْ | بهتر کردن - اِرتقاء دادن |
| ***wonder*** | وانْدِر | تعجب کردن - فکر کردن |
| ***money*** | مانیْ | پول |
| ***anywhere*** | اِنیْ وِر | هر کجا |
| ***else*** | اِلْسْ | دیگر |
| ***world*** | وُلْد | جهان |
| ***matter*** | مَتِرْ | موضوع |
| ***safe*** | سِیْفْ | اَمن |

## Part twenty-eight
پارْتْ توانْتیْ - ایْتْ
قسمت بیست و هشتم

### Changing Money
چِینْجیْنگْ مانیْ
تبدیل کردنِ پول (چِنج کردن)

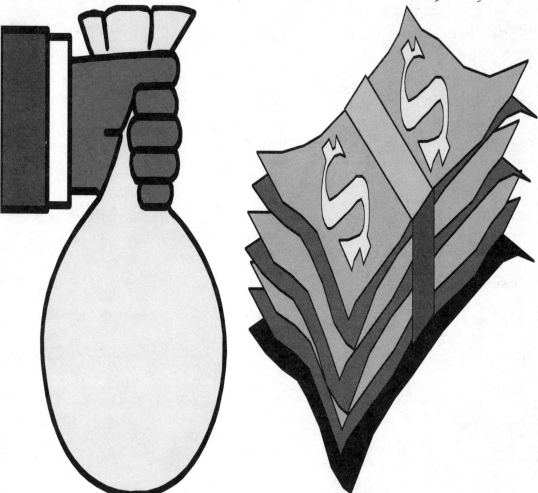

**624-hello. I'd like to change some money in to U.S currency, please**

هِلُ. آیْد لآیْکْ تو چِینْج سامْ مانیْ اینْ تو یو.اِسْ کآرِنْسیْ ، پیْلیْز

*624- سلام. من مایل هستم ( می خواهم ) که مقداری پول را به پولِ رایجِ آمریکا، تبدیل کنم*

***625-certainly . do you have cash or traveler's checks?***

سِرتِنلیْ. دو یو هَو کَشْ اُر تِرآوِلرز چِکْسْ؟

*625- حتماً. آیا شما پول نقد دارید یا چک های مسافرتی؟*

***626-traveler's checks*** تِرآوِلرز چِکْسْ *626- چک های مسافرتی*

***627-here they are*** هیِر دیْ آر *627- بفرمایید آنها را بگیرید*

***628-may I see your passport, please?*** *628- ممکن است لطفاً پاسپورتتان را ببینم؟*

مِیْ آیْ سیْ یُر پَسْپُرتْ ، پیلیْز ؟

***629-ofcourse*** آفْکُرسْ *629- البته*

***630-let's see*** لِتْسْ سیْ *630- اجازه دهید تا ببینم*

***631-that adds up to one thousand two hundred fifty dollars***

دَتْ اَدز آپْ تو وانْ تازِنْد تو هانْدرِد فیفْتیْ دالِرز

*631- جمع آن می شود 1250 دُلار*

***632-would you like it in any special denomination?***

وود یو (ووج یو) لآیکْ ایتْ اینْ اِنیْ اِسپِشِلْ دِنآمینیْشِنْ؟

*632- آیا نوع بخصوصی از پول را می خواهید؟*

***633-I beg your pardon?*** آیْ بِگْ یُر پاردِنْ؟ *633- ببخشید؟ ( متوجه نمی شوم؟ )*

***634-how would you like your money?*** *634- دوست دارید ( می خواهید ) پول شما چگونه باشد؟*

هآوْ وُود یو لآیکْ یُر مانیْ؟

***635-in twenties, fifties, or hundred dollar bills***

اینْ توانْتیز ، فیفْتیز ، اُر هانْدرِد دالِر بیلْز

*635- در اِسکناس های 20 دُلاری، 50 دُلاری یا یکصد دُلاری*

*636-a hundred dollars in twenties* *636- صد دُلار را اِسکناس 20 تایی بدهید*

اِ هانْدرِد دالِرز اینْ توانْتیز

*637-and the rest in hundred dollar bills, Please* *637- و مابقی را لطفاً اِسکناس 100 دُلاری ( بدهید )*

اَنْد دِ رِسْتْ اینْ هانْدرِد دالِر بیلْز ، پیلیز

## *** لغات مربوط به قسمت بیست و هشتم ***

| | | |
|---|---|---|
| *to change* | تو چِینْجْ | *تبدیل کردنِ پول* |
| *currency* | کارِنْسیْ | *پول رایج* |
| *certainly* | سِرْتِنْلیْ | *حتماً* |
| *to add up* | تو اَد آپْ | *جمع بستن* |
| *thousand* | تازِنْد | *هزار* |
| *fifty* | فیفْتیْ | *پنجاه* |
| *denomination* | دِناٰمینِیْشِنْ | *نوع پول* |
| *the rest* | دِ رِسْتْ | *مابقی* |

## Part twenty-nine
پارتْ توانْتیْ - نآیْنْ
قسمت بیست و نهم

## Public transportation
پابْلیْکْ تِرنْسْ پُرْتیْشِنْ
حَمل و نَقلِ عُمومی

638-may I help you?
مِیْ آیْ هِلپْ یو؟
638- اجازه هست به شما کمک کنم؟

639-Yes. Thanks
یِسْ. تَنْکْسْ
639- بله. متشکرم

640-I'm staying at the Peachtree Plazza in town
آیْمْ اِسْتیْ اینْگْ اَتْ دِ پیچْ تیْریْ پْلآزا اینْ تَونْ
640- من در شهر در هُتلِ پیچ تیری پلازا ( the Peachtree plaza ) اِقامت دارم

641-what's the best way to get there?
641- بهترین راه برای رسیدن به آنجا چیست؟
وآتْسْ دِ بِستْ وِیْ تو گِتْ دِر؟

642-you can take a cab, bus, limo or hotel shuttle
یو کَنْ تِیْکْ اِ کَپْ، باسْ، لِمُ اُر هُتِلْ شاتِلْ
642- شما می توانید سوار تاکسی، اتوبوس، لِمو یا ماشین مخصوص هُتل بشوید

643-what do you recommend?    واتْ دو یو رِکاَمِند ؟    643- شما چی پیشنهاد می دهید؟

644-that depends    دَتْ دیپِنْدز    644- آن بستگی دارد

645-a cab is faster but more expensive    645- تاکسی سریع تر است، اما گران تر

اِ کَپْ ایز فَستِر باتْ مُر اِکسْپِنسیوْ

646-the bus is cheaper but a little slow    646- اتوبوس ارزان تر است ،اما مقداری کُند

دِ باسْ ایز چیْپِر باتْ اِ لیْتِلْ اِسْلُ

647-it would probably be a good idea    647- احتمالاً نظر خوبی است که

ایتْ وُود پِرابِبْلیْ بیْ اِ گود آیْدیْیا

648-to take your hotel shuttle    648- سوار ماشین مخصوص هُتل خودتان بشوید

تو تِیْکْ یُر هُتِلْ شاتِلْ

649-all right    اُلْ رآیْتْ    649- بسیار خوب

650-where do I catch it?    وِر دو آیْ کَچ ایتْ ؟    650-کجا آنرا سوار شوم؟

651-just go through those doors    جاستْ گُ ثورو دُز دُرز    651- فقط از میان آن درها رَد شوید

652-look for the shuttle sign    لوکْ فُر دِ شاتِلْ سآیْنْ    652- و به دنبال علامت ماشینِ هُتل، بگردید

653-when it comes,wave and the driver will pick you up

وِنْ ایتْ کامز ، وِیْوْ آند دِ درِآیْوِر ویْلْ پیْکْ یو آپْ

653- وقتی که آن می آید، دستتان را تکان دهید و راننده شما را سَوار خواهدکرد.

654-how much does it cost?    هآوْ ماچ ویلْ ایتْ کاسْتْ ؟    654- هزینه ی آن چقدر می شود؟

655-it's a courtesy shuttle, so it's free    655- آن ماشینِ هُتل (سرویس دهنده) است. بنابراین مجانی می باشد

ایتْسْ اِ کِرتِسیْ شاتِلْ ، سُ ایتْسْ فیْریْ

656-you can tip the driver if you want    656- اگر شما بخواهید، می توانید به راننده، اِنعام بدهید

یو کَنْ تیپْ دِ درِآیْوِر ایفْ یو وانْتْ

657-thank you for your help    تَنْکْ یو فُر یُر هِلْپْ    657- از کمک شما متشکرم

### *** لغات مربوط به قسمت بیست ونهم ***

| | | |
|---|---|---|
| *the best* | دِ بِسْتْ | بهترین |
| *way* | وِیْ | راه – مسیر |
| *cab* | کَبْ | تاکسی |
| *to recommend* | تو رِکامِنْد | توصیه کردن |
| *faster* | فَسْتِرْ | سریع تر |
| *but* | باتْ | اما |
| *expensive* | اِکْسْپِنْ سیْوْ | گران |
| *cheaper* | چیْپِرْ | ارزان تر |
| *slow* | اِسْلُ | کُند – آرام |
| *idea* | آیْدیْیا | عقیده – نظر |
| *to catch* | تو کَچْ | گرفتن ( رسیدن ) |
| *sign* | سآیْنْ | عَلامت |
| *to wave* | تو وِیْوْ | ( دست ) تکان دادن |
| *courtesy* | کِرْتِسیْ | احترام |
| *free* | فیْریْ | مجانی – آزاد |
| *tip* | تیْپْ | اِنعام |
| *if* | ایْفْ | اگر |

## Part thirty
پارْتْ ثِرْتیْ
قسمت سی ام

## Checking into a hotel
چِکینْگْ اینْ تو اِ هُتِلْ
در هُتل جا رزِرو کردن

**658-welcome to the Peachtree Plazza**

وِلْکامْ تو دِ پیْچْ تیْریْ پِلآزا

*658- به هُتلِ پیچ تیری پلازا* ( the Peachtree Plazza ) *خوش آمدید*

*659-do you have a reservation?* دو یو هَو اِ رِزِرویْشِنْ ؟ *659- آیا شما رزرو دارید؟*

*660-Yes, I do. I'll be staying for two or three days*

یِسْ ، آیْ دو . آیْلْ بیْ اِستِیْ اینگْ فُر تو اُر ثیْریْ دیْز

*660- بله، ( رزرو ) دارم. من به مدت 2 یا 3 روز خواهم ماند*

*661-are you here for business or pleasure?* *661- آیا شما برای تجارت به اینجا آمده اید یا برای تفریح؟*

آر یو هیْیر فُر بیْزیْنِسْ اُر پیْلیْژِر ؟

*662-could you please speak more slowly?* *662- ممکن است لطفاً قدری آهسته تر صحبت کنید؟*

کود یو ( کوج یو ) پیْلیْز اِسپیْکْ مُر اِسْلُلیْ ؟

*663-is this a business trip or just a vacation?* *663- آیا این یک سفر کاری است یا فقط یک تعطیلی؟*

ایز دیْسْ اِ بیْزیْنِسْ تِرِپ اُر جاستْ اِ وَکیْشِنْ ؟

*664-both, actually* بُثْ ، اَکْچوالِیْ *664- در حقیقت هر دو*

*665-my aunt died recently in Atlanta* *665- عَمه ی من اَخیراً در آتلانتا، فوت کرد*

مآیْ اَنتْ دآیْد ریْسِنْتْلیْ اینْ آتْلانْتا

*666-I've come to take care of her estate* *666- من آمده ام تا مراقب اَموال او باشم*

آیْوْ کامْ تو تیْکْ کِر آوْ هِر اِستِیْتْ

*667-I'm sorry for your loss* *667- بخاطر اینکه او را از دست دادید، متأسف هستم*

آیْمْ ساریْ فُر یُر لآسْ

*668-we'll make your stay here as worry-free as possible*

ویْلْ مِیْکْ یُر اِستِیْ هیْیر اَز وُریْ- فیْریْ اَز پاسیْبِلْ

*668- ما اِقامت شما را در اینجا تا حد امکان بدون نگرانی می کنیم*

*669-thank you* تَنْکْ یو *669- متشکرم*

*670-we have room 758 reserved for you*

ویْ هَو رومْ سِونْ فیفْتیْ اِیْتْ ریْزِرْوْد فُر یو

*670- ما اُتاقِ شماره ی 758 را برای شما رِزرو کرده ایم*

*671-will you be paying with cash or a credit card?*

ویْلْ یو بیْ پِیْ اینْگْ ویتْ کَشْ اُر اِ کِرِدیتْ کارد ؟

*671- آیا شما با پول نقد می پردازید یا با کارت اعتباری؟*

*672-a credit card* اِ کِردیْتْ کارد *672-کارت اعتباری*

**673-here it is**

هیِر ایتْ ایز

***673- بفرمایید بگیرید***

**674-what's the rate?**

واتْس دِ ریتْ ؟

***674- نرخ چقدر است؟ ( کرایه چقدر است ؟ )***

**675-one hundred and twenty-nine dollars per month**

***675- هر ماه 129 دُلار***

وانْ هاندرِد آند توانْتیْ - نآینْ دالِرز پر مانث

**676-there's also a complimentary continental breakfast**

دِرز آلسُ اِ کامْ پیْلیمِنْتریْ کانْتیْنِنْتالْ بِرِکْ فَسْتْ

***676- یک صبحانه ی اروپایی ( کامل ) هم، وجود دارد***

**677-I need to make an imprint of your credit card**

آیْ نید تو میْکْ اَنْ ایمْ پیْرِنْتْ آوْ یُر کِرِدیْتْ کارد

***677- لازم است که من کارت اعتباری شما را چک کنم***

**678-how do I get to my room?**

هآوْ دو آیْ گِتْ تو مآیْ رومْ ؟

***678- چگونه به اتاقم بروم؟***

**679-take the elevator on the right to the seventh floor**

تِیْکْ دِ اِلِویْتِر آنْ دِ رآیْتْ تو دِ سِوِنْثْ فلُر

***679- سمت راست سوار آسانسور شوید تا طبقه هفتم***

**680-and turn to your left after you exit the elevator**

آند تِرنْ تو یُر لِفْتْ اَفْتِر یو اِگْزیْتْ دِ اِلِویْتِر

***680- و بعداز اینکه از آسانسور خارج شدید، به سمت چپ، بپیچید***

**681-the room will be on your right**

***681- اُتاق، سمت راست شما خواهد بود***

دِ رومْ ویْلْ بیْ آنْ یُر رآیْتْ

**682-a bellman will bring up your bags**

***682- یک مُستخدم، کیف های شما را می آورد***

اِ بِلْ مَنْ ویْلْ بیْرِیْنْگْ آپْ یُر بَگز

### *** لغات مربوط به قسمت سی ام ***

| | | |
|---|---|---|
| ***welcome*** | وِلْکامْ | *خوش آمدید* |
| ***slowly*** | اِسْلُ لیْ | *به کندی ( به آرامی )* |
| ***actually*** | اَکْچوالِی | *در حقیقت* |
| ***recently*** | ریْسِنْتْ لیْ | *اَخیراً* |
| ***loss*** | لآسْ | *فقدان - کمبود* |
| ***worry*** | وُریْ | *نگران - نگرانی* |
| ***rate*** | رِیْتْ | *نِرخ - کرایه* |
| ***twenty - nine*** | توانْتیْ - نآیْنْ | *بیست و نه* |
| ***complimentary*** | کامْپیْلیْمِنْتِریْ | *کامل* |
| ***continental*** | کانْتیْنِنْتالْ | *قاره ای - اروپایی* |
| ***breakfast*** | بِرِکْفَسْتْ | *صبحانه* |
| ***to need*** | تو نیْد | *نیاز داشتن* |
| ***elevator*** | اِلِویْتِرْ | *آسانسور* |
| ***on the right*** | آنْ دِ رآیْتْ | *سَمت راست* |
| ***seventh*** | سِوِنْثْ | *هفتم - هفتمین* |

## Part thirty-one    پارتْ ثِرْتیْ- وانْ    قسمت سی و یکم

### Making a phone call    مِیکینْگْ اِ فُنْ کالْ    تماسِ تلفنی گرفتن

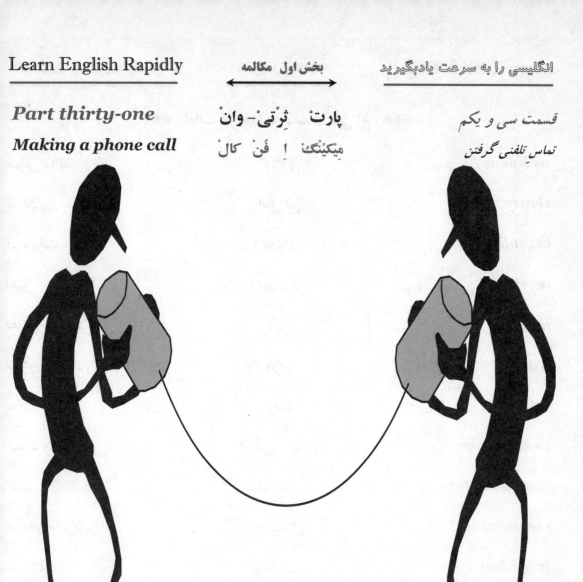

683-how may I help you?    هاوْ مِیْ آیْ هِلْپْ یو ؟    683- چه طور ممکن است که به شما کمک کنم؟

684-I'd like to make an international call, please

آیْد لآیْکْ تو مِیْکْ اَنْ اینْترْنَشْنالْ کالْ ، پیلیز

684- می خواهم یک تماسِ تلفنیِ بین المللی بگیرم

**685-you can dial directly from your room if you like**

یو کَنْ دآیِلْ دیرِکْتلیْ فِرامْ یُر رُومْ ایفْ یو لآیکْ

685- اگر شما دوست دارید می توانید مستقیماً از اتاق خود تان شماره گیری کنید

**686-I'm sorry** آیمْ ساریْ 686- متأسف هستم. (ببخشید)

**687-I don't understand what to do** آیْ دُنْتْ آندِرِسْتَند واتْ تو دو 687- نمی دانم که چه کار کنم

**688-just hang up. Then dial zero .one .one**

جاستْ هَنْگْ آپ . دِنْ دآیِلْ زیرُ . وانْ . وانْ

688- فقط گوشی را بگذارید. سپس شماره صفر. یک .یک را بگیرید

**689-your country and city codes and your number**

یُر کانْترِیْ آند سیتیْ کُدز آند یُر نامْبِر

689-کُد کشور و کُد شهر و شماره ی خودتان را ( بگیرید )

**690-O.K. thanks for your help** اُ.کِیْ. تَنْکْسْ فُر یُر هِلْپْ 690- بسیار خوب.از کمک شما متشکرم

**691-you're welcome** یور وِلْ کامْ 691- خواهش می کنم. ( قابلی ندارد )

**692-would you like to charge the call to your room or pay with a credit card?**

وُود (وُوج) یو لآیکْ تو چارج دِ کالْ تو یُر رومْ اُر پِیْ ویتْ اِ کِرِدیتْ کارد ؟

692- آیا شما دوست دارید که هزینه ی تلفن را به حساب اتاق تان بنویسم یا با کارت اِعتباری پرداخت می کنید؟

**693-to my room** تو مآیْ رومْ 693- به حساب اتاقم ( بگذارید )

**694-all right. I'll take care of it for you** 694- بسیار خوب.ترتیب آن را می دهم. ( آن کار را انجام می دهم )

اُلْ رآیتْ . آیلْ تِیکْ کِر آوْ ایتْ فُر یو

**695-have a nice evening** هَو اِ نآیسْ ایوینینگْ 695- عصر خوبی داشته باشید

## *** لغات مربوط به قسمت سی و یکم ***

| | | |
|---|---|---|
| **international** | اینتِرْ نَشْنال | بین المللی |
| **call** | کالْ | تماس ( تلفنی ) |
| **to dial** | تو دآیِلْ | شماره گرفتن |
| **directly** | دیرِکْتْ لیْ | بطور مستقیم |
| **hang up** | هَنْگْ آپْ | گوشی را بگذارید |
| **zero** | زیرُ | صفر |

## Part thirty-two

پارْتْ ثِرْتیْ - تو

قسمت سی و دوم

## Renting a car

رِنْتینْگْ اِ کار

اجاره ی یک ماشین

**696-I'd like to rent a car for several weeks**

آیْد لآیْکْ تو رِنْتْ اِ کار فُر سِورالْ ویْکْسْ

*696- من دوست دارم (می خواهم) یک ماشین به مدت چند هفته کرایه کنم*

697-do you have a reservation?  دو یو هَو اِ رِزِروِیشِنْ ؟  697- آیا شما رِزرو دارید؟

698-No, I don't  نُ آیْ دُنْتْ  698- نه، ندارم

699- all right. I'll see what we have available

اُلْ رآیْتْ. آیْلْ سیْ واتْ ویْ هَو اِوَیْلِبلْ

699- بسیار خوب. ببینم که چه چیزهایی را موجود داریم

700-would you like a subcompact, compact, mid – sized or luxury car?

وُوج یو لآیْکْ اِ سابْ کامْپَکْتْ، کامْپَکْتْ، مِیْد- سآیْزد اُر لاکْسِریْ کارْ؟

700- آیا شما ماشین جا دار، کم جا، با اندازه ی کوچک یا ماشین مُجلل (شیک) می خواهید؟

701-I don't need much room  آیْ دُنْتْ نیْد ماچ رومْ  701- من جای زیادی نمی خواهم

702-just good fuel economy and safety  702- فقط ایمن باشد و از نظر سوخت، اقتصادی ( کم مصرف)

جاسْتْ گود فیْیولْ اِکانُمیْ اَند سِیْفْتیْ

703-what do you recommend?  واتْ دو یو رِکامِنْد ؟  703- شما چه چیزی را پیشنهاد می کنید؟

704-I have a Chevrolet Caprice ready. Would that be all right?

آیْ هَو اِ شِوْرِلت کَپْرآیْسْ رِدیْ. وُود دَتْ بیْ اُلْ رآیْتْ ؟

704- من یک ماشین شورلت کپرایس آماده دارم.آیا آن مناسب است؟

705-fine.How much does it cost?  705- خوب است. هزینه ی آن چقدر می شود؟

فآیْنْ . هآوْ ماچ داز ایتْ کاسْتْ ؟

706-well. if you're renting for a week or more

وِلْ. ایفْ یور رِنْتیْنْگْ فُر اِ وِیْکْ اُر مُر

706- خوب.اگر شما دارید برای مدت یک هفته یا بیشتر اجاره می کنید

707-I would recommend our unlimited mileage plan  707- من طَرح نامحدود مائِلی را پیشنهاد می کنم

آیْ وُود رِکامِنْد اَوْر آنْلیْمیْتِد مآیْلِج پْلَنْ

708-how does it work? — هآوْ داز ایتْ وُرکْ؟ — 708- این طرح چگونه است؟

709-you pay a flat rate for the week — 709- شما یک نرخِ ثابتی را برای مدت یک هفته، می پردازید

یو پِیْ اِ فِلَتْ رِیْتْ فُر دِ ویکْ

710-and you can drive as much as you want

اَند یو کَنْ دِرآیْوْ اَز ماچ اَز یو وانْتْ

710- و شما می توانید هر چقدر که بخواهید، رانندگی کنید

711-you can also drop off the car — 711- شما همچنین می توانید ماشین را تحویل دهید

یو کَنْ آلسُ دِرآپْ آفْ دِ کار

712- at any of our agencies nationwide

اَتْ اِنیْ آوْ اَوْر اِیْجِنْسیز نِیْشِنْ وآید

712- در هر ( یک از ) آژانس های سراسری ما

713-you'll start off with a full tank of gas — 713- شما با یک باک پُر از بنزین حرکت خواهید کرد

یولْ اِسْتارتْ آفْ ویتْ اِ فولْ تَنْکْ آوْ گَسْ

714-try to fill it up just before you drop off the car

تِرآیْ تو فیلْ ایتْ آپْ جاسْتْ بیفُر یو دِرآپْ آفْ دِ کار

714- سعی کنید که باک را پُر کنید درست قبل از اینکه ماشین را تحویل می دهید

715- because we charge more than a regular gas station

بیکاز ویْ چارج مُر دَنْ اِ ریگولار گَسْ اِستِیْشِنْ

715- زیرا ما بیشتر از پمب بنزینِ معمولی هزینه می گیریم

716- O.K. I'll take it. Where do I sign?

اُ.کِیْ. آیلْ تِیکْ ایتْ. وِر دو آیْ سآینْ؟

716- بسیار خوب. من آن را می خواهم. کجا را باید امضاء کنم؟

## *** لغات مربوط به قسمت سی و دوم ***

| | | |
|---|---|---|
| to rent | تو رِنْتْ | اجاره کردن |
| several | سِوِرالْ | چندین |
| available | اِوِیْلِبِل | موجود |
| subcompact | سابْ کامْپَکْتْ | جا دار - وسیع - بزرگ |
| compact | کامْپَکْتْ | جَمع و جور - کوچک |
| mid- sized | مید - سآیْزْد | اندازه ی متوسط |
| luxury | لاکْسِریْ | شیک - مُجلّل |
| fuel | فییوْلْ | سوخت |
| economy | اِکانُمیْ | اِقتصادی - به صرفه (کم مصرف) |
| safety | سِیفْتیْ | اَمن - ایمن |
| unlimited | آنْلیْمیْتِد | نامحدود |
| flat rate | فِلَتْ رِیْتْ | نرخِ ثابت |
| to drop off | تو دِرآپْ آفْ | تحویل دادن |
| nationwide | نِیْشِنْ وآیْد | سراسری |
| to start off | تو اِسْتارتْ آفْ | عازم شدن |
| to fill up | تو فیْلْ آپْ | پُر کردن |
| because | بیْکاز | زیرا - چون |
| to sign | تو سآیْنْ | امضاء کردن |

## Part thirty - three
پارْتْ ثِرْتیْ - ثیریْ
قسمت سی و سوم

## Asking for Directions
اَسْکیْنْگْ فُر دیْرِکْشِنْ ز
پرسیدنِ مسیر

717- good morning. Can I help you?
717- صبح بخیر. اجازه هست کمکتان کنم؟
گود مُرنیْنْگْ . کَنْ آیْ هِلْپْ یو ؟

***718-I'm trying to figure out the best way to get to Washington***

آیم ترآی اینگ تو فیگور اَوْت دِ بِست وِی تو گِت تو واشینگتُن

*718- دارم سعی می کنم که بهترین مسیر به واشینگتن را پیدا کنم*

***719-are you driving or flying?***

*719- آیا با ماشین می روید یا با هواپیما ؟*

آر یو دِرآیْوینْگْ اُر فِلآیْ اینْگْ ؟

***720-I'm driving*** آیمْ دِرآیْوینْگْ

*720- دارم رانندگی می کنم . ( ماشین دارم )*

***721-my car's parked outside*** مآیْ کارز پارکْتْ اَوْتْ سآیْد

*721- ماشینِ من بیرون پارک شده است*

***722-you have two options*** یو هَوْ تو آپْشِنْز

*722- شما دو راهِ انتخاب دارید*

***723-the first is to take Interstate 85 north***

دِ فِرسْتْ ایز تو تِیکْ اینْتِراسْتِیْتْ اِیْتی فآیوْ نُرثْ

*723- اولین( انتخاب این است که ) به سمت شمال اینتِراستیت 85 بروید ( بزرگراه 85 )*

***724-through Georgia, South Carolina, North Carolina and Virginia***

ثورو جُرجیْ یآ ، ثَوْتْ کارُلْینا ، نُرثْ کارُلْینا آنْد ویرجِیْنیْ یآ

*724- از جورجیا و جنوب کارولینا و شمال کارولینا و ویرجینیا بگذرید*

***725-what's the other option?*** واتْسْ دیْ آدِر آپْشِن ؟

*725- انتخاب دیگری چیست؟*

***726-you could also take I-75 north through Georgia, into Tennessee***

یو کود آلْسُ تِیْکْ آی- 75 نُرثْ ثورو جُرجیْ یآ، اینْ تو تِنِسیْ

*726- شما همچنین می توانید 75 - I را به سَمت شمال بروید و از جورجیا رد شوید و وارد تِنِسی شوید*

***727-in Tennessee, you pick up I-81 which will take you into Virginia***

اینْ تِنِسیْ ، یو پیکْ آپْ آی-81 ویْچ ویْلْ تِیکْ یو اینْ تو ویرجِیْنیْ یآ

*727- در تِنِسی I-81 را بروید که شما را به ویرجینیا می برد*

***728-you then take I-66 to Washington***

*728- سپس I-66 را به سَمت واشینگتن بروید*

یو دِنْ تِیْکْ آیْ – سیْکْستیْ سیکْسْ تو واشیْنگْتُنْ

***729-is there a difference in distance between the two?***

ایزْ دِر اِ دیفِرِنسْ این دیستَنسْ بیتْوینْ دِ تو؟

*729- آیا در فاصله فرقی هم بین این دوتا می باشد؟*

***730- I-85 is somewhat shorter,***

*730- I-85 قدری کوتاه تر است*

آیْ - اِیْتیْ فایْوْ ایز سام واتْ شُرتر ،

***731-but it's not as scenic*** باتْ ایتس ناتْ اَز سینِکْ

*731- اما به همان اندازه خوش مَنظره، نیست*

***732-and there is usually a lot more traffic***

*732- و معمولا ترافیک زیادی هم دارد*

آندْ دِر ایز یوژوالیْ اِ لاتْ مُر تِرَفیکْ

***733-how do I pick up I-85 in Atlanta?***

*733- چطوری به I-85 در آتلانتا بروم*

هاوْ دو آیْ پیکْ آپ آیْ - اِیْتیْ فایْوْ اینْ آتلانْتا؟

***734-just head north on the freeway until you reach the I-285 ( two eighty-five ) beltway***

جاستْ هِد نُرثْ آنْ دِ فیریْ وِیْ آنتیْلْ یو ریچ دِ آیْ- تو اِیْتیْ فایو بِلْتویْ

*734- فقط مستقیم به سمت شمال درآزاد راه بروید تا به کمربندی I-285 برسید*

***735-then follow the signs*** دِنْ فالُ دِ ساینْز

*735- سپس از تابلوها ( علامت ها ) پیروی کنید*

***736-by the way, do you have any information about the Washington D.C. area?***

بایْ دِ وِیْ، دو یو هَو اِنیْ اینفُرمِیْشِنْ اِبَوْتْ دِ واشینگْتَنْ دیْ.سیْ. اِرْیِا؟

*736- راستی،آیا شما اطلاعاتی درموردِ منطقه ی واشینگتن دی . سی دارید؟*

***737- sure. Here's a packet of brochures***

*737- حتماً.بفرمایید این هم یک (کتابِ راهنمای کوچک ) بسته، بروشور*

شُر . هیْیرز اِ پَکِتْ آوْ بُرُشُرز

***738-do you need a hotel reservation?***

*738- آیا شما نیاز به رزرو هُتل دارید؟*

دو یو نید اِ هُتِلْ رِزِرْوِیْشِنْ؟

*739-No. thanks. I've already made one* — *739- نه. متشکرم. قبلاً یکی رِزِرو کرده ام*

نُ. تَنْکْسْ . آیْوْ اُلْرِدیْ مِیْد وانْ

### *** لغات مربوط به قسمت سی و سوم ***

| | | |
|---|---|---|
| ***to figure out*** | تو فیْگور اَوْتْ | *فهمیدن - تشخیص دادن* |
| ***to fly*** | تو فِلآیْ | *پرواز کردن* |
| ***outside*** | اَوْتْ سآیْد | *بیرون* |
| ***south*** | سَوْثْ | *جنوب* |
| ***north*** | نُرثْ | *شمال* |
| ***difference*** | دیْفِرِنْسْ | *فَرق - اِختلاف* |
| ***distance*** | دیْسْتَنْسْ | *فاصله* |
| ***between*** | بیْتْ وِیْنْ | *بین* |
| ***somewhat*** | سامْ واتْ | *تاحدی - قدری* |
| ***shorter*** | شُرتِر | *کوتاه تر* |
| ***free way*** | فیْریْ وِیْ | *بزرگ راه* |
| ***information*** | اینْفُرْمیْشِنْ | *اطلاعات* |
| ***area*** | اِریْیا | *مَنطقه* |
| ***packet*** | پَکِتْ | *بَسته- کارتُن - پاکت* |
| ***brochure*** | بُرُشُر | *بروشور* |

## Part thirty-four
## پارْتْ ثِرْتیْ - فُرْ
## قسمت سی و چهارم

### A flight to the West Coast
### اِ فِلآیْتْ تو دِ وِسْتْ کُسْتْ
### یک پرواز به وِست کُست

*740- a ticket to San Francisco* اِ تیْکِتْ تو سَنْ فِرَنْسیسکُ 740- یک بلیط به سانفِرانسیسکو

*741-how many pieces of luggage will you be checking?*

هآوْ مِنیْ پیْسِزْ آوْ لاگِج وِیْلْ یو بیْ چِکِیْنْگْ ؟

741- چند تا چمدان را ( برای تحویل دادن ) چِک خواهید کرد؟

742-just two　　جاستْ　تو　　742- فقط دوتا

743-may I have an aisle seat?　　743- ممکن است لطفاً یک صندلی، کنارِ ( پنجره ) داشته باشم؟

مِیْ　آیْ　هَوْ　اَنْ　آیلْ　سیتْ ؟

744-Yes, seat 12-c in the coach section　　744- بله. صندلی شماره c -12 در قسمت گوشه

یِسْ ، سیتْ　توالْوْ - سیْ　اینْ　دِ　کُچ　سِکْشِنْ

745-you'll be boarding in about 30 minutes from gate 16

یولْ　بیْ　بُردینْگْ　اینْ　اِبَوْتْ　ثِرتیْ　مِنِتْسْ　فِرامْ　گِیتْ　سیکْستینْ

745- شما حدوداً تا 30 دقیقه دیگر از دَربِ شماره ی شانزده ، سَوار خواهیدشد

746- good morning. Can I offer you something to drink?

گود　مُرنینْگْ .　کَنْ　آیْ　آفِر　یو　سامْ ثینْگْ　تو　دیرینْکْ ؟

746- صبح بخیر.اجازه هست چیزی برای نوشیدن پیشنهاد کنم؟

747- coffee, please. No cream or sugar　　747- لطفاً قهوه . بدون خامه و شِکر

کافیْ ،　پیلیز .　نُ　کیریمْ　اُر　شوگِر

748-today we'll be serving lunch　　748- امروز ما ناهار، سرویس خواهیم داد

تودِیْ　ویلْ　بیْ　سِروینْگْ　لانْچ

749-how long will it take to get to San Francisco?

هآوْ　لانْگْ　ویلْ　ایتْ　تِیکْ　تو　گِتْ　تو　سَنْ فِرَنْسیسْکُ ؟

749- چه مدت طول می کشد که به سانفِرانسیسکو برسیم؟

750-about four hours　　اِبَوْتْ　فُر　آوِرز　　750- حدوداً 4 ساعت

751-would you like a newspaper or magazine?　　751- آیا شما روزنامه می خواهید یا مجله؟

وُوج　یو　لآیکْ　اِ　نیوزپِیپِر　اُر　مَگَزینْ ؟

752-No. thanks. I brought a book　　752- نه. متشکرم. من یک کتاب ( همراه خود دارم ) آوردم

نُ .　تَنْکسْ . آیْ　بِرَوْتْ　اِ　بُک ( بوکْ )

753-it's all about U.S history　　753- همه آن، در مورد تاریخ ایالات مُتحده است

ایْتْسْ　اُلْ　اِبَوْتْ　یو.اِسْ　هیسْتُریْ

754-and it's fascinating!　　آند　ایْتْسْ　فَسینِیْتینْگْ !　　754- و آن خیلی جَذاب است

### *** لغات مربوط به قسمت سی وچهارم ***

| | | |
|---|---|---|
| *ticket* | تیْکِتْ | بلیط |
| *piece* | پیْس | تِکّه - قطعه |
| *luggage* | لاگِجْ | کیف - چمدان |
| *aisle* | آیِلْ | کِنار |
| *seat* | سیْتْ | جا - صندلی |
| *coach* | کُچْ | گوشه - کنار |
| *section* | سِکْشِنْ | بخش |
| *to board* | تو بُرْد | سوار شدن - بارگیری کردن |
| *gate* | گیْتْ | دروازه - درب |
| *coffee* | کافیْ | قهوه |
| *cream* | کیْریْمْ | خامه |
| *sugar* | شوگِر | شِکر |
| *newspaper* | نیْیُوزپیْپِر ( نوز پیْپِر ) | روزنامه |
| *magazine* | مَگَزیْنْ | مَجلّه |
| *fascinating* | فَسیْنیْتیْنْگْ | جالب |

پایان قسمت اول

نابُرده رَنج ، گَنج مُیسّر نمی شود

**No Pain No Gain**

## زمان حال ساده

# Simple Present Tense

عملی را گویند که به صورت تکرار یا عادت صورت می گیرد. مثلاً :

| | |
|---|---|
| *I go to school everyday* | **من هر روز به مدرسه می روم** |

آی گُ تو اِسْکول اِوْرِیْدِیْ

یکی ازعلامت های زمان حال ساده، عبارت **everyday** ( اِوْرِیْدِیْ ) به معنای هر روز می باشد.

**Every** به معنای هر، به همراه زمان می آید. مثلاً :

| | | |
|---|---|---|
| *every morning* | اِوْرِیْ مُرنینْگْ | *هر روز صبح* |
| *every evening* | اِوْرِیْ ایْ وینینْگْ | *هر غروب* |
| *everyday* | اِوْرِیْدِیْ | *هر روز* |
| *every week* | اِوْرِیْ ویْکْ | *هر هفته* |
| *every month* | اِوْرِیْ مانْثْ | *هر ماه* |
| *every year* | اِوْرِیْ یِرْ | *هر سال* |

## طرز ساخت حال ساده مثبت :

برای ساختن حال ساده در انگلیسی کافی است که فاعل یا ضمیر فاعلی را قبل از فعل قرار دهیم. مانند:

| | | |
|---|---|---|
| *we go* | وی گُ | *ما می رویم* |
| *I go* | آی گُ | *من می روم* |
| *you go* | یو گُ | *شما می روید* |
| *you go* | یو گُ | *تو می روی* |
| *They go* | دِی گُ | *آنها می روند* |
| *We eat* | وی ایتْ | *ما می خوریم* |

| | | |
|---|---|---|
| *I eat* | آی ایتْ | *من می خورم* |
| *You eat* | یو ایتْ | *شما می خورید* |
| *You eat* | یو ایتْ | *تو می خوری* |
| *They eat* | دِی ایتْ | *آنها می خورند* |

توجه 1 : اگر فاعل یا ضمیر فاعلی، سوم شخص مفرد باشد، در این صورت به فعل باید s یا es بدهیم. مانند:

| | | |
|---|---|---|
| *He goes* | هی گُز | او می رود |
| *Ali goes* | علی گُز | علی می رود |
| *She goes* | شی گُز | او می رود |
| *Mina goes* | مینا گُز | مینا می رود |
| *He eats* | هی ایتسْ | او می خورد |
| *Ali eats* | علی ایتسْ | علی می خورد |
| *She eats* | شی ایتسْ | او می خورد |
| *Mina eats* | مینا ایتسْ | مینا می خورد |

توجه 2 : اَفعالی که به o - ch - sh - s یا x ختم می شوند، در سوم شخص مفردِ حال ساده es می گیرند ( در صورتی که جمله ی ما، سؤالی یا منفی نباشد ) . مانند:

| | | |
|---|---|---|
| He goes to school everyday | هیْ گُز تو اِسْکولْ اِوریْدِیْ | *او هر روز به مدرسه می رود* |
| He teaches English | هی تیْچِیْز اینْگیلیْشْ | *او انگلیسی درس می دهد* |
| He watches T .V everyday | هی واچِیْز تیْ.ویْ اِوریْدِی | *او هر روز تلویزیون تماشا می کند* |
| He washes his car every week | هی واشِیْز هیْز کار اِوْریْ ویْکْ | *او هر هفته ماشینش را می شوید* |

توجه 3 : اگر در حال ساده سوم شخص مفرد ، فعل به y ختم شود وقبل از y حرف بی صدا باشد ،در این صورت باید y را به i تبدیل کرده و سپس es اضافه کنیم مانند: فعل **study** در مثال زیر

**She studies English every day**　　او هر روز انگلیسی مطالعه می کند

شیْ اِسْتادیْز اِیْنگیلیْشْ اِوْریْدِی

توجه 4 : اگر در حال ساده ی سوم شخص مفرد ، فعل به y ختم شود و قبل از y حرف صدا دار باشد ، در این صورت y تغییر نکرده وفقط s اضافه می شود . مانند: **pray** و **play** در مثال های زیر

| | | |
|---|---|---|
| *او فوتبال بازی می کند* | هیْ پلِیْز فوتبال | *He plays football* |
| *او هر روز صبح در مسجد نماز می خواند* | هیْ پرِیْز اینْ دِ ماسْکْ اِوْریْ مُرْنیْنْگْ | *He prays in the mosque every morning* |

## طرز سؤالی کردن حال ساده

توجه 1 : برای سؤالی کردن جملات فارسی از (( آیا )) در اول جمله استفاده می کنیم اما در زبان انگلیسی برای سؤالی کردن نیاز به فعل کمکی مخصوص همان زمان داریم .مثلاً برای سؤالی کردن حال ساده، کافی است فعل های کمکی **Do** یا **Does** را به اول جمله بیاوریم و آخر جمله علامت سؤال قرار دهیم.

توجه 2 : **does** برای سوم شخص مفرد می باشد و **do** برای غیر سوم شخص مفرد. مانند :

| | | |
|---|---|---|
| *آیا ما می رویم ؟* | دو وی گُ ؟ | *Do we go?* |
| *آیا من می روم ؟* | دو آی گُ ؟ | *Do I go?* |
| *آیا شما می روید ؟* | دو یو گُ ؟ | *Do you go?* |
| *آیا تو می روی ؟* | دو یو گُ ؟ | *Do you go?* |
| *آیا او می رود ؟* | داز هی گُ ؟ | *Does he go?* |
| *آیا علی می رود ؟* | داز علی گُ ؟ | *Does Ali go ?* |
| *آیا مینا می رود ؟* | داز مینا گُ ؟ | *Does Mina go?* |
| *آیا او می رود ؟* | داز شی گُ ؟ | *Does she go?* |

توجه 3 : درجملات سؤالی ، فعل سوم شخص مفرد، دیگر نیازی به s یا es ندارد .

## طرز منفی کردن حال ساده

برای منفی کردن حال ساده ،کافی است فعل های کمکی **don't** یا **doesn't** را قبل از فعل بیاوریم.

توجه 1: **doesn't** برای سوم شخص مفرد می باشد و **don't** برای غیر سوم شخص مفرد .مانند :

| | | |
|---|---|---|
| *We don't go* | وی دُنْتْ گُ | *ما نمی رویم* |
| *I don't go* | آی دُنْتْ گُ | *من نمی روم* |
| *You don't go* | یو دُنْتْ گُ | *شما نمی روید* |
| *You don't go* | یو دُنْتْ گُ | *تو نمی روی* |
| *They don't go* | دِی دُنْتْ گُ | *آنها نمی روند* |
| *He doesn't go* | هی دازِنْتْ گُ | *او نمی رود* |
| *Ali doesn't go* | علی دازِنْتْ گُ | *علی نمی رود* |
| *She doesn't go* | شی دازِنْتْ گُ | *او نمی رود* |
| *Mina doesn't go* | مینا دازِنْتْ گُ | *مینا نمی رود* |

توجه 2 : در جملات منفی و یا سؤالی فعل سوم شخص مفرد، نیازی به s یا es ندارد.

## حالت فرمولی حال ساده

فرمول حال ساده به همراه مثال، در سه حالت سؤالی ، مثبت و منفی به شکل زیر می باشد :

سؤالی 1 : do + فاعل غیر سوم شخص مفرد + فعل + ... ?

مثال 1: **do** دو **they** دِیْ **go** گُ ... ?

*Do they go?*　　دو دِیْ گُ ؟　　*آیا آن ها می روند ؟*

سؤالی 2 : does + فاعل سوم شخص مفرد + فعل + ... ?

مثال 2 : **does** **he** **go** ?

*Does he go?*　　داز هیْ گُ ؟　　*آیا او می رود؟*

مثبت 1 : فاعل غیر سوم شخص مفرد + فعل + ...

مثال 1 : **They** **go**

*They go*　　دِیْ گُ　　*آن ها می روند*

مثبت 2 : فاعل سوم شخص مفرد + فعل + **(es – s)** + ...

مثال 2 : **He** **eats** ( هی ایتس ) او می خورد

مثال 2 : **He** **goes** ( هی گُز ) او می رود

منفی 1 : فاعل غیر سوم شخص مفرد + **do not ( don't )** + فعل + ...

مثال 1 : **They** **don't** **go**

***They don't go?*** دِیْ دُنْتْ گُ ***آن ها نمی روند***

منفی 2 : فاعل سوم شخص مفرد + **does not ( doesn't )** + فعل + ...

مثال 2 : **He** **doesn't** **go**

***he doesn't go*** هیْ دازِنْتْ گُ ***او نمی رود***

برای یادگیری زبان انگلیسی شناختن زمان ها (( حال .گذشته . آینده )) و آشنایی بـا افعال، ضَروری است. برای آشنا شدن با افعال باید بدانیم مَصدر چیست و چگونه تبدیل به فعل می شود ، چون فعل رُکنِ ( پایه ) اساسیِ جمله است.

## تعریف مَصْدَرْ

مصدر عَملی را گویند که زمان و شخص ندارد .مصدرها در زبان فارسی به (( دن یا تن )) خَتم می شوند. مانند:

| | | |
|---|---|---|
| ***to eat*** | تو ایتْ | *خوردن* |
| ***to go*** | تو گُ | *رفتن* |
| ***to write*** | تو رآیتْ | *نوشتن* |
| ***to see*** | تو سیْ | *دیدن* |
| ***to close*** | تو کِلُزْ | *بستن* |
| ***to speak*** | تو اِسْپیْکْ | *صحبت کردن* |
| ***to open*** | تو اُپِنْ | *باز کردن* |

توجه : همان گونه که ملاحظه می کنید، مصدرها در زبان انگلیسی با **to** آغاز می شوند .

## طرز جمله سازی از مصدر

جملات آَمری : اگر بخواهیم به کسی یا کسانی دستور دهیم یا آنها را نصیحت کنیم یا از آنها تقاضایی کنیم، باید از جملات آَمری استفاده کنیم ،که به دو دسته تقسیم می شوند:

### 1- اَمر مثبت     2- اَمر منفی

فعل امر مثبت : اگر **to** را از اول مصدر حذف کنیم در این صورت فعل امر مثبت ساخته ایم که دارای دو معنی می باشد.     (( مصدر بدون **to** = امر مثبت ))     مانند :

| | | | |
|---|---|---|---|
| **to go** | | | رفتن |
| **go** = | گُ | (( امر به یک نفر )) | برو |
| **go** = | گُ | (( امر به بیشتر از یک نفر )) | بروید |
| **to eat** | | | خوردن |
| **eat** = | ایتْ | (( امر به یک نفر )) | بخور |
| **eat** = | ایتْ | (( امر به بیشتر از یک نفر )) | بخورید |
| **to open** | | | باز کردن |
| **open** = | اُپِنْ | | باز کُن - باز کنید |
| **to close** | | | بستن |
| **close** = | کِلُز | | ببند - ببندید |
| **to speak** | | | صحبت کردن |
| **speak** = | اِسْپیکْ | | صحبت کن – صحبت کنید |

فعل امر منفی : اگر **to** را از اول مصدر حذف کنیم و به جایش **don't** قرار دهیم، در این صورت امر منفی ساخته ایم با دو معنی.     (( مصدر بدون **to** + **don't** = امر منفی ))     مانند:

| | | | |
|---|---|---|---|
| **to go** | | | رفتن |
| **don't go** = | دُنْتْ گُ | (( امر به یک نفر )) | نرو |

**don't go** = دُنْتْ گُ    (( امر به بیشتر از یک نفر ))    *نروید*

**to eat**    *خوردن*

**don't eat** = دُنْتْ ایتْ    (( امر به یک نفر ))    *نخور*

**don't eat** = دُنْتْ ایتْ    (( امر به بیشتر از یک نفر ))    *نخورید*

**to open**    *باز کردن*

**don't open** = دُنْتْ اُپِنْ    *باز نکن - باز نکنید*

**to close**    *بستن*

**don't close** = دُنْتْ کِلُز    *نبند - نبندید*

**to speak**    *صحبت کردن*

**don't speak** = دُنْتْ اِسْپیکْ    *صحبت نکن- صحبت نکنید*

توجه 1 : جملات امری نیازی به فاعل ندارند.( اگر بخواهیم بر فاعل تأکید کنیم ، می توانیم فاعل را هم بیاوریم )

***You come here***    یو کام هییِر    شما بیایید اینجا

توجه 2 : برای تأکیدِ جملاتِ امری از **do** استفاده می کنیم مانند:

***Call me***    کال می    *به من تلفن کن*

**که در حالت تأکید می شود**

***Do call me***    دو کال می    *حتماً به من تلفن کن*

توجه 3: عبارت **please** به معنای لطفاً از علامت فعل امر می باشد که در اول یا آخر جملات امری می آید . مانند :

***Please open the door***    پیلیزْ اُپِنْ دِ دُر    *لطفاً آن در را باز کن*

***Open the door, please***    اُپِنْ دِ دُر ، پیلیزْ    *آن در را باز کن، لطفاً*

**Please don't write on the desk**    پیلیزْ دُنْتْ رآیْتْ آنْ دِ دِسْکْ    *لطفاً روی میز ننویس*

***Don't write on the desk , please***    دُنْتْ رآیْتْ آنْ دِ دِسْکْ ،پیلیز    *روی میز ننویس،لطفاً*

## صرف مصدر to be در زمان حال

to be در زمان حال تبدیل می شود به (( am - is - are ))

| | | |
|---|---|---|
| *am* | اَمْ | هستم |
| *is* | ایزْ | هست |
| *are* | آر | هستی، هستیم، هستید، هستند |

ترکیب to be با ضمایر فاعلی به شکل های زیر می باشد :

| | | |
|---|---|---|
| *We are* | وی آر | ما هستیم |
| *You are* | یو آر | شما هستید |
| *You are* | یو آر | تو هستی |
| *They are* | دِیْ آر | آنها هستند |
| *I am* | آیْ اَمْ | من هستم |
| *He is* | هی ایز | او هست |
| *Ali is* | علی ایز | علی هست |
| *She is* | شیْ ایز | او هست |
| *Mina is* | مینا ایز | مینا هست |
| *It is* | ایتْ ایز | آن هست |
| *This is* | دیسْ ایز | این هست |
| *That is* | دَتْ ایز | آن هست |
| *We are teachers* | وی آر تیچِرز | ما معلم هستیم |
| *I am a student* | آیْ اَمْ اِ اِسْتیْیودِنْتْ | من یک دانش آموز هستم |
| *He is a doctor* | هی ایزْ اِ داکْتِر | او یک دکتر است |
| *It is a book* | ایتْ ایزْ اِ بُکْ ( بوکْ ) | آن یک کتاب است |

## طرز سؤالی کردن to be در زمان حال

برای سؤالی کردن to be کافی است که ( am . is . are ) را به اول جمله بیاوریم . مانند :

| | | |
|---|---|---|
| *Are we ... ?* | آر ویْ ... ؟ | *آیا ما هستیم ...؟* |
| *Are you ... ?* | آر یو ... ؟ | *آیا شما هستید ...؟* |
| *Are you ... ?* | آر یو ... ؟ | *آیا تو هستی ...؟* |
| *Are they ... ?* | آر دِیْ .... ؟ | *آیا آنها هستند ...؟* |
| *Am I ... ?* | اَمْ آیْ .... ؟ | *آیا من هستم ...؟* |
| *Is he ... ?* | ایز هیْ .... ؟ | *آیا او هست ...؟* |
| *Is she ... ?* | ایز شیْ .... ؟ | *آیا او هست ...؟* |
| *Is it ... ?* | ایز ایتْ .... ؟ | *آیا آن هست ...؟* |
| *Are we teachers?* | آر ویْ تیچِرْز ؟ | *آیا ما معلم هستیم؟* |
| *Am I a student?* | اَمْ آیْ اِ اِستیْیودِنْتْ ؟ | *آیا من یک دانش آموز هستم؟* |
| *Is he a doctor?* | ایز هی اِ داکْتِر ؟ | *آیا او یک دکتر است؟* |
| *Is it a book?* | ایز ایتْ اِ بُک ( بوکْ ) ؟ | *آیا آن یک کتاب است؟* |

## طرز منفی کردن to be در زمان حال

برای منفی کردن to be کافی است که یک not جلوی ( am . is . are ) قرار دهیم. مانند :

| | | |
|---|---|---|
| *We are not* | وی آر ناتْ | *ما نیستیم* |
| *You are not* | یو آر ناتْ | *شما نیستید* |
| *You are not* | یو آر ناتْ | *تو نیستی* |
| *They are not* | دِیْ آر ناتْ | *آن ها نیستند* |

| | | |
|---|---|---|
| *He is not* | هی ایز ناتْ | *او نیست* |
| *She is not* | شی ایز ناتْ | *او نیست* |
| *It is not* | ایتْ ایز ناتْ | *آن نیست* |
| *We are not teachers* | ویْ آر ناتْ تیچِرز | *ما معلم نیستیم* |
| *I am not a student* | آیْ اَمْ ناتْ اِ اِستیِیودِنْتْ | *من یک دانش آموز نیستم* |
| *He is not a doctor* | هی ایزْ ناتْ اِ داکْتِر | *او یک دکتر نیست* |
| *It is not a book* | ایتْ ایزْ ناتْ اِ بُکْ ( بوکْ ) | *آن یک کتاب نیست* |

## حالت های مخفف to be

| | | |
|---|---|---|
| *am = 'm* *** | *I am = I'm* | الف ) حالت مثبت : |
| I'm a student | آیمْ اِ اِستیِیودِنْت | *من یک دانش آموز هستم* |
| *Is ='s* *** | *he is = he 's* | |
| *He's a teacher* | هیزْ اِ تیچِر | *او یک معلم است* |
| *are = 're* *** | *you are = you're* | |
| *You're a doctor* | یور اِ داکْتِر | *تو یک دکتر هستی* |
| *am not = am not* | | ب ) حالت منفی : |
| I am not = I'm not | | توجه: **Am not** حالت مُخفّف ندارد |
| *I'm not a teacher* | آیمْ ناتْ اِ تیچِر | *من معلم نیستم* |
| *is not = isn't* *** | *He is not = He isn't* | |
| *He isn't a student* | هی ایزْنتْ اِ اِستیِیودِنْتْ | او دانش آموز نیست |
| *are not = aren't* *** | *You are not = You aren't* | |
| *You aren't a nurse* | یو آرِنْتْ اِ نِرسْ | تو پرستار نیستی |

# زمان حال استمراری

## Present continuous tense

عَملی را گویند که در هنگام صحبت کردن در حال انجام شدن است یعنی از عملی صحبت می کند که هم اکنون در حال انجام است به همین دلیل به آن حال واقعی نیز می گویند. حال استمراری دارای دو فعل می باشد ،یکی فعل کمکی ثابت **to be** و دیگری فعلی که درحال انجام شدن است و با توجه به منظور جمله ، متغیر می باشد.

توجه : **to be** در زمان حال استمراری همان ( **are . is . am** ) می باشند که فعل های کمکیِ حالِ استمراری هستند .

## طرز ساخت حال استمراری طبق فرمول :

فرمول : فاعل + ( **am – is – are** ) + فعل + **ing** + ... ( **now** )

توجه 1 : در این فرمول **ing** به معنای درحال یا مشغول، می باشد .

توجه 2 : **now** به معنای (( حالا – الان – اکنون )) می تواند در آخر جملات حال استمراری بیاید. ***مثال :***

*اکنون در حال رفتن به مدرسه هستم. ( حالا دارم به مدرسه می روم )*

*I am going to school now* — آیْ اَمْ گُ اینْگ تو اِسْکولْ نَوْ

*او اکنون در حال رفتن به مدرسه است. ( او حالا دارد به مدرسه می رود )*

*He is going to school now* — هیْ ایزْ گُ اینْگْ تو اِسْکولْ نَوْ

*آن ها حالا در حال رفتن به مدرسه هستند . ( آن ها حالا دارند به مدرسه می روند )*

*They are going to school now* — دِیْ آر گُ اینْگْ تو اِسْکولْ نَوْ

## طرز سؤالی کردن حال استمراری طبق فرمول

فرمول : ( **am . is . are** ) + فاعل + فعل **ing** + ... ( **now** ) ?

توجه : برای سؤالی کردن حال استمراری کافی است که فعل های کمکی ( **am . is . are** ) را به اول جمله

بیاوریم و آخر جمله، علامت سؤال قرار دهیم . مانند :

*آیا حالا درحال رفتن به مدرسه هستم؟ ( آیا حالا دارم به مدرسه می روم ؟ )*

**Am I going to school now?**

اَمْ آیْ گُ اینْگْ تو اِسْکولْ نَوْ ؟

*آیا او حالا درحال رفتن به مدرسه است؟ ( آیا حالا دارد به مدرسه می رود ؟ )*

**Is he going to school now?**

ایزْ هیْ گُ اینْگْ تو اِسْکولْ نَوْ ؟

*آیا آن ها حالا در حال رفتن به مدرسه هستند ؟ ( آیا آن ها حالا دارند به مدرسه می روند ؟ )*

**Are they going to school now?**

آر دِیْ گُ اینْگْ تو اِسْکولْ نَوْ ؟

## طرز منفی کردن حال استمرای طبق فرمول

فرمول : فاعل + **( am . is . are ) + not +** فعل **ing + ... ( now)**

توجه : برای منفی کردن حال استمراری کافی است که **not** را جلوی فعل های کمکی **( are . is . am )** قرار دهیم ، مانند :

***I am not going to school now***

*من حالا در حال رفتن به مدرسه نیستم*

آیْ اَمْ ناتْ گُ اینْگْ تو اِسْکولْ نَوْ

***He is not going to school now***

*او حالا در حال رفتن به مدرسه نیست*

هیْ ایز ناتْ گُ اینْگْ تو اِسْکولْ نَوْ

***They are not going to school now***

*آنها حالا در حال رفتن به مدرسه نیستند*

دِیْ آر ناتْ گُ اینْگْ تو اِسْکولْ نَو

توجه مهم : هنگام اضافه کردن **ing** به آخر بعضی از افعال،تغییراتی صورت می گیرد که باید به آنها دقت کنید.

افعالی که به یک **e** خَتم می شوند در هنگام اضافه کردن **ing** باید **e** را حذف کنیم . مانند :

| | | | | |
|---|---|---|---|---|
| *come + ing* | >>>> | *coming* | کامینگ | *در حال آمدن* |
| *have + ing* | >>>> | *having* | هَوینگ | *درحال خوردن* |

*make + ing >>>> making* مِیکینگ *( در حال ساختن – در حال درست کردن )*

*write + ing >>>> writing* رآیْتینْگ *در حال نوشتن*

کلیه افعال یک بخشی یا دو بخشی که حرف آخرشان بی صدا باشد و حرف ما قبل آخر یک صدا دار باشد، در هنگام اضافه کردن **ing** ، حرف بی صدای آخر دو بار تکـرار می شود. لطفـــاً فعل های زیر را حفظ کنید .

*put on + ing >>> putting on* پوتینگ آن *در حال پوشیدن*

*sit + ing >>> sitting* سیتینگ *در حال نشستن*

*get up + ing >>> getting up* گِتینگ آپ *در حال بلند شدن*

*swim + ing >>> swimming* سوایْمیْنْگْ *در حال شنا کردن*

*run + ing >>> running* رانینگ *در حال دویدن*

## صرف **to be** در زمان گذشته

برای صرف **to be** در زمان گذشته از فعل های کمکی **was** ( واز ) و **were** ( وِر ) استفاده می کنیم

| | | |
|---|---|---|
| *Was* | واز | *بودم ، بود* |
| *were* | وِر | *بودی، بودیم، بودید،بودند* |
| *I was* | آیْ واز | *من بودم* |
| *He was* | هی واز | *او بود* |
| *We were* | وی وِر | *ما بودیم* |
| *You were* | یو وِر | *شما بودید* |
| *You were* | یو وِر | *تو بودی* |
| *They were* | دِیْ وِر | *آنها بودند* |

*I was at home yesterday* *من دیروز در منزل بودم*

آیْ واز اَتْ هُمْ یِسْتِرْدِیْ

*He was absent last week*　　*او هفته گذشته غایب بود*

هی　واز　اَبسِنْتْ　لَسْتْ　ویکْ

## طرز سؤالی کردن to be در زمان گذشته

برای سؤالی کردن **to be** در زمان گذشته کافی است که **was** و **were** را به اول جمله بیاوریم .مانند :

*Was I ... ?*　　واز　آیْ ... ؟　　*آیا من بودم ...؟*

*Was he ... ?*　　واز　هیْ ... ؟　　*آیا او بود ...؟*

*Were we ... ?*　　وِر　ویْ ... ؟　　*آیا ما بودیم ...؟*

*Were you ...?*　　وِر　یو ... ؟　　*آیا شما بودید ...؟*

*Were you ... ?*　　وِر　یو ... ؟　　*آیا تو بودی ...؟*

*Were they ...?*　　وِر　دِیْ ... ؟　　*آیا آنها بودند ...؟*

*Was I at home yesterday?*　　*آیا من دیروز در منزل بودم ؟*

واز　آیْ　اَتْ　هُمْ　یِسْتِردِیْ ؟

*Was he absent lastweek?*　　*آیا او هفته گذشته غایب بود؟*

وازْ　هیْ　اَبسِنْتْ　لَسْتْ　ویکْ ؟

*Were you present yesterday?*　　*آیا تو دیروز حاضر بودی؟*

وِر　یو　پرِزِنْتْ　یِسْتِرْدِیْ ؟

## طرز منفی کردن to be در زمان گذشته

برای منفی کردن **to be** کافی است که یک **not** جلوی **was** یا **were** قرار دهیم.

مانند : ( وازْ ناتْ **was not** - وِر ناتْ **were not** )

| | | |
|---|---|---|
| *I was not* | من نبودم | *I wasn't* |
| *He was not* | او نبود | *He wasn't* |

| | | |
|---|---|---|
| *We were not* | ما نبودیم | *We weren't* |
| *You were not* | شما نبودید | *You weren't* |
| *You were not* | تو نبودی | *You weren't* |
| *They were not* | آن ها نبودند | *They weren't* |

***I wasn't at home yesterday*** — *من دیروز،منزل نبودم*

آیْ وازِنْتْ اَتْ هُمْ یِسْتِرْدِیْ

***He wasn't absent last week*** — *او هفته ی گذشته غایب نبود*

هی وازِنْتْ اَبسِنْتْ لَسْتْ ویکْ

***They weren't present yesterday*** — *آن ها دیروز حاضر نبودند*

دِیْ وِرنْتْ پرِزِنْتْ یِسترِدی

توجه: در زمان گذشته از قیدهای زمان گذشته ی زیر استفاده می شود.

| | | |
|---|---|---|
| *yesterday* | یِسْتِرْدِیْ | *دیروز* |

**ago** + زمان + عدد

| | | |
|---|---|---|
| *two days ago* | تو دِیْزْ اِ گُ | *دو روزِقبل* |

**last** + زمان

| | | |
|---|---|---|
| *last week* | لَسْتْ ویْکْ | *هفته ی گذشته* |
| *last year* | لَسْتْ یِرْ | *سال گذشته* |

## زمان گذشته ی استمراری

## past continuous tense

عملی را گویند که در زمان گذشته به طور استمرار انجام شده است یعنی عملی که در زمان گذشته در هنگام گفتن در حال انجام شدن بوده .گذشته ی استمراری دارای دو فعل می باشد . یکی فعل ثابت **to be** و دیگری فعلی که در حال انجام شدن بوده (( انجام می شده )) و با توجه به منظور جمله، متغیر می باشد.

توجه : **to be** در زمان گذشته ی استمراری، همان **was** و **were** می باشد که فعل های کمکی زمان گذشته ی استمراری هستند.

## طرز ساخت گذشته ی استمراری طبق فرمول

فرمول : فاعل + **was / were** + فعل **ing** + ... (now)

توجه 1: در این فرمول **ing** به معنای در حال یا مشغول می باشد. توجه 2 : **was** به معنای ( بودم - بود ) و **were** به معنای ( بودی – بودیم – بودید – بودند ) می باشد . مثال :

***I was going to school*** — آیْ واز گُ اینْگ تو اِسْکولْ

*من در حال رفتن به مدرسه بودم . ( داشتم به مدرسه می رفتم )*

***He was going to school*** — هیْ واز گُ اینْگ تو اِسْکولْ

*او در حال رفتن به مدرسه بود . ( داشت به مدرسه می رفت )*

***They were going to school*** — دِیْ وِر گُ اینْگ تو اِسْکولْ

*آنها در حال رفتن به مدرسه بودند. ( داشتند به مدرسه می رفتند )*

## طرز سؤالی کردن گذشته ی استمراری طبق فرمول

فرمول : ( **was / were** ) + فاعل + فعل **ing** + ... ( now ) ?

توجه : برای سؤالی کردن گذشته ی استمراری کافی است که فعل های کمکی **was** و **were** را به اول جمله بیاوریم و آخر جمله علامت سؤال قرار دهیم . مانند :

***Was I going to school?*** — واز آیْ گُ اینْگ تو اِسْکولْ ؟

*آیا من در حال رفتن به مدرسه بودم؟ ( آیا داشتم به مدرسه می رفتم؟ )*

***Was he going to school?*** — واز هی گُ اینْگ تو اِسْکولْ ؟

*آیا او در حال رفتن به مدرسه بود ؟ ( آیا او داشت به مدرسه می رفت؟ )*

***Were they going to school?*** — وِر دِیْ گُ اینْگ تو اِسْکولْ؟

*آیا آن ها درحال رفتن به مدرسه بودند؟ ( آیا داشتند به مدرسه می رفتند؟ )*

## طرز منفی کردن گذشته ی استمراری طبق فرمول

فرمول : فاعل + ( was not / were not ) + فعل ing + ... ( now )

توجه : برای منفی کردن گذشته ی استمراری کافی است که **not** را جلوی فعل های کمکی **was** و **were** قرار دهیم. مانند:

*I wasn't going to school* — *من در حال رفتن به مدرسه نبودم*

آیْ وازِنْتْ گُ اینْگْ تو اِسْکول

*He wasn't going to school* — *او در حال رفتن به مدرسه نبود*

هی وازِنْتْ گُ اینْگْ تو اِسْکولْ

*They weren't going to school* — *آن ها در حال رفتن به مدرسه نبودند*

دِیْ وِرنْتْ گُ اینْگْ تو اِسْکولْ

توجه مهم :(چه موقع فعل را بصورت گذشته ی استمراری می آوریم؟) هر گاه بخواهیم زمان وقوع کاری را در زمان گذشته که معمولاً با حرف اضافه **at** بیان می شود را بگوییم ، آن را بصورت گذشته ی استمراری می آوریم . مانند:

*I was studying English at this time yesterday*

آیْ واز اِسْتادیْنگْ اینْگیلیشْ **اَتْ** دیسْ تآیمْ یِسْتِرْدِیْ

*دیروز در این موقع ، مشغول مطالعه کردن انگلیسی بودم ( دیروز همین موقع ، داشتم انگلیسی مطالعه می کردم )*

*They were playing football at 10 o'clock last night*

دِیْ وِر پِلِیْ اینگْ فوتبال اَتْ تِنْ اُکْلاکْ لَسْتْ نآیتْ

*دیشب ساعت 10 آن ها در حال بازی کردن فوتبال بودند ( دیشب ساعت 10 داشتند فوتبال بازی می کردند )*

# زمان گذشته ی ساده

# Simple past tense

عملی را گویند که در زمان گذشته صورت گرفته و در همان زمان به پایان رسیده است . مثلاً :

***They played football yesterday*** ***آن ها دیروز فوتبال بازی کردند***

دِی پلِیْد فوتبال یِسْتِردِیْ

***I saw Ali yesterday*** آیْ سا علی یِسْتِردِیْ ***من دیروز علی را دیدم***

توجه : دوستان عزیز، برای دَرک گذشته ی ساده بهتر است که ابتدا حالت سؤالی و سپس حالت منفی آن را بخوانید و در آخر، حالت مثبتِ آن را یاد بگیرید .

## طرز ساخت سؤالی گذشته ی ساده طبق فرمول

فرمول : **Did** + فاعل + فعل + **...** **?**

مثال : **Did** **you** **see** **?**

دید یو سیْ آیا تو دیدی ... ؟

***Did he see ?*** دید هی سیْ ؟ ***آیا او دید ...؟***

***Did we play football yesterday?*** ***آیا ما دیروز فوتبال بازی کردیم ؟***

دید وی پلِیْ فوتبال یِسْتِردِیْ ؟

***Did I play football ... ?*** دید آیْ پلِیْ فوتبال ؟ ***آیا من فوتبال بازی کردم؟***

***Did you play football ?*** دید یو پلِیْ فوتبال ؟ ***آیا شما فوتبال بازی کردید؟***

***Did you play football ?*** دید یو پلِیْ فوتبال ؟ ***آیا تو فوتبال بازی کردی ؟***

***Did they play football ?*** دید دِیْ پلِیْ فوتبال ؟ ***آیا آنها فوتبال بازی کردند ؟***

***Did he play football ?*** دید هیْ پلِیْ فوتبال ؟ ***آیا او فوتبال بازی کرد ؟***

| | |
|---|---|
| *Did Ali play football ?* | *آیا علی فوتبال بازی کرد ؟* |
| دید علی پِلیْ فوتبال ؟ | |
| *Did she play football ?* | *آیا او فوتبال بازی کرد ؟* |
| دید شی پِلیْ فوتبال ؟ | |
| *Did Mina play football ?* | *آیا مینا فوتبال بازی کرد ؟* |
| دید مینا پِلیْ فوتبال ؟ | |
| *Did your brother play football ?* | *آیا برادرت فوتبال بازی کرد ؟* |
| دید یُر برادِر پِلیْ فوتبال ؟ | |
| *Did your brothers play football ?* | *آیا برادرانت فوتبال بازی کردند ؟* |
| دید یُر برادِرز پِلیْ فوتبال ؟ | |

*مثال ب )*

| | |
|---|---|
| *Did we go to school yesterday?* | *آیا ما دیروز به مدرسه رفتیم ؟* |
| دید وی گُ تو اِسْکولْ یِسْتِردِیْ ؟ | |
| *Did I go to school yesterday ?* | *آیا من دیروز به مدرسه رفتم؟* |
| دید آیْ گ تو اِسْکولْ یِسْتِردِیْ؟ | |
| *Did you go to school yesterday?* | *آیا شما دیروز به مدرسه رفتید ؟* |
| دید یو گُ تو اِسْکولْ یِسْتِردِیْ ؟ | |
| *Did you go to school yesterday?* | *آیا تو دیروز به مدرسه رفتی ؟* |
| دید یو گُ تو اِسْکولْ یِسْتِردِیْ؟ | |
| *Did they go to school yesterday?* | *آیا آنها دیروز به مدرسه رفتند ؟* |
| دید دِیْ گُ تو اِسْکولْ یِسْتِردِیْ ؟ | |
| *Did he go to school yesterday?* | *آیا او دیروز به مدرسه رفت ؟* |
| دید هیْ گُ تو اِسْکولْ یِسْتِردِیْ ؟ | |
| *Did Ali go to school yesterday?* | *آیا علی دیروز به مدرسه رفت ؟* |
| دید علی گُ تو اِسْکولْ یِسْتِرْدِیْ ؟ | |
| *Did she go to school yesterday?* | *آیا او دیروز به مدرسه رفت ؟* |
| دید شیْ گُ تو اِسْکولْ یِسْتِردِیْ ؟ | |

*Did Mina go to school yesterday?*     آیا مینا دیروز به مدرسه رفت ؟

دید    مینا    گُ    تو    اِسکولْ    یِسْتِردِیْ ؟

توجه : برای سؤالی کردن گذشته ی ساده از فعل کمکی   did   در اول جمله استفاده می شود

## طرز منفی کردن گذشته ی ساده طبق فرمول

فرمول : فاعل   +   did not   +   فعل ( مصدر بدون to )   +   ...

مثال الف )

*We didn't play football yesterday*     ما دیروز فوتبال بازی نکردیم

وی    دیدِنْتْ    پِلِیْ    فوتبال    یِسْتِردِیْ

*I didn't play football yesterday*     من دیروز فوتبال بازی نکردم

آیْ    دیدِنْتْ    پِلِیْ    فوتبال    یِسْتِردِیْ

*You didn't play football yesterday*     شما دیروز فوتبال بازی نکردید

یو    دیدِنْتْ    پِلِیْ    فوتبال    یِسْتِردِیْ

*You didn't play football yesterday*     تو دیروز فوتبال بازی نکردی

یو    دیدِنْتْ    پِلِیْ    فوتبال    یِسْتِردِیْ

*They didn't play football yesterday*     آنها دیروز فوتبال بازی نکردند

دِیْ    دیدِنْتْ    پِلِیْ    فوتبال    یِسْتِردِیْ

*He didn't play football yesterday*     او دیروز فوتبال بازی نکرد

هی    دیدِنْتْ    پِلِیْ    فوتبال    یِسْتِردِیْ

*Ali didn't play football yesterday*     علی دیروز فوتبال بازی نکرد

علی    دیدِنْتْ    پِلِیْ    فوتبال    یِسْتِردِیْ

*She didn't play football yesterday*     او دیروز فوتبال بازی نکرد

شیْ    دیدِنْتْ    پِلِیْ    فوتبال    یِسْتِردِیْ

*Mina didn't play football yesterday* *مینا دیروز فوتبال بازی نکرد*

مینا دیدِنْتْ پِلِیْ فوتبال یِسْتِردِیْ

*Your brother didn't play football yesterday* *برادرت دیروز فوتبال بازی نکرد*

یُر برادِر دیدِنْتْ پِلِیْ فوتبال یِسْتِردِیْ

*Your brothers didn't play football yesterday* *برادرانت دیروز فوتبال بازی نکردند*

یُر برادِرز دیدِنْتْ پِلِیْ فوتبال یِسْتِردِیْ

*مثال ب )*

*We didn't go to school yesterday* *ما دیروز به مدرسه نرفتیم*

وِیْ دیدِنْتْ گُ تو اِسْکولْ یِسْتِردِیْ

*I didn't go to school yesterday* *من دیروز به مدرسه نرفتم*

آیْ دیدِنْتْ گُ تو اِسْکولْ یِسْتِردِیْ

*You didn't go to school yesterday* *شما دیروز به مدرسه نرفتید*

یو دیدِنْتْ گُ تو اِسْکولْ یِسْتِردِیْ

*You didn't go to school yesterday* *تو دیروز به مدرسه نرفتی*

یو دیدِنْتْ گُ تو اِسْکولْ یِسْتِردِیْ

*They didn't go to school yesterday* *آنها دیروز به مدرسه نرفتند*

دِیْ دیدِنْتْ گُ تو اِسْکولْ یِسْتِردِیْ

*He didn't go to school yesterday* *او دیروز به مدرسه نرفت*

هِیْ دیدِنْتْ گُ تو اِسْکولْ یِسْتِردِیْ

*Ali didn't go to school yesterday* *علی دیروز به مدرسه نرفت*

علی دیدِنْتْ گُ تو اِسْکولْ یِسْتِردِیْ

*She didn't go to school yesterday* *او دیروز به مدرسه نرفت*

شی دیدِنْتْ گُ تو اِسْکولْ یِسْتِردِیْ

*Mina didn't go to school yesterday* *مینا دیروز به مدرسه نرفت*

مینا دیدِنْتْ گُ تو اِسْکولْ یِسْتِردِیْ

توجه: برای منفی کردن گذشته ی ساده از( **did not** دید ناتْ ) یا ( **didn't** دیْدِنْتْ ) استفاده می شود.

## طرز ساخت گذشته ی ساده ی مثبت، طبق فرمول

**فرمول : فاعل + فعل گذشته + ...**

توجه : فعل گذشته به دو شکل ساخته می شود : الف ) اگر فعل با قاعده باشد برای گذشته شدن نیاز به **ed** دارد . مانند :

*We played football yesterday* — *ما دیروز فوتبال بازی کردیم*

وی پِلیْد فوتبال یِسْتِردِیْ

*I played football yesterday* — *من دیروز فوتبال بازی کردم*

آیْ پِلیْد فوتبال یِسْتِردِیْ

*You played football yesterday* — *شما دیروز فوتبال بازی کردید*

یو پِلیْد فوتبال یِسْتِردِیْ

*You played football yesterday* — *تو دیروز فوتبال بازی کردی*

یو پِلیْد فوتبال یِسْتِردِیْ

*They played football yesterday* — *آنها دیروز فوتبال بازی کردند*

دِیْ پِلیْد فوتبال یِسْتِردِیْ

*He played football yesterday* — *او دیروز فوتبال بازی کرد*

هیْ پِلیْد فوتبال یِسْتِردِیْ

*Ali played football yesterday* — *علی دیروز فوتبال بازی کرد*

علی پِلیْد فوتبال یِسْتِردِیْ

*She played football yesterday* — *او دیروز فوتبال بازی کرد*

شی پِلیْد فوتبال یِسْتِردِیْ

*Mina played football yesterday* — *مینا دیروز فوتبال بازی کرد*

مینا پِلیْد فوتبال یِسْتِردِیْ

*Your brother played football yesterday* — *برادرت دیروز فوتبال بازی کرد*

یُر برادِر پِلیْد فوتبال یِسْتِردِیْ

*Your brothers played football yesterday* *برادرانت دیروز فوتبال بازی کردند*

یُر برادِرز پِلِیْد فوتبال یِسْتِردِیْ

ب )اگر فعل بی قاعده باشد برای گذشته شدن، حالت خاصی وجود ندارد و بایــد آن را حفظ کـرد.

مانند **to go** ( تو گُ ) کــه بی قاعده است و گذشته آن می شود **went** ( وِنْتْ ) . مثال :

*We went to school yesterday* *ما دیروز به مدرسه رفتیم*

وی وِنْتْ تو اِسْکولْ یِسْتِردِیْ

*I went to school yesterday* *من دیروز به مدرسه رفتم*

آیْ وِنْتْ تو اِسْکولْ یِسْتِردِیْ

*You went to school yesterday* *شما دیروز به مدرسه رفتید*

یو وِنْتْ تو اِسْکولْ یِسْتِردِیْ

*You went to school yesterday* *تو دیروز به مدرسه رفتی*

یو وِنْتْ تو اِسْکولْ یِسْتِردِیْ

*He went to school yesterday* *او دیروز به مدرسه رفت*

هی وِنْتْ تو اِسْکولْ یِسْتِردِیْ

*Ali went to school yesterday* *علی دیروز به مدرسه رفت*

علی وِنْتْ تو اِسْکولْ یِسْتِردِیْ

*She went to school yesterday* *او دیروز به مدرسه رفت*

شی وِنْتْ تو اِسْکولْ یِسْتِردِیْ

*Mina went to school yesterday* *مینا دیروز به مدرسه رفت*

مینا وِنْتْ تو اِسْکولْ یِسْتِردِیْ

*Your brother went to school yesterday* *برادرت دیروز به مدرسه رفت*

یُر برادِر وِنْتْ تو اِسْکولْ یِسْتِردِیْ

*Your brothers went to school yesterday* *برادرانت دیروز به مدرسه رفتند*

یُر برادِرز وِنْتْ تو اِسْکولْ یِسْتِردِیْ

توجه:هر فعل بی قاعده که گذشته شود، به تنهایی شش معنی دارد . به چند فعل بی قاعده زیر دقت کنید :

| | | |
|---|---|---|
| *to see* | تو سی | *دیدن* |

گذشته آن می شود ( **saw** سا ) به معنای: دیدم ، دیدی ، دید ، دیدیم ، دیدید ، دیدند مثال :

| | | |
|---|---|---|
| ***We saw*** | وی سا | *ما دیدیم* |
| ***I saw*** | آی سا | *من دیدم* |
| ***You saw*** | یو سا | *شما دیدید* |
| ***You saw*** | یو سا | *تو دیدی* |
| ***They saw*** | دِی سا | *آنها دیدند* |
| ***He saw*** | هی سا | *او دید* |
| ***Ali saw*** | علی سا | *علی دید* |
| ***She saw*** | شی سا | *او دید* |
| *to eat* | تو ایت | *خوردن* |

گذشته آن می شود ( **ate** اِیْتْ ) به معنای: خوردم ،خوردی ،خورد ،خوردیم ،خوردید ،خوردند. مثال :

| | | |
|---|---|---|
| ***We ate*** | وی اِیْتْ | *ما خوردیم* |
| ***I ate*** | آی اِیْتْ | *من خوردم* |
| ***You ate*** | یو اِیْتْ | *شما خوردید* |
| ***You ate*** | یو اِیْتْ | *تو خوردی* |
| ***They ate*** | دِی اِیْتْ | *آن ها خوردند* |
| ***He ate*** | هی اِیْتْ | *او خورد* |
| ***Ali ate*** | علی اِیْتْ | *علی خورد* |
| ***Mina ate*** | مینا اِیْتْ | *مینا خورد* |
| ***She ate*** | شی اِیْتْ | *او خورد* |

| | | |
|---|---|---|
| *to come* | تو کامْ | آمدن |

گذشته ی آن می شود ( **came** . کِیْمْ ) به معنای: آمدم ، آمدی ، آمد ،آمدیم ،آمدید ،آمدند. مثال :

| | | |
|---|---|---|
| *We came* | وی کِیْمْ | ما آمدیم |
| *I came* | آی کِیْمْ | من آمدم |
| *You came* | یو کِیْمْ | شما آمدید |
| *You came* | یو کِیْمْ | تو آمدی |
| *They came* | دِی کِیْمْ | آن ها آمدند |
| *He came* | هی کِیْمْ | او آمد |
| *Ali came* | علی کِیْمْ | علی آمد |
| *She came* | شی کِیْمْ | او آمد |

| | | |
|---|---|---|
| *to buy* | تو بایْ | خریدن |

گذشته ی آن می شود ( **bought** . بَوْتْ ) به معنای: خریدم،خریدی،خرید،خریدیم،خریدید،خریدند. مثال:

| | | |
|---|---|---|
| *We bought* | وی بَوْتْ | ما خریدیم |
| *I bought* | آی بَوْتْ | من خریدم |
| *You bought* | یو بَوْتْ | شما خریدید |
| *You bought* | یو بَوْتْ | تو خریدی |
| *They bought* | دِی بَوْتْ | آن ها خریدند |
| *He bought* | هی بَوْتْ | او خرید |
| *Ali bought* | علی بَوْتْ | علی خرید |
| *She bought* | شی بَوْتْ | او خرید |
| *Mina bought* | مینا بَوْتْ | مینا خرید |

توجه 1 : to study ( تو اِسْتادیْ ) به معنای مطالعه کردن، فعل با قاعده است اما در هنگام گرفتن ed چون قبل

از حرف y یک حرف بی صدا وجود دارد، ابتدا y تبدیل به i شده و سپس ed اضافه می شود. مانند:

**We studied English yesterday**

ما دیروز انگلیسی مطالعه کردیم

وی     اِسْتادِیْد     اینْگیلیْش     یِسْتِردیْ

**I studied English yesterday**

من دیروزانگلیسی مطالعه کردم

آی     اِسْتادِیْد     اینْگیلیْش     یِسْتِردیْ

**You studied English yesterday**

شما دیروز انگلیسی مطالعه کردید

یو     اِسْتادِیْد     اینْگیلیْش     یِسْتِردیْ

**You studied English yesterday**

تو دیروز انگلیسی مطالعه کردی

یو     اِسْتادِیْد     اینْگیلیْش     یِسْتِردیْ

**They studied English yesterday**

آن ها دیروز انگلیسی مطالعه کردند

دِی     اِسْتادِیْد     اینْگیلیْش     یِسْتِردیْ

**He studied English yesterday**

او دیروز انگلیسی مطالعه کرد

هی     اِسْتادِیْد     اینْگیلیْش     یِسْتِردیْ

**Ali studied English yesterday**

علی دیروز انگلیسی مطالعه کرد

علی     اِسْتادِیْد     اینْگیلیْش     یِسْتِردیْ

**She studied English yesterday**

او دیروز انگلیسی مطالعه کرد

شی     اِسْتادِیْد     اینْگیلیْش     یِسْتِردیْ

**Mina studied English yesterday**

مینا دیروز انگلیسی مطالعه کرد

مینا     اِسْتادِیْد     اینْگیلیْش     یِسْتِردیْ

توجه 2 : اگر افعال یک بخشی و یا دو بخشی که فشار صوتی روی بخش دوم آن ها باشد به حرف بی صدا ختم شوند و

قبل از آن یک حرف صدادار باشد ، در هنگام اضافه کردن ed حرف بی صدای آخر، دوبار تکرار می شود. مانند:

**stop + ed**     >>>>>>>>>>     **stopped**

توجه: در **stop** حرف **p** بی صدا است و حرف **o** صدا دار است.

توجه 3 : طرز تلفّظ **ed** <<<< **ed** دارای سه صدای / **t**.ت/ یا / **d**. د / یا /**Id**. اِد / می باشد.

الف ) اگر **ed** به صداهای **t** یا **d** برسد در این صورت / **Id** / تلفّظ می شود . مانند

**waited** ( وِیْتِد ) **needed** ( نیْدِد ) **wanted** ( وانْتِد )

توضیح اضافی : چون آخر فعل ما **t** یا **d** است پس در این کلمات **ed** صدای (( اِد )) می دهد .

ب ) توضیح اضافی : اگر آخر فعلِ با قاعده یکی از صداهای (( **Sh** (ش) ، **ch** (چ) ، **p** ، **k** )) باشد در این صورت **ed** صدای / **t**. ت / می دهد . مانند :

**washed** ( واشْتْ ) **watched** ( واچْتْ ) **Helped** ( هِلْپْت )

**Asked** ( اَسْکْتْ ) **walked** ( واکْتْ )

ج ) در غیر دو صورت بالا **ed** صدای / **d** / می دهد . مانند :

**played** ( پلِیْد ) **prayed** ( پرِیْد ) **studied** ( اِسْتادیْد )

## زمان آینده ی ساده

# Simple future tense

عملی را گویند که در زمان آینده انجام خواهد شد . مثال :

*من فردا فوتبال بازی خواهم کرد* آیْ ویْلْ پلِیْ فوتبال تومارُ *I will play football tomorrow*

توجه : **will** ( ویل ) فعل کمکی آینده ی ساده می باشد که به تنهایی شش معنی دارد:

( خواهم ، خواهی ، خواهد ، خواهیم ، خواهید ، خواهند ) ولی باید در جمله بکار برود.

ازعلامت های شناسایی زمان آینده ی ساده عبارات زیر را می توان نام برد:

*فردا* تومارُ *1 ) tomorrow*

*به زودی* سونْ *2 ) soon*

**3 ) next + زمان**

| | | |
|---|---|---|
| *next week* | نِکْسْتْ ویکْ | هفته بعد |
| *next year* | نِکْسْتْ یِرْ | سال آینده |

توجه : **next** ( نِکْسْتْ ) به دو معنای آینده یا بَعد ( بَعدی ) می باشد .

## طرز ساخت زمان آینده ی ساده ی مثبت طبق فرمول

فرمول : فاعل + **will** + فعل + ...

*We will go to school tomorrow* — ما فردا به مدرسه خواهیم رفت

وی ویِلْ گُ تو اِسکولْ تومارُ

*I will go to school tomorrow* — من فردا به مدرسه خواهم رفت

آیْ ویِلْ گُ تو اِسکولْ تومارُ

*You will go to school tomorrow* — شما فردا به مدرسه خواهید رفت

یو ویِلْ گُ تو اِسکولْ تومارُ

*You will go to school tomorrow* — تو فردا به مدرسه خواهی رفت

یو ویِلْ گُ تو اِسکولْ تومارُ

*They will go to school tomorrow* — آن ها فردا به مدرسه خواهند رفت

دِیْ ویِلْ گُ تو اِسکولْ تومارُ

*He will go to school tomorrow* — او فردا به مدرسه خواهد رفت

هیْ ویِلْ گُ تو اِسکولْ تومارُ

*Ali will go to school tomorrow* — علی فردا به مدرسه خواهد رفت

علی ویِلْ گُ تو اِسکولْ تُومارُ

*She will go to school tomorrow* — او فردا به مدرسه خواهد رفت

شیْ ویِلْ گُ تو اِسکولْ تومارُ

*Mina will go to school tomorrow*　　　　مینا فردا به مدرسه خواهد رفت

مینا　　ویلْ　　گئُ　　تو　　اِسکولْ　　تومارُ

توجه: برای مخفف کردن will کافی است که دو حرف اول آن را به  ( آپُستُرُف )  تبدیل کنیم. مانند:

Will = 'll

| | | |
|---|---|---|
| We will = we'll | I will = I'll | you will = you'll |
| they will = they'll | he will = he'll | she will = she'll |
| | It will = It'll | |

## طرز ساخت زمان آینده ی ساده ی سؤالی طبق فرمول

فرمول : will + فاعل + فعل + .... ؟

| | | | | |
|---|---|---|---|---|
| *Will  we go … ?* | ویلْ | وی | گئُ ... ؟ | آیا ما خواهیم رفت ؟ |
| *Will I go  … ?* | ویلْ | آی | گئُ ... ؟ | آیا من خواهم رفت ؟ |
| *Will  you  go  … ?* | ویلْ | یو | گئُ ... ؟ | آیا شما خواهید رفت ؟ |
| *Will  you  go  … ?* | ویلْ | یو | گئُ ... ؟ | آیا تو خواهی رفت ؟ |
| *Will  they  go … ?* | ویلْ | دِی | گئُ ... ؟ | آیا آنها خواهند رفت ؟ |
| *Will  he  go  … ?* | ویلْ | هی | گئُ ... ؟ | آیا او خواهد رفت ؟ |
| *Will  Ali  go  … ?* | ویلْ | علی | گئُ ... ؟ | آیا علی خواهد رفت ؟ |
| *Will  she  go  … ?* | ویلْ | شی | گئُ ... ؟ | آیا او خواهد رفت ؟ |
| *Will  Mina  go  … ?* | ویلْ | مینا | گئُ ... ؟ | آیا مینا خواهد رفت ؟ |

توجه : برای منفی کردن  آینده از فعل کمکی  will  در اول جمله استفاده می کنیم .

## طرز ساخت زمان آینده ی منفی طبق فرمول

فرمول : فاعل +  will not ( یا won't )  + فعل + ...

توجه :  will not  ( ویلْ ناتْ ) =  won't ( وُنْتْ )  می باشد . مثال :

| | | |
|---|---|---|
| ***We won't go*** | وی وُنْتْ گُ | *ما نخواهیم رفت* |
| ***We will not go*** | وی ویِلْ ناتْ گُ | *ما نخواهیم رفت* |
| ***I won't go*** | آیْ وُنْتْ گُ | *من نخواهم رفت* |
| ***I will not go*** | آیْ ویِلْ ناتْ گُ | *من نخواهم رفت* |
| ***You won't go*** | یو وُنْتْ گُ | *شما نخواهید رفت* |
| ***You won't go*** | یو وُنْتْ گُ | *تو نخواهی رفت* |
| ***They won't go*** | دِیْ وُنْتْ گُ | *آن ها نخواهند رفت* |
| ***He won't go*** | هی وُنْتْ گُ | *او نخواهد رفت* |
| ***Ali won't go*** | علی وُنْتْ گُ | *علی نخواهد رفت* |
| ***She won't go*** | شی وُنْتْ گُ | *او نخواهد رفت* |
| ***Mina won't go*** | مینا وُنْتْ گُ | *مینا نخواهد رفت* |

توجه : برای منفی کردن آینده ی ساده از **will not** یا **won't** قبل از فعل استفاده می کنیم .

با معلومات دستوری خود جمله ی زیر را کامل کنید .

***1) I ........... phone the doctor tomorrow.***

توضیح : چون **tomorrow** به معنای فردا ، مخصوص زمان آینده است بنابراین در جای خالی باید **will** بیاوریم .ترجمه : من فردا به دکتر تلفن خواهم کرد. ( اگر بخواهیم جمله را منفی بگوییم باید **won't** بیاوریم )

## زمان حال کامل یا ماضی نَقلی

## Present perfect tense

حال کامل یا ماضی نَقلی بیان کننده ی عملی است که در زمان گذشته انجام شده و اثر آن تا به زمان حال باقی مانده است و شاید این اثر به زمان آینده نیز برسد. مانند :

***I have seen that film before*** — آیْ هَوْ سینْ دَتْ فیلم بیفُرْ

یعنی من قبلاً آن فیلم را دیده ام. یعنی عمل دیدن در زمان گذشته انجام شده است اما اثر آن که به یاد ماندن فیلم است تا کنون باقی مانده وشاید این اثر تا چندین سال دیگر هم باقی بماند، به همین دلیل جمله را به زمان ماضی نقلی بیان کردیم. برای ساختن حال کامل ( ماضی نقلی ) از فرمول زیر استفاده می کنیم.

فرمول حال کامل : فاعل + ( Have - has ) + P.P

| | | |
|---|---|---|
| *I have seen Ali* | آیْ هَوْ سینْ علی | *من علی را دیده ام* |
| *she has seen Ali* | شیْ هَزْ سینْ علی | *او علی را دیده است* |

توجه: P.P یا ( past participle ) همان قسمت سوم فعل می باشد که به آن در زبان فارسی اسم مفعول می گویند.

توجه: برای ساختن اسم مفعول در زبان فارسی کافی است که ( ن ) مصدر را حذف کرده و به جای آن ( ه ) اضافه کنیم. مانند: 1- رفتن >>> رفته 2- دیدن >>> دیده 3- خوردن >>> خورده 4- گفتن >>> گفته اما برای یادگیری اسم مفعول ( p.p ) در زبان انگلیسی باید آنها را حفظ کنید. مانند:

| | | |
|---|---|---|
| seen | سینْ | دیده |
| eaten | ایْتِنْ | خورده |
| gone | گانْ | رفته |
| washed | واشْتْ | شسته |
| played | پلِیْد | بازی کرده |
| visited | ویْزیْتِد | دیده- ملاقات کرده |

توجه مهم: افعال در انگلیسی به دو دسته ی باقاعده و بی قاعده تقسیم می شوند.

افعال باقاعده آنهایی هستند که قسمت دوم ( گذشته ) و قسمت سوم آن ها ( اسم مفعول ) با اضافه کردن ed ساخته می شود، مانند:

## افعال باقاعده

| قسمت سوم | قسمت دوم | قسمت اول |
|---|---|---|
| اسم مفعول | گذشته | حال |
| **played** | **played** | **play** |
| **prayed** | **prayed** | **pray** |
| **worked** | **worked** | **work** |
| **wanted** | **wanted** | **want** |
| **watched** | **watched** | **watch** |
| **washed** | **washed** | **wash** |
| **decided** | **decided** | **decide** |
| **preferred** | **preferred** | **prefer** |

و افعال بی قاعده آنهایی هستند که مانند افعال با قاعده **ed** نمی گیرند و قسمت دوم و قسمت سومشان باید حفظ شوند، مانند:

## افعال بی قاعده

| قسمت سوم | قسمت دوم | قسمت اول |
|---|---|---|
| اسم مفعول | گذشته | حال |
| **seen** سین | **saw** سا | **see** سی |
| دیده | دید | دیدن |
| **come** کام | **came** کِیم | **come** کام |
| آمده | آمد | آمدن |
| **eaten** ایتِن | **ate** ایت | **eat** ایت |
| خورده | خورد | خوردن |
| **gone** گان | **went** وِنت | **go** گُ |
| رفته | رفت | رفتن |

| | | |
|---|---|---|
| sleep اِسليپ | slept اِسلِپت | slept اِسلِپت |
| خوابیدن | خوابید | خوابیده |
| bring بیرینگ | brought بِرَوْتْ | brought بِرَوْتْ |
| آوردن | آورد | آورده |
| bet بِت | bet بِت | bet بِت |
| شرط بستن | شرط بست | شرط بسته |
| build بِیْلْد | built بِلت | built بِلت |
| ساختن | ساخت | ساخته |
| buy بایْ | bought بَوْتْ | bought بَوْتْ |
| خریدن | خرید | خریده |

## طرز سوالی حال کامل

برای سوالی کردن حال کامل کافی است که فعل کمکی (**have** یا **has**) را به اول جمله بیاوریم و آخرِجمله علامت سوال بگذاریم . مانند فرمول:

فرمول سوالی حال کامل : ( have – has ) + فاعل + P.P + ... ?

| | | |
|---|---|---|
| *have you seen Ali ?* | هَوْ یو سِیْنْ علیْ ؟ | *آیا تو علی را دیده ای ؟* |
| *has she seen Ali ?* | هَزْ شیْ سِیْنْ علیْ ؟ | *آیا او علی را دیده است؟* |

## طرز منفی کردن حال کامل:

برای منفی کردن حال کامل کافی است که به فعل کمک **have** یا **has** یک **not** اضافه کنیم، مانند فرمول:

فرمول حال کامل منفی : فاعل + ( have یا has ) not + P.P

*I have not ( haven't ) seen Ali* — *من علی را ندیده ام*

آیْ هَوْ ناتْ ( هَوِنْتْ ) سینْ علی

*She has not ( hasn't ) seen Ali* — *او علی را ندیده است*

شیْ هَزْ ناتْ ( هَزِنْتْ ) سینْ علی

توجه: از علامتهای حال کامل for و since می باشد. اگر عمل انجام شده در زمان مشخصی از گذشته باشد و تا زمان حال ادامه داشته باشد از عبارت since به معنای ( از .... تا حالا ) استفاده می کنیم، مانند:

He has been sick since last night — *او از شب گذشته تا حالا بیمار بوده است*

هی هَزْ بینْ سیکْ سینْس لَسْتْ نآیْتْ

و برای بیان طول زمان از for استفاده می کنیم، مانند:

*I haven't seen Mina for two years* — *من دوسال است که مینا را ندیده ام*

آیْ هَوِنْتْ سینْ مینا فُر تو یِرزْ

توجه: در حال کامل، فعل کمکی has به معنای ( است ) می باشد و فعل کمکی have دارای پنج معنی ( ام – ای – ایم – اید – اند ) است.

## زمان گذشته ی کامل یا ماضی بعید

## Past Perfect Tense

ماضی بعید بیان کننده ی عَملی است که در زمان گذشته، قبل از یک عمل دیگر انجام شده است. ماضی بعید معمولاً به تنهایی در جمله کاربرد ندارد و با یک فعلِ گذشته ی دیگر، بیان می شود و برای رَبط این دو جمله از کلمات ربطیِ زیر استفاده می شود:

**after – before – when – as soon as – by the time**

## گذشته ی کامل طبق فرمول زیر ساخته می شود

فرمول ماضی بعید : فاعل + had + قسمت سوم فعل ( P.P )

**We had seen**

*We had seen* وی هَد سین *ما دیده بودیم*

چند مثال بیشتردر مورد ماضی بعید:

***the man had left when I got there*** *آن مرد رفته بود وقتیکه من به آنجا رسیدم*

دِ مَنْ هَد لِفْتْ **وِنْ** آیْ گاتْ دِر

***The old man had died by the time the doctor arrived***

دِ اُلد مَنْ هَد دآیْد **بآیْ دِ تآیْمْ** دِ داکْترِ اَرآیْوْد

*آن پیر مرد مرده بود زمانیکه دکتر به آنجا رسید*

***She had studied English before she went to the U.S***

شیْ هَد اِسْتادیْد اینْگیلیْشْ **بیفُر** شیْ وِنْتْ تو دِ یو.اِسْ

*او قبل از اینکه به ایالات متحده برود، انگلیسی مطالعه کرده بود*

***They went home after they had finished their homework***

دیْ وِنْتْ هُمْ **اَفْتِر** دیْ هَد فینیْشْتْ دِر هُمْ وُرکْ

*آن ها بعداز اینکه تکالیفشان را نوشتند، به منزل رفتند*

## طرز سوالی کردن ماضی بعید

برای سوالی کردن ماضی بعید کافی است که فعل کمکی **had** را به اول جمله بیاوریم و آخر جمله علامت سوال بگذاریم. مانند فرمول :

فرمول ماضی بعید سوالی : had + فاعل + P.P ( اسم مفعول ) + ... ?

***had you seen the film?*** هَد یو سینْ دِ فیْلمْ ؟ *آیا شما آن فیلم را دیده بودید؟*

## طرز منفی کردن ماضی بعید

برای منفی کردن ماضی بعید کافی است که یک **not** جلوی فعل کمکی **had** بگذاریم، مانند فرمول:

فاعل + **had not ( hadn't ) + P.P** : فرمول ماضی بعید منفی

*I hadn't seen the film before* آیْ هَدِنْتْ سینْ دِ فیلم بیفُرْ من قبلاً آن فیلم را ندیده بودم

توجه: در ماضی بعید، فعل کمکی **had** دارای شش معنیِ ( بودم . بودی . بود. بودیم . بودید . بودند ) می باشد

## نکاتی در مورد ( مصدر بدون to + to be going to )

**to be going to** برای بیان عملی بکار می رود که در زمان آینده با تصمیم و برنامه ریزیِ قبلی ، انجام

خواهد شد. مانند جمله زیر،

*I am going to buy a car* ( یعنی هم پول دارم و هم تصمیم خرید ) من قصد دارم یک ماشین بخرم.

آ اَم گُ اینگْ تو بآی اِ کار

در حقیقت **to be going to = to intend** به معنای قصد داشتن است

*They intend to play football* آن ها قصد دارند فوتبال بازی کنند

دِیْ اینتِنْد تو پِلیْ فوتبالْ

*they are going to play football* آنها قصد دارند فوتبال بازی کنند

دِیْ آر گُ اینگْ تو پِلیْ فوتبالْ

## مبحثِ جملات شَرطی

جملات شرطی انواع گوناگونی دارند که سه نوع مهم آنها عبارتند از:

1- شرطیِ نوع اول: یا شرطیِ حقیقی که مربوط به زمان آینده می شود وامکان انجام آن می باشد.

توجه: هر جمله ی شرطی دو قسمت دارد 1- جمله ی شرط، که با **if** شروع می شود 2- جواب شرط .

در شرطی نوع اول جمله ی شرط به زمان حال ساده و جواب آن به زمان آینده ی ساده می باشد، طبق فرمول :

184

## فرمول شرطی نوع اول : if + زمان حال ساده , زمان آینده ساده .

مانند:

***اگر من یک ماشین بخرم ، به مشهد می روم . ( خواهم رفت )***

ایفْ آیْ بآیْ اِ کار ، آیْ ویْلْ گُ تو مشهد

***If I buy a car, I will go to Mashhad***

توجه داشته باشید که 1- به جای **will** می توانیم از فعلهای کمکی

( **can – must – may – ought to – needn't** ) استفاده کنید.

2- شما می توانید جواب شرط را به اول جمله بیاورید و در اینصورت باید کاما ( , ) را حذف کنید. مانند:

***اگر شما زود بیایید ، ( شما ) می توانید فیلم را تماشا کنید.***

ایفْ یو کامْ اِرلیْ ، یو کَنْ واچ دِ فیلم

***If you come early, you can watch the film.***

***شما می توانید فیلم را تماشا کنید اگر ( شما ) زود بیایید.***

یو کَنْ واچ دِ فیلم ایفْ یو کامْ اِرلیْ

***you can watch the film If you come early.***

***اگر شما پنجره ها را باز کنید، ممکن است که سرما بخورید***

ایفْ یو اُپِنْ دِ ویْنْدُزْ ، یو مِیْ کَچْ کُلْد

***If you open the windows , you may catch cold***

***ممکن است که سرما بخورید اگر شما پنجره ها را باز کنید***

یو مِیْ کَچ کُلْد ایفْ یو اُپِنْ دِ ویْنْدُز

***you may catch cold If you open the windows***

***اگر شما داستان را می دانید ، لازم نیست که آن کتاب را بخوانید***

ایفْ یو نُ دِ اِستُریْ ، یو نیْدِنْتْ ریْد دِ بوکْ

***If you know the story, you needn't read the book***

***لازم نیست که آن کتاب را بخوانید، اگر شما داستان را می دانید***

یو نیدِنْتْ رِیْد دِ بُک (بوکْ) ایْفْ یو نُ دِ اِسْتُریْ

***you needn't read the book If you know the story***

2- شرطی نوع دوم: به شرطی نوع دوم، شرطی غیرمُحتمل وغیرواقعی می گویند، که طبق فرمول زیر ساخته می شود. ( این شرطی مربوط به زمان حال می باشد)

فرمول شرطی نوع دوم : **if** زمان گذشته ی ساده ، آینده در گذشته

توجه: برای ساختن زمان آینده در گذشته ی ساده کافی است که **will** را به **would** تبدیل کنیم . مثال:

***If I studied hard,I would pass the exam***

ایْفْ آیْ اِسْتادیْد هارد ، آیْ وُود پَسْ دِ اِگْزَمْ

***اگر به سختی مطالعه می کردم ، قبول می شدم***

***I would pass the exam If I studied hard***

آیْ وُود پَسْ دِ اِگْزَمْ ایْفْ آیْ اِسْتادیْد هارد

***من قبول می شدم اگر به سختی مطالعه می کردم***

توجه: به جای **would** می توان از فعلهای کمکی **should - could - might** استفاده کرد.مانند:

***If you came early, you could see them***

ایْفْ یو کِیْمْ اِرلیْ ، یو کود سیْ دِمْ

***اگر زود می آمدی ، می توانستی آن ها را ببینی. ( یعنی زود نیامدی و آن ها را نمی توانی ببینی )***

## 3- شرطی نوع سوم:

این شرطی نیز غیر حقیقی می باشد ومربوط به زمان گذشته است و طبق فرمول زیر ساخته می شود.

فرمول شرطی نوع سوم : **If** + ماضی بعید , آینده در گذشته کامل

توجه : برای ساختن زمان آینده در گذشته ی کامل، کافی است که بعد از عبارت **would have** قسمتِ سوم فعل را بیاوریم . مانند:

*If he had invited me, I would have gone there*

ایفْ  هیْ  هَد  اینْوآیتِد  میْ ، آیْ  وُود  هَو  گانْ  دِر

اگر او مرا دعوت کرده بود، به آنجا می رفتم. ( یعنی او مرا دعوت نکرد و من هم به آنجا نرفتم )

# نکاتی در مورد  **can , may , should**

الف ) **can** به معنای توانستن می باشد و فعل کمکی است و بیان کننده ی توانایی انجام کار می باشد و بعد از آن فعل ساده می آید (( مصدر بدون **to** )) . مانند :

**I can swim.**   آیْ  کَنْ  سوایمْ .

من می توانم شنا کنم یعنی من توانایی شنا کردن را دارم، یعنی من شنا بلد هستم .

توجه : برای منفی کردن کافی است یک **not** به **can** اضافه کنیم .

( کَنْتْ )  **can't**   =   ( کَنْ نات ْ )  **can not**

که در این صورت عدم توانایی انجام کار را می رساند . مثال :

**I can't drive.**   آیْ  کَنْتْ  دِرآیوْ .

یعنی من نمی توانم رانندگی کنم، یعنی رانندگی بلد نیستم .

برای سؤالی کردن ، **can** را به اول جمله می آوریم . مانند :

**Can he drive?**   کَنْ  هیْ  دِرآیو ؟   آیا او می تواند رانندگی کند ؟

توجه : **Can I ... ?** به معنای ( آیا من می توانم ... ؟ ) برای اجازه گرفتن نیز بکار می رود یعنی ( آیا اجازه هست من ... ؟ ) مانند مثال های زیر :

**Can I leave the classroom?**   اجازه هست کلاس درس را ترک کنم ؟

کَنْ  آیْ  لیْوْ  دِ  کلَسْ رومْ ؟

**Can I go out?**   کَنْ  آیْ  گُئ  اَوْتْ ؟   اجازه هست بیرون بروم ؟

**Can I help you?**   کَنْ  آیْ  هِلپْ  یو ؟   اجازه هست کمکتان کنم ؟

187

توجه 2 : برای جواب کوتاه دادن به هر جمله ای باید از فعل کمکی آن جمله استفاده کنیم . مانند :

*Can he drive the car?* کَنْ هی دِرآیْو دِ کار ؟ *آیا او می تواند آن ماشین را براند ؟*

*No, he can't.* نُ ، هیْ کَنْتْ *نه او نمی تواند*

*Yes, he can.* یِسْ ، هی کَنْ *بله او می تواند*

توجه : گذشته **can** می شود **could** که برای بیان توانایی انجام کار در زمان گذشته می باشد و **couldn't** بیان کننده ی عَدم توانایی در زمان گذشته است. مانند:

*من حالا می توانم شِنا کنم اَمّا سال گذشته نمی توانستم شنا کنم یعنی سال گذشته توانایی شنا کردن را نداشتم*

آیْ کَنْ سوایْمْ نَوْ باتْ آیْ کودِنْتْ سوایْمْ لَسْتْ یِر

*I can swim now but I couldn't swim last year*

توجه: از عبارت **could** برای اجازه گرفتن در زمان حال نیز استفاده می شود. مانند:

*Could you please open the door* *میشه لطفاً در را باز کنید*

کود یو ( کوج یو ) پِلیْز اُپِنْ دِ دُر

ب ) **may** ( مِیْ ) به معنای ممکن بودن می باشد و فعل کمکی است و برای بیان امکان چیزی بکار می رود و بعد از آن فعل ساده می آید (( مصدر بدون **to** )) . مانند :

*I may see him* آیْ مِیْ سیْ هیْمْ *ممکن است او را ببینم*

*It may rain tonight* ایْتْ مِیْ رِیْنْ تونآیْتْ *ممکن است امشب باران ببارد*

توجه 1 : **it** برای بیان آب و هوا به کار می رود . توجه 2 : **rain** ( رِیْنْ ) به معنای باران و باران باریدن می باشد. توجه 3 : برای منفی کردن کافی است یک **not** به **may** اضافه کنیم . توجه 4 : **may not** حالت مخفف ندارد . مثال :

*It may not rain* ایتْ مِیْ ناتْ رِیْنْ *ممکن نیست باران ببارد*

برای سؤالی کردن **may** را به اول جمله می آوریم . مانند :

*May they come?* مِیْ دِیْ کامْ ؟ *آیا ممکن است آن ها بیایند؟*

*آیا ممکن است او برود ؟* مِیْ هی گ‌ُ ؟ ***May he go?***

توجه 4: مِیْ آیْ ...؟ **? ... May I** به معنای ( آیا ممکن است من ؟ )، برای اجازه گرفتن مؤدبانه نیز به کار می رود و در این صورت به معنای ( آیا اجازه هست من ... ؟ ) می باشد . مانند:

***آیا ممکن است از خودکار شما استفاده کنم؟ ( یعنی آیا اجازه هست از خودکار شما استفاده کنم ؟ )***

مِیْ آیْ یوز یُر پِنْ ؟ ***May I use your pen?***

***اجازه هست بیرون بروم؟*** مِیْ آیْ گ‌ُ اَوْتْ ؟ ***May I go out?***

***اجازه هست کمکتان کنم؟*** مِیْ آیْ هِلپْ یو ؟ ***May I help you?***

توجه 5: برای جواب کو تاه دادن باید از فعل کمکی خود جمله استفاده کنیم . مانند :

***آیا او ممکن است به اینجا بیاید ؟ ( اجازه هست او به اینجا بیاید؟ )*** ***May he come here?***

مِیْ هیْ کامْ هییِر ؟

***بله ، ممکن است. ( بله اجازه دارد )*** یِسْ ، هیْ مِیْ ***Yes,He may.***

***نه ، ممکن نیست. ( نه اجازه ندارد)*** نُ ، هیْ مِیْ ناتْ ***No,He may not.***

توجه: **might** گذشته **may** می باشد.

ج ) **should** ( شود ) به معنای باید می باشد و فعل کمکی است و برای بیان اجبار به کار می رود و بعد از آن، فعل ساده می آید ( مصدر بدون **to** ) . مانند :

***او باید در را باز کند*** هی شود اُپِنْ دِ دُر ***He should open the door?***

***من باید اتاقم را تمیز کنم؟*** آیْ شود کِیلِیْنْ مآیْ رومْ ***I should clean my room***

برای منفی کردن کافی است **not** را به **should** اضافه کنیم .

( شود ناتْ ) **should not** نباید = ( شودِنْتْ ) **shouldn't**

***من نباید به آنجا بروم*** آیْ شودِنْتْ گ‌ُ دِر ***I shouldn't go there***

***او نباید پنجره را باز کند*** ***He shouldn't open the window***

هی شودِنْتْ اُپِنْ دِ ویِنْدُ

برای سؤالی کردن کافی است که**should** را به اول جمله بیاوریم.مانند:

*Should they study English?* — *آیا آنها باید انگلیسی مطالعه کنند ؟*

شود دِیْ اِسْتادیْ اینْگیلیش ؟

*Should you speak Arabic?* — *آیا شما باید عربی صحبت کنید ؟*

شود یو اِسپیکْ اَرَبیکْ ؟

توجه : برای جواب کوتاه دادن باید از فعل کمکی خود جمله استفاده کنیم . مانند :

*Should he swim in this river?* — *آیا او باید در این رودخانه شنا کند*

شود هی سو ای م اینْ دیْسْ ریْوِر ؟

| | | |
|---|---|---|
| *Yes, he should.* | یِسْ ، هیْ شود . | *بله او باید شنا کند* |
| *No, he shouldn't.* | نُ ، هیْ شودِنْتْ . | *نه او نباید شنا کند* |

## مبحث ضمایر مفعولی

ضمایر مفعولی بعد از فعل می آیند و عبارتند از :

| | | |
|---|---|---|
| *us* | آس | *ما را ، به ما* |
| *me* | می | *من را ، به من* |
| *you* | یو | *شما را ، به شما* |
| *you* | یو | *تورا ، به تو* |
| *them* | دِم | *آن ها را ، به آن ها* |
| *him* | هیم | *او را، به او (مخصوص مذکر)* |
| *her* | هِر | *او را، به او ( مخصوص مؤنث )* |
| *it* | ایت | *آن را ، به آن* |

مانند مثال های زیر :

| | | |
|---|---|---|
| *I saw them* | آیْ سا دِمْ | *من آن ها را دیدم* |
| *I saw him* | آیْ سا هیمْ | *من او را دیدم* |
| *I saw you* | آیْ سا یو | *من تو را دیدم* |
| *I saw it* | آیْ سا ایتْ | *من آن را دیدم* |
| *They saw me* | دِیْ سا می | *آن ها مرا دیدند* |
| *They saw us* | دِیْ سا آسْ | *آن ها ما را دیدند* |
| *Give them a ball* | گیوْ دِمْ اِ بالْ | *به آن ها یک توپ بدهید* |
| *Give her a cup* | گیوْ هِر اِ کاپْ | *به او یک فنجان بدهید* |
| *Give me a pen* | گیوْ می اِ پِنْ | *به من یک خودکار بدهید* |

توجه : ضمیر کلمه ای است که به جای اسم می آید . اگر اسم، مفعول باشد می توانیم به جای آن اسم، از ضمیر مفعولی استفاده کنیم .

توجه 1 : اگر مفعول یکی و مذکر باشد ، آن را تبدیل به ضمیرِ مفعولیِ **him** می کنیم . مانند :

| | | |
|---|---|---|
| *I saw Ali* | آیْ سا علی | *علی را دیدم* |
| *I saw him* | آیْ سا هیمْ | *او را دیدم* |
| *I saw your brother* | آیْ سا یُر برادِر | *من برادرت را دیدم* |
| *I saw him* | آیْ سا هیمْ | *من او را دیدم* |

توجه 2 : اگر مفعول یکی و مؤنث باشد ، آن را تبدیل به ضمیرِ مفعولیِ **her** می کنیم . مانند :

| | | |
|---|---|---|
| *I saw Mina* | آیْ سا مینا | *من مینا را دیدم* |
| *I saw her* | آیْ سا هِر | *من او را دیدم* |

| | | |
|---|---|---|
| *I saw your sister* | آیْ سا یُر سیسْتِر | *من خواهرت را دیدم* |
| *I saw her* | آیْ سا هِر | *من اورا دیدم* |

توجه 3 : اگر مفعول بیشتر از یکی باشد چه مذکر،چه مؤنث ، آن را تبدیل به ضمیر مفعولی **them** می کنیم.

مانند :

| | | |
|---|---|---|
| *I saw Ali and Mina* | آیْ سا علی آنْد مینا | *من علی و مینا را دیدم* |
| *I saw them* | آیْ سا دِمْ | *من آن ها را دیدم* |
| *I saw your brothers* | آیْ سا یُر برادِرز | *من برادرانت را دیدم* |
| *I saw them* | آیْ سا دِمْ | *من آن ها را دیدم* |
| *I saw your sisters* | آیْ سا یُر سیسْتِرز | *من خواهرانت را دیدم* |
| *I saw them* | آیْ سا دِمْ | *من آن ها را دیدم* |

## جدول مقایسه

| ضَمایر مفعولی بعد از فعل | صفات مِلکی قبل از اسم | ضَمایر فاعلی قبل از فعل |
|---|---|---|
| مارا ، به ما = **us** | مان = **our** = مال ما | ما = **we** |
| من را ، به من = **me** | م = **my** = مال من | من = **I** |
| شما را ، به شما = **you** | تان = **your** = مال شما | شما = **you** |
| تو را ، به تو = **you** | ت = **your** = مال تو | تو = **you** |
| آنها را ، به آنها = **them** | شان = **their** = مال آنها | آنها = **they** |
| او را ، به او (مذکر) = **him** | ش = **his** = مال او (مذکر) | او (مذکر) = **he** |
| او را ، به او (مؤنث) = **her** | ش = **her** = مال او (مؤنث) | او (مؤنث) = **she** |
| آن را ، به آن (حیوان و اشیاء) = **it** | ش = **its** = مال آن (حیوان و اشیاء) | آن (حیوان و اشیاء) = **it** |

| مفعول | فعل | فاعل | مثال : |
|---|---|---|---|
| them ( دِم ) | saw ( سا ) | I ( آیْ ) | |
| آن ها را | دیدم | من | |

توجه 1 : صفات ملکی به همراه اسم می آیند و بدون اسم ، بی معنا و مفهوم می باشند .

توجه 2 : صفت ملکی به همراه اسم ، می تواند فاعل یا مفعول جمله باشد . مانند :

*My brother saw your father*  مآیْ برادِر سا یُر فادِر  برادرم ، پدرت را دید

*His sister gave my mother a cup of tea*  خواهرش یک فنجان چای به مادرم داد

هیز سیسْتِر گِیْوْ مآیْ مادِر اِ کاپْ آوْ تیْ

<u>مبحث ضمایر ملکی</u>

# Possessive pronouns

ضمیر ملکی به جای اسم و صفت ملکی می آید . چون به جای اسم می آید به آن ضمیر می گویند و چون

مالکیت را می رساند به آن ملکی می گویند. ضمایر ملکی عبارتند از:

| ours | اَوْرز | مال ما - برای ما |
|---|---|---|
| mine | مآیْنْ | مال من - برای من |
| yours | یُرز | مال شما - برای شما |
| yours | یُرز | مال تو - برای تو |
| theirs | دِرز | مال آن ها - برای آن ها |
| his | هیزْ | مال او - برای او ( مذکر ) |
| hers | هِرز | مال او - برای او ( مونث ) |
| its | ایتْسْ | مال آن - برای آن ( غیرانسان ) |

به چند مثال زیر دقت کنید:

193

| | | | | |
|---|---|---|---|---|
| *This is my car* | = | *this car is mine* | = | *this is mine* |
| دیسْ ایزْ مآیْ کار | = | دیسْ کار ایزْ مآینْ | = | دیسْ ایزْ مآینْ |
| *این ماشینِ من است* | = | *این ماشین مالِ من است* | = | *این مالِ من است* |

| | | |
|---|---|---|
| *Is that your bag?* | ایز دَتْ یُر بَگْ ؟ | *آیا آن کیف تو است؟* |
| *No. it's hers* | نُ. ایْتْسْ هِرز | *نه. آن مال او ( مؤنث ) است* |

## مبحث ضمایرِ انعکاسی

# Reflexive pronouns

اگر فاعل و مفعول جمله یکی باشد در این صورت به جای مفعول جمله، از ضمیرِ انعکاسی استفاده می کنیم .

ضمایر انعکاسی عبارتند از:

| | | |
|---|---|---|
| ***ourselves*** | آوْر سِلْوْز | *خودمان را* |
| ***myself*** | مآیْ سِلْفْ | *خودم را* |
| ***yourselves*** | یُر سِلْوْز | *خودتان را* |
| ***yourself*** | یُر سِلْف | *خودت را* |
| ***themselves*** | دِمْ سِلْوْز | *خودشان را* |
| ***himself*** | هیمْ سِلْفْ | *خودش را ( مذکر )* |
| ***herself*** | هِر سِلْفْ | *خودش را ( مونث )* |
| ***itself*** | ایْتْ سِلْفْ | *خودش را ( غیر انسان )* |

به مثالهای زیر دقت کنید:

***He saw himself in the mirror***　　*او خودش را در آیینه دید*

هیْ سا هیمْ سِلْفْ اینْ دِ میْرِر

***The girl burnt herself badly***　　*آن دختر بَد جوری خودش را سوزاند*

دِ گِرلْ بِرنتْ هِر سِلف بَدلیْ

## مبحث ضمایر تأکیدی

## Emphasizing Pronouns

ضمایر تاکیدی به دو دسته ی تاکیدِ فاعلی و تاکیدِ مفعولی تقسیم می شوند و از نظر شکلی مانند ضمایرِ انعکاسی می باشند اما در جمله کاربرد آن ها فرق دارد، برای مثال ضمیر تاکیدی فاعلی بعد از فاعل می آید، مانند:

*I myself saw them* — آیْ مآیْ سِلْفْ سا دِمْ — *من خودم آن ها را دیدم*

و ضمیر تاکیدی مفعولی بعد از مفعول می آید، مانند:

*I gave the wallet to the man himself* — *من کیف پول را به خودِ آن مرد دادم*

آیْ گِیْوْ دِ والتْ تو دِ منْ هیْمْ سِلْفْ

توجه: اگر این ضمایر بعد از حرف **by** بیایند، معنای به تنهایی می دهند، مانند:

*You can't do it by yourself* — *شما نمی توانید آن ( کار ) را به تنهایی انجام دهید*

یو کَنْتْ دو ایتْ بآیْ یُر سِلْفْ

*My sister likes to study by herself* — *خواهرم دوست دارد به تنهایی مطالعه کند*

مآیْ سیسْتِر لآیْکْسْ تو اِسْتادیْ بآیْ هِر سِلْفْ

## مبحث قیدهای تکرار ( قیود تکرار )

بعضی از قیدهای تکرار عبارتند از :

| | | |
|---|---|---|
| *1 ) always* | اُلْ وِیْزْ | *همیشه* |
| *2 ) often* | آفِنْ | *اغلب* |
| *3 ) usually* | یوژْوالِیْ | *معمولاً* |
| *4 ) some times* | سامْ تآیْمْزْ | *گاهی اوقات* |
| *5) never* | نِوِر | *هرگز* |
| *6) seldom* | سِلْ دِمْ | *به ندرت* |

*7) rarely* — رِرلیْ — *به ندرت*

*8) generally* — جِنِرالیْ — *معمولاً*

قید تکرار بیان کننده ی تکرار فعل، می باشد. مثلاً اگر عمل انجام شده همیشگی و صد درصد باشد، از قید تکرار **always** استفاده می کنیم . مانند:

*I am always at home on Fridays* — *من همیشه جمعه ها در منزل هستم*

آیْ اَمْ اُلْ وِیْز اَتْ هُم آنْ فِرآیْ دِیْز

و اگر تکرار فعل به صفر برسد از **never** استفاده می کنیم .

توجه : **never** به معنای هرگز می باشد ، در جملات مثبت می آید و معنای جمله را منفی می کند . مانند:

*He is never at home on Fridays* — *او هرگز جمعه ها در منزل نیست*

هی ایزْ نِور اَتْ هُمْ آنْ فِرآیْ دِیْز

## جایگاه قیدهای تکرار

قیدهای تکرار دو جایگاه دارند :

1 ) بعد از **to be** یعنی بعداز ( **am , is ,are ، was ، were** ) می آیند . مانند :

*He is always here at ten* — *او همیشه ساعت 10 اینجا است*

هی ایزْ اُلْ وِیْز هیِیر اَتْ تِنْ

*They are often there on Sundays* — *آنها اغلب یکشنبه ها آنجا هستند*

دِیْ آر آفِنْ دِر آنْ سانْدِیْز

2 ) قبل از فعل اَصلی (( یعنی بعداز فاعل )) . مانند :

*They always study English* — *آن ها همیشه انگلیسی مطالعه می کنند*

دِیْ اُلْ وِیْز اِستادیْ اینْگیلیشْ

*He never comes here on Mondays* — *او هرگز دوشنبه ها به اینجا نمی آید*

هیْ نِور کامز هیِیر آنْ مانْدِیْز

## مبحث مالکیت of و `s

برای بیان مالکیت برای غیر انسان از of استفاده می شود .

در انگلیسی ( در ) می شود **the door** وکلاس می شود **the class** اگر بخواهیم بگوییم ( درِ کلاس ) یعنی دَری که مُتعلق به کلاس است، باید به جای کسره مالکیت از of استفاده کنیم . مانند :

| | | |
|---|---|---|
| *the door of the class* | دِ دُر آوْ دِ کِلَسْ | *درِ کلاس* |
| *the door of the car* | دِ دُر آوْ دِ کار | *درِ ماشین* |
| *the door of the house* | دِ دُر آوْ دِ هَوْسْ | *درِ خانه* |
| *the roof of the house* | دِ روفْ آوْ دِ هَوْسْ | *پشت بامِ خانه* |
| *the windows of the house* | دِ وِیْنْدُز آوْ دِ هَوْسْ | *پنجره های خانه* |
| *the legs of the table* | دِ لِگز آوْ دِ تِیْبِلْ | *پایه های میز* |
| *the wheels of the bicycle* | دِ وِیلْز آوْ دِ بآیْسِیْکِلْ | *چرخ های دوچرخه* |

توجه: of را از سَمت چپ، ترجمه می کنیم .

برای بیان مالکیت برای انسان از `s استفاده می شود .

`s همان کسره ی مالکیت برای انسان می باشد . مثال :

| | | |
|---|---|---|
| *Ali's book* | علیْز بُک ( بوکْ ) | *کتابِ علی* |
| *Ali's father* | علیْز فادِر | *پدرِعلی* |
| *My uncle* | مآیْ آنْکِلْ | *عَمویم* |
| *My father's brother* | مآیْ فادِرز برادِر | *برادرِ پدرم* |
| *My aunt* | مآیْ آنْتْ | *عمه ام* |
| *My father's sister* | مآیْ فادِرز سیسْتِر | *خواهرِ پدرم* |
| *My uncle* | مآیْ آنْکِلْ | *دایی ام* |

*My mother's brother*     مآیْ مادِرز بِرادِر     برادرِ مادرم

*My aunt*     مآیْ اَنْت     خاله ام

*My mother's sister*     مآیْ مادِرز سیسْتِر     خواهرِ مادرم

توجه 1 : ` s را از سمت راست ترجمه می کنیم . مثال : ·

*Mina's car*     میناز کار     ماشینِ مینا

توجه 2 : قبل از of غیر انسان می آید .     توجه 3 : قبل از ` s انسان می آید . مثال :

*the wheels of Ali's bicycle are big*     چرخ های دوچرخه ی علی، بزرگ هستند

دِ ویلْز آوْ علیز بآیْسیکِلْ آر بیْگْ

*The colour of Mina's car is brown*     رنگِ ماشینِ مینا، قهوه ای است

دِ کالِر آوْ مینا کار ایز بِرَوْنْ

## طرز قرار گیری کلمات در جملات انگلیسی در حالت کلّی

| فاعل | فعل | مفعول | قید مکان | قید زمان |
|---|---|---|---|---|
| 1 | 2 | 3 | 4 | 5 |
| I | saw | him | in the park | yesterday |
| آیْ | سا | هیمْ | این دِ پارکْ | یِسْتِردیْ |
| من | دیدم | او را | در پارک | دیروز |

توجه :

فاعل : کننده ی کار را می گویند . ( من = I )

فعل : عمل انجام شده است . ( دیدم = saw )

مفعول:کسی یا چیزی که کار، روی آن انجام می شود. ( اورا = him )

مکان: محلی که فعل در آن جا انجام می شود. ( درپارک = in the park )

زمان : زمانی که فعل انجام می شود . ( دیروز = yesterday )

198

توجه 1 : این فرمول فقط برای حالت مثبت می باشد .

توجه 2 : بین فعل و زمان رابطه ی مستقیم برقرار است یعنی اگر فعل آینده باشد، زمان هم باید آینده باشد و به همین ترتیب . مانند : زمان آینده >>>>>>>> <<<<<<< فعل آینده

*I will see him in the park tomorrow.*

من فردا او را در پارک خواهم دید    آیْ ویلْ سیْ هیمْ اینْ دِ پارکْ تومارُ

زمان حال <<<<<<< >>>>>> فعل حال

*I see him in the park every day*

من هرروز او را در پارک می بینم    آیْ سیْ هیمْ اینْ دِ پارکْ اِوْریْدِیْ

زمان گذشته <<<<< >>>>> فعل گذشته

*I saw him in the park last night*

من شب گذشته او را در پارک دیدم    آیْ سا هیمْ اینْ دِ پارکْ لَستْ نآیْتْ

## مبحث قید حالت

قید حالت بیان کننده چگونگی و حالت فعل می باشد .

## طرز ساخت قید حالت :

الف : اگر به بعضی از صفت ها ly اضافه کنیم آنها را به قید حالت تبدیل کرده ایم . مانند :

| صفت | | قید حالت | |
|---|---|---|---|
| *bad* | بد | *badly* | به بدی |
| *quick* | سریع ، تند | *quickly* | به تندی ، به سرعت |
| *rapid* | سریع ، تند | *rapidly* | به تندی ، به سرعت |
| *careful* | با دقت | *carefully* | به دقت |
| *careless* | بی دقت | *carelessly* | با بی دقتی |

| | | | |
|---|---|---|---|
| beautiful | زیبا | beautifully | به زیبایی |
| slow | آرام ، کند ، آهسته | slowly | به آرامی |
| easy | آسان | easily | به آسانی |

ب : چند قید حالت بی قاعده که باید حفظ شوند .

| صفت | | قید حالت | |
|---|---|---|---|
| good | خوب | well | به خوبی |
| fast | سریع | fast | به سرعت |
| hard | سخت | hard | به سختی |

## جایگاه قید حالت

قیدهای حالت، بعد از مفعول می آیند و اگر در جمله مفعول نداشتیم، قید حالت را بعد از فعل می آوریم مانند :

He can speak English quickly — او می تواند به سرعت انگلیسی صحبت کند

هی کَنْ اِسْپیکْ اینْگیلیشْ کوایْکْلیْ

she can speak English fast — او می تواند به سرعت انگلیسی صحبت کند

شی کَنْ اِسْپیکْ اینْگیلیشْ فَسْتْ

A careful driver drives carefully — یک راننده با دقت ، به دقت رانندگی می کند

اِ کِرفولْ دِرآیْوِر دِرآیْوْز کِرْفولیْ

He swims slowly — اوبه کندی شنا می کند — هی سو ایمْزْ اِسْلُلیْ

A fast runner runs fast — یک دونده سریع، به سرعت می دود — اِ فَستْ رآنِر رآنْزْ فَستْ

توجه : در هنگام اضافه کردن ly به صفت easy باید y را به I تبدیل کنیم .

easy + ly >>>>>>>>>> ( ایْزیْلیْ ) easily

He speaks Arabic easily — اوبه آسانی عربی صحبت می کند

هی اِسْپیکْس اَرَبیکْ ایزیْلیْ

صفتهای زیر نیز مانند **easy** می باشند.

| | | |
|---|---|---|
| *happy* | هَپیْ | شاد |
| *pretty* | پِرتیْ | زیبا |
| *Heavy* | هِویْ | سنگین |
| *busy* | بیْزیْ | گرفتار |

## مبحث صفت

صفت در زبان انگلیسی قبل از اسم می آید و در مورد آن اسم توضیح می دهد و اسم را بیان می کند .

توجه : هر چیزی که به اسم نسبت داده می شود، صفت است . مانند:

| | | |
|---|---|---|
| *short* | شُرتْ | کوتاه - قد کوتاه |
| *thin* | ثیْنْ | لاغر |
| *tall* | تالْ | بلند - قد بلند |
| *fat* | فَتْ | چاق |
| *bad* | بَد | بد |
| *good* | گود | خوب |
| *white* | وآیْتْ | سفید |
| *black* | بلَکْ | سیاه |

مانند

| | | |
|---|---|---|
| *a fat boy* | اِ فَتْ بُیْ | یه پسر چاق |
| *a white shirt* | اِ وآیْتْ شِرتْ | یه پیراهن سفید |

جایگاه صفت : صفت دو جایگاه دارد : 1 ) قبل از اسم

2 ) بعد از فعل های ربطی که **to be** یکی از آن ها می باشد. مانند :

## صفت قبل از اسم

| | | |
|---|---|---|
| *He is a tall boy* | هیْ ایزْ اِ تالْ بُیْ | او پسر بلند قدی است |
| *Ali is a good driver* | علی ایزْ اِ گود درآیْوِر | علی یک راننده ی خوب است |

## صفت بعد از to be

| | | |
|---|---|---|
| *He is tall* | هی ایزْ تالْ | او بلند قد است |

## صفت بعد از فعل رَبطی

| | | |
|---|---|---|
| *The soup tastes nice* | دِ سوپْ تِیْسْتْس نآیْسْ | مَزه ی سوپ خوب است |
| *You look tired* | یو لوکْ تآیِرْد | شما خسته به نظر می رسید |
| *She got bored* | شیْ گاتْ بُرْد | او خسته شد |
| *I feel fine now* | آیْ فیْلْ فآیْنْ نَوْ | حالا حالم خوب است |
| *It smells great* | ایْتْ اِسْمِلْزْ گرِیْتْ | بوی آن عالی است |

## مبحث اسم فاعل

اسم فاعل از فعل ساخته می شود و بیان کننده ی عَملِ فعل می باشد .

طرز ساخت اسم فاعل : بعضی از فعل ها + **er** = اسم فاعل

مانند:

| | | |
|---|---|---|
| *speaker* | اِسپیْکِر | سُخنگو ، سُخنران ، بُلند گو |

| | | |
|---|---|---|
| *teacher* | تیچِر | معلم |
| *swimmer* | سوایمِر | شناگر |
| *runner* | رانِر | دونده |
| *player* | پِلیِر | بازی کن |
| *writer* | رآیْتِر | نویسنده |
| *driver* | دِرآیْوِر | راننده |

*مثال :*

| | | |
|---|---|---|
| *He is a swimmer* | هی ایزْ اِ سوایمِر | *او یک شناگر است* |
| *Ali is a runner* | علی ایزْ اِ رانِر | *علی یک دونده است* |

## مبحث اسامی قابل شمارش و غیر قابل شمارش

اسامی قابل شمارش : آن هایی را گویند که هم حالت مفرد دارند و هم حالت جمع . مانند :

| | | | |
|---|---|---|---|
| *pen* | پِنْ | ( مفرد ) | خودکار |
| *pens* | پِنْز | ( جمع ) | خودکارها |
| *book* | بُک ( بوکْ ) | | کتاب |
| *books* | بُکس ( بوکْسْ ) | | کتاب ها |
| *man* | مَنْ | | مرد |
| *men* | مِنْ | | مردها |
| *woman* | وُمِنْ | | زن |
| *women* | وِمِنْ | | زن ها |
| *country* | کانْتِریْ | | کشور |
| *countries* | کانْتِریْزْ | | کشورها |
| *city* | سِیْتیْ | | شهر |

| | | |
|---|---|---|
| *cities* | سِیتیزْ | شهرها |
| *box* | باکْسْ | جعبه |
| *boxes* | باکْسِزْ | جعبه ها |
| *glass* | گِلَسْ | لیوان |
| *glasses* | گِلَسِزْ | لیوان ها |
| *dress* | دِرِسْ | لباس زنانه |
| *dresses* | دِرِسِزْ | لباس های زنانه |
| *bus* | بآسْ | اتوبوس |
| *buses* | بآسِزْ | اتوبوس ها |
| *watch* | وآچ | ساعت مُچی |
| *watches* | وآچِزْ | ساعت های مُچی |

اسامی غیر قابل شمارش : آنهایی را می گویند که فقط حالت مفرد دارند و هرگز جمع بسته نمی شوند . مانند :

| | | |
|---|---|---|
| *water* | واتِر | آب |
| *milk* | مِلک ( میلکْ ) | شیر |
| *tea* | تیْ | چای |
| *coffee* | کافیْ | قهوه |
| *sugar* | شوگِر | شکر |
| *rice* | رآیْسْ | برِنج |
| *meat* | میْتْ | گوشت |
| *bread* | برِد | نان |
| *cheese* | چیْزْ | پنیر |
| *butter* | بآتِر | کَره |

## طرز استفاده از ( مآچ ) much , ( الیْتلْ ) a little

**a little** به معنای مقدار کم امّا در حدّ مثبت می باشد و همیشه با اسامیِ غیرقابل شمارش به کار می رود.مانند:

***There is a little bread on the plate***

دِر ایزْ اِ لیْتِلْ بِرِد آنْ دِ پِلیْتْ

***مقدار کمی نان ( اما در حد کافی ) بر روی بشقاب وجود دارد***

**much** به معنای مقدارِ زیادی می باشد و با اسامیِ غیرقابل شمارش به کار می رود . مانند :

***There is much bread on the plate*** ***مقدار زیادی نان برروی بشقاب هست***

دِر ایزْ ماچ بِرِد آنْ دِ پِلیْتْ

## طرز استفاده از ( اِفیْیو ) a few , many ( مِنیْ )

**a few** به معنای تعداد کمی اما در حد مثبت می باشد و همیشه با اسامی جمع بکار می رود . مانند :

***There are a few books on the table*** ***تعداد کمی کتاب روی میز وجود دارد***

دِر آر اِفیْیو بُکس ( بوکسْ ) آنْ دِ تِیْبِلْ

**many** به معنای تعداد زیادی می باشد و همیشه با اسامی جمع بکار می رود . مانند :

***There are many cars in the street*** ***در خیابان تعدادِ زیادی ماشین وجود دارد***

دِر آر مِنیْ کارز این دِ اِسْتیریْتْ

## مبحث سؤالی با کلمات پُرسشی

## طرز سؤالی با (( How much هآوْماچْ ))

(( **How much** )) به معنای چه مقداری یا چقدر می باشد که بعد از آن اسم غیرقابل شمارش می آید و سپس جمله ی سؤالی . مانند فرمول :

**How much + اسم غیرقابل شمارش + جمله ی پرسشی ...?**

مثال :

*How much milk is there in the cup?*　　*در فنجان چقدر شیر وجود دارد ؟*

هآوْ ماچ مِلک ( میلک ) ایز دِر این دِ کاپ ؟

*How much money do you need?*　　*شما چقدر پول نیاز دارید ؟*

هآوْ ماچ مانیْ دو یو نید ؟

## طرز سؤالي با (( هآوْ مِنيْ How many ))

( How many ) به معنای چه تعدادی یا چندتا می باشد که بعد از آن اسم جمع می آید و سپس جمله ی سؤالی مانند فرمول زیر:

**How many + اسم جمع + جمله ی پُرسشی ... ?**

*How many books are there in the library ?*　　*در آن کتابخانه چندتا کتاب وجود دارد ؟*

هآوْ مِنیْ بُکس ( بوکْسْ ) آر دِر اینْ دِ لآیبْرِریْ

*How many pens do you have ?*　　*شما چندتا خودکار دارید ؟*

هآوْ مِنیْ پِنْز دو یو هَوْ ؟

## کلمه ی پرسشی (( هو who ))

( who ) به معنای چه کسی یا چه کسانی می باشد و مخصوص سؤالی کردن فاعل انسانی می باشد .

مراحل سؤالی با who :

1 ) who را به اول جمله می آوریم .

2 ) فاعل جمله را حذف کرده و مابقی جمله را می نویسیم . مانند :

*He plays football well in the park every day*

هیْ پِلیْز فوتبال وِلْ اینْ دِ پارکْ اِوْریْ دِیْ

*او هرروز در پارک به خوبی فوتبال بازی می کند*

*Who plays football well in the park every day?*

هو پِلیْز فوتبال وِلْ اینْ دِ پارکْ اِوْریْ دِیْ؟

*چه کسی هرروز در پارک به خوبی فوتبال بازی می کند ؟*

## کلمه ی پرسشیِ (( واتْ what ))

( واتْ **what** ) به معنای چه، چی یا چه چیزی را ، می باشد و مخصوص سؤالی کردن مفعول غیر انسانی است.

مراحل سؤالی با **what** :

1 ) **what** را به اول جمله می آوریم . 2 ) مفعول جمله را حذف می کنیم .

3 ) جمله را به شکل سؤالی می نویسیم . مانند :

*He plays football well in the park every day*

هیْ پِلیْز **فوتبال** وِلْ اینْ دِ پارکْ اِوْریْ دِیْ

*او هرروز در پارک به خوبی فوتبال بازی می کند*

*What does he play well in the park every day?*

وآتْ داز هیْ پِلیْ وِلْ اینْ دِ پارکْ اِوْریْ دِیْ ؟

*او هرروز در پارک چی را به خوبی بازی می کند ؟*

## کلمه ی پرسشی (( هآوْ How ))

( هآوْ **How** ) به معنای چطور یا چگونه می باشد و برای سؤالی کردنِ چگونگی و حالت فعل بکار می رود ، مثلاً برای سؤالی کردنِ قیدِ حالت از **How** استفاده می کنیم .

مراحل سؤالی با **How** :

1) **How** را به اول جمله می آوریم .

2 ) قید حالت را حذف می کنیم .

3 ) جمله را به شکل سؤالی می نویسیم . مانند :

***He plays football well in the park every day***

هیْ پِلیْز فوتبال وِلْ اینْ دِ پارکْ اِوْریْ دِیْ

***او هرروز در پارک به خوبی فوتبال بازی می کند***

***How does he play football in the park every day?***

هآوْ داز هیْ پِلیْ فوتبال اینْ دِ پارکْ اِوْریْ دِیْ ؟

***او هرروز در پارک، چگونه فوتبال بازی می کند ؟***

## کلمه ی پرسشی (( وِر where ))

( وِر **where** ) به معنای کجا می باشد و مخصوصِ سؤالی کردنِ مکان جمله است .

مراحل سؤالی با **where**:

1 ) **where** را به اول جمله می آوریم . 2 ) مکان جمله را حذف می کنیم .

3 ) جمله را به شکل سؤالی می نویسیم . مانند :

***او هرروز در پارک به خوبی فوتبال بازی می کند***

هیْ پِلیْز فوتبال وِلْ اینْ دِ پارکْ اِوْریْ دِیْ

***He plays football well in the park every day***

***او هرروز در کجا به خوبی فوتبال بازی می کند ؟***

وِر داز هیْ پِلیْ فوتبال وِلْ اِوْریْ دِیْ ؟

***Where does he play football well every day?***

## کلمه ی پرسشی (( وِنْ when ))

( وِنْ **when** ) به معنای چه موقع یا کِیْ ،مخصوص سؤالی کردن زمان جمله است .

مراحل سؤالی با **when**:

1 ) **when** را به اول جمله می آوریم . 2 ) زمان جمله را حذف می کنیم .

3 ) جمله را به شکل سؤالی می نویسیم . مانند :

*او هرروز در پارک به خوبی فوتبال بازی می کند*

هیْ پِلیْز فوتبال وِلْ اینْ دِ پارکْ اِوْریْ دِیْ

***He plays football well in the park every day***

*او چه موقع در پارک به خوبی فوتبال بازی می کند ؟*

وِنْ داز هیْ پِلِیْ فوتبال وِلْ اینْ دِ پارکْ ؟

***When does he play football well in the park?***

## کلمه ی پرسشی (( وآیْ why ))

( وآیْ **why** ) به معنای چرا ،مخصوص پرسیدن علت و دلیل می باشد.

مراحل سؤالی با **why** :

1 ) **why** را به اول جمله می آوریم . 2 ) علت و دلیل را حذف می کنیم .

3 ) جمله را به شکل سوالی می نویسیم . مانند :

***They took a bus because it was cheap***

*آن ها اتوبوس گرفتند ( سوار شدن ) چون ( زیرا ) آن آرزان بود*

دِیْ تُک ( توکْ ) اِ باسْ بیْکاز ایتْ واز چیْپْ

***Why did they take a bus?*** *چرا آن ها اتوبوس سوار شدند ؟*

وآی دید دِیْ تِیْکْ اِ بآسْ ؟

## کلمه ی پرسشی (( هوز whose ))

( هوز **whose** ) به معنای مال چه کسی یا برای چه کسی،مخصوص سؤالی کردن مالکیت برای اشخاص

می باشد. مراحل سؤالی با **whose**:

1 ) **whose** را به اول جمله می آوریم . 2 ) اسمی که به همراه s` مالکیت است را حذف می کنیم .

3 ) جمله را به شکل سؤالی می نویسیم . ( توجه : اگر اسمی که s` مالکیت دارد به همراه اسم بعد از خود ، فاعل جمله باشد در این صورت نیازی به سؤالی کردن جمله نمی باشد . ) مانند :

***Ali's* bag is on the ground**　　*کیفِ علی روی زمین است*

علیز　بَگْ　ایز　آنْ　دِ　گرَوْنْد

***Whose* bag is on the ground?**　　*کیفِ چه کسی روی زمین است؟*

هوز　بَگْ　ایزْ　آنْ　دِ　گرَوْنْد ؟

***Ali's* brother went there yesterday**　　*دیروز برادرِ علی به آنجا رفت*

علیز　برادِر　وِنْتْ　دِر　یِسْتِردِیْ

***Whose* brother went there yesterday?**　　*دیروز برادرِ چه کسی به آنجا رفت ؟*

هوز　برادِر　وِنْتْ　دِر　یِسْتِردِیْ ؟

**He sees *Mina's* bag on the table**　　*او کیفِ مینا را روی میز می بیند*

هیْ　سیْز　میناز　بَگْ　آنْ　دِ　تِیْبِلْ

***Whose* bag does he see on the table ?**　　*او،کیفِ چه کسی را روی میز می بیند ؟*

هوز　بَگْ　داز　هیْ　سی　آن　دِ　تِیبِلْ ؟

## کلمه ی پُرسشیِ (( ویچ **which** ))

**Which** به معنای کدام می باشد و اگر قبل از اسم بیاید ، صفت است و اگر به تنهایی بیاید ضمیر می باشد. و در حالت فاعلی و مفعولی به کار می رود. مانند:

***Which bus goes to the airport?***　　*کدام اتوبوس به فرودگاه می رود؟ ( حالت فاعلی )*

ویچ　بآسْ　گز　تو　دِ　اِر پُرتْ ؟

| | |
|---|---|
| *Which is yours?* | *کدام ( یکی ) مال شما می باشد؟ ( حالت فاعلی )* |

ویچ　ایز　یُرز ؟

| | |
|---|---|
| *Which car did you choose?* | *کدام ماشین را انتخاب کردید؟ ( حالت مفعولی )* |

ویچ　کار　دید　یو　چوز ؟

## چند اصطلاح مهم با Do

| | | |
|---|---|---|
| *Do a favor* | دو　اِ　فِیْوِر | *لُطف کردن* |
| *Do one's best* | دو　وآنْزْ　بِسْتْ | *کوشش کردن* |
| *Do one's duty* | دو　وآنْزْ　دْیو تیْ | *انجام وظیفه کردن* |
| *Do a service* | دو　اِ　سِرْویْسْ | *خدمت کردن* |
| *Do homework* | دو　هُمْ وُرکْ | *تکلیف، انجام دادن* |
| *Do a sum* | دو　اِ　سامْ | *مسئله حل کردن* |
| *Do work* | دو　وُرکْ | *کار انجام دادن* |
| *Do the bedroom* | دو　دِ　بِد رومْ | *مُرتّب کردن اُتاق خواب* |
| *Do a kindness* | دو　اِ　کآیْنْد نِسْ | *مهربانی کردن* |
| *Do injury* | دو　اینْجِریْ | *آسیب رساندن* |
| *Do good* | دو　گود | *خوبی کردن* |
| *Do by* | دو　بآیْ | *رفتار کردن با* |
| *Do over* | دو　اُوِر | *تکرار کردن* |
| *Do justice* | دو　جاسْتیْسْ | *با عدالت رفتار کردن* |
| *Do harm* | دو　هارمْ | *آسیب رساندن* |

## چند اصطلاح مهم با Make

| | | |
|---|---|---|
| *Make a mistake* | مِیْکْ اِ مِیسْتِیکْ | اشتباه کردن |
| *Make money* | مِیْکْ مآنیْ | پول درآوردن |
| *Make a living* | مِیْکْ اِ لیوِیْنگْ | اِمرار مَعاش کردن |
| *Make a fire* | مِیْکْ اِ فآیرْ | آتش درست کردن |
| *Make a journey* | مِیْکْ اِ جِرنیْ | سَفر کردن |
| *Make a face* | مِیْکْ اِ فِیسْ | شِکلک درآوردن |
| *Make laugh* | مِیْکْ لَفْ | خنداندن |
| *Make fun of* | مِیْکْ فانْ آوْ | مَسخره کردن |
| *Make sure* | مِیْکْ شُر | مطمئن کردن |
| *Make speech* | مِیْکْ اِسْپیچ | سخنرانی کردن |
| *Make friend* | مِیْکْ فِرِنْد | دوست شدن |
| *Make war* | مِیْکْ وآر | جنگ کردن |
| *Make haste* | مِیْکْ هِیْستْ | عجله کردن |
| *Make a discovery* | مِیْکْ اِ دیسکاوِریْ | کشف کردن |
| *Make an appointment* | میکْ اَنْ اَپُیْنْتْمِنْتْ | قرار ملاقات گذاشتن |
| *Make one's mind up* | مِیْکْ وآنز مآیِنْد آپْ | تصمیم گرفتن |

## مبحث زمان آینده ی کامل

# Future perfect

آینده ی کامل برای بیان عملی است که تا زمان مشخصی از آینده به اِتمام خواهد رسید. شروع این زمان ممکن است که در زمان گذشته ، حال و یا آینده باشد، امّا اتمام آن حتماً در آینده ای مشخص است. مانند مثال های زیر

***I started studying this book yesterday. I will have finished it by next week***

آی اِستارتِد اِستادینگ دیس بوک یِسترِدِی. آی ویل هَو فینیشت ایت بآی نِکست ویک

*من مطالعه ی این کتاب را دیروز شروع کردم. من آن را تا هفته ی آینده به پایان خواهم رساند ( می رسانم )*

***I start studying this book now. I will have finished it by next week***

آی اِستارت اِستادینگ دیس بوک نَو. آی ویل هَو فینیشت ایت بآی نِکست ویک

*من مطالعه ی این کتاب را حالا شروع می کنم. من آن را تا هفته ی آینده به پایان خواهم رساند ( می رسانم )*

***I will start studying this book tomorrow. I will have finished it by next week***

آی ویل اِستارت اِستادینگ دیس بوک تومارُ. آی ویل هَوْ فینیشت ایت بآی نِکست ویک

*من مطالعه ی این کتاب را فردا شروع خواهم کرد ( می کنم ) . من آن را تا هفته ی آینده به پایان خواهم رساند ( می رسانم )*

توجه: برای بیان آینده ی کامل از فرمول زیر استفاده می کنیم

## فرمول آینده ی کامل

فاعل + **will** + **have** + ( **pp** ) قسمت سوم فعل + ( **by - in - on** ) + زمان

در این فرمول ( **by – in – on** ) به معنای تا می باشد که به شکل های زیر به کار می روند.

1- **by** با قید زمان به کار می رود. مانند :

***I will have finished it by next month***

آی ویل هَو فینیشت ایت بآی نِکست مانث

*تا ماه آینده، آن را تمام کرده ام ( تمام خواهم کرد – تمام می کنم )*

برای ترجمه ی این فرمول به زبان فارسی از تا + اصطلاح زمان + زمان ماضی نَقلی استفاده می شود.

2- in با طول زمان به کار می رود. مانند :

***I will have finished it in two weeks***

آی ویل هَو فینیشت ایت این تو ویکس

***تا دو هفته ی دیگه آن را تمام کرده ام ( تمام خواهم کرد - تمام می کنم )***

3- on برای روز ها به کار می رود. مانند :

***I will have finished it on the first of June***

آی ویل هَو فینیشت ایت آن دِ فِرست آو جون

***تا اوّل ژوئن آن را تمام کرده ام ( تمام خواهم کرد - تمام می کنم )***

توجه 1: عبارت **by the time** به معنای تا زمانی که از علامت های آینده ی کامل است. مانند :

***By the time you come here I will have seen the film***

بآی دِ تآیم یو کام هییِر آی ویل هَو سین دِ فیلم

***تا زمانی که به اینجا بیایی، من آن فیلم را دیده ام ( خواهم دید . می بینم )***

توجه2 : عبارت های **after** و **before** نیز می توانند در زمان آینده ی کامل به کار بروند. مانند :

***The leaves will have fallen after two weeks***

دِ لیوز ویل هَوْ فآلِن اَفتِر تو ویکس

***بعد از دو هفته ی دیگر برگ ها افتاده اند ( خواهند افتاد )***

***They will have arrived there before five o'clock***

دِی ویل هَو اَرآیود دِر بیفُر فآیو اُکلاک

***آن ها قبل از ساعت پنج به آنجا رسیده اند ( خواهند رسید )***

# مبحث جملات سَبَبی

# Causative form

اگر عمل انجام شده به درخواست یا فرمان شخص دیگری باشد، در این صورت باید از جملات سببی استفاده کنیم. مثلاً در جمله ی ، دادم خانه ام را رنگ کردند، عمل رنگ کردن توسط اشخاص دیگری انجام شده امّا به مِیل و اِراده و فَرمان من بوده است.

جملات سببی به دو دسته ی معلوم و مجهول تقسیم می شوند. اگر فاعل را مشخص نکنیم جمله ی ما مجهول سببی است و اگر فاعل را ذکر کنیم، جمله ی ما معلوم سببی می باشد وطبق فرمول های زیر ساخته می شوند.

## فرمول سببی مجهول

**... + قسمت سوم فعل + مفعول غیر انسان + ( have – has – get ) + فاعل**

***I have my house painted*** ***می دهم خانه ام را رنگ کنند ( زمان حال )***

آی هَوْ مآی هَوس پِینتِد

***I get my house painted*** ***می دهم خانه ام را رنگ کنند ( زمان حال )***

آی گِت مآی هَوس پِینتِد

***I will have my house painted*** ***می دهم ( خواهم داد ) خانه ام را رنگ کنند ( زمان آینده )***

آی ویل هَو مآی هَوس پِینتِد

***I will get my house painted*** ***می دهم ( خواهم داد ) خانه ام را رنگ کنند ( زمان آینده )***

آی ویل گِت مآی هَوس پِینتِد

***I had my house painted*** ***دادم خانه ام را رنگ کردند ( زمان گذشته )***

آی هَد مآی هَوس پِینتِد

***I got my house painted*** ***دادم خانه ام را رنگ کردند ( زمان گذشته )***

آی گات مآی هَوس پِینتِد

*he has his car washed every week*     او می دهد هر هفته ماشینش را می شویند

هی     هَز     هیز     کار     واشت     اِوری ویک

*he gets his car washed every week*     او می دهد هر هفته ماشینش را می شویند

هی     گِتس     هیز     کار     واشت     اِوری ویک

*he will have his car washed tomorrow*     او فردا می دهد ماشینش را بشویند

هی     ویل     هَو     هیز     کار     واشت     تومارُ

*he will get his car washed tomorrow*     او فردا می دهد ماشینش را بشویند

هی     ویل     گِت     هیز     کار     واشت     تومارُ

*he had his car washed*     او داد ماشینش را شُستند

هی     هَد     هیز     کار     واشت

*he got his car washed*     او داد ماشینش را شُستند

هی     گات     هیز     کار     واشت

## فرمول سببی معلوم 1

فاعل + ( have – has – make ) + مفعول انسانی + to مصدر بدون + ...

*I have Ali paint my house every year*     من هر سال می دهم علی خانه ام را رنگ کند

آی     هَو     علی     پِینت     مآی     هَوس     اِوری یِر

*I make Ali paint my house every year*     

آی     مِیک     علی     پِینت     مآی     هَوس     اِوری یِر

من هر سال می دهم علی ( علی را مجبور می کنم ) خانه ام را رنگ کند

*She has Ali wash the car every day*     او هر روز می دهد علی ماشین را بشوید

شی     هَز     علی     واش     دِ     کار     اِوری دِی

*I had Ali paint my house last week*     هفته ی گذشته دادم علی خانه ام را رنگ کرد

آی     هَد     علی     پِینت     مآی     هَوس     لَست ویک

216

## فرمول سببی معلوم2

... + مصدر با to + مفعول انسانی + ( get - ask - want ) + فاعل

***I get Ali to paint my house every year*** **من هر سال می دهم علی خانه ام را رنگ کند**

آی گِت علی تو پِینت مآی هَوس اِوری یِر

***I ask Ali to paint my house every year***

آی اَسک علی تو پِینت مآی هَوس اِوری یِر

***من هر سال می دهم علی ( ازعلی تَقاضا می کنم ) خانه ام را رنگ کند***

***She gets Ali to wash the car every day*** ***او هر روز می دهد علی ماشین را بشوید***

شی گِتس علی تو واش دِ کار اِوری دِی

***I got Ali to paint my house last week*** ***هفته ی گذشته دادم علی خانه ام را رنگ کرد***

آی گات علی تو پِینت مآی هَوس لَست ویک

***I wanted Ali to paint my house last week***

آی وآنتِد علی تو پِینت مآی هَوس لَست ویک

***هفته ی گذشته دادم علی ( از علی خواستم ) خانه ام را رنگ کرد***

## مبحث حُروف اضافه

## prepositions

حرف اضافه کلمه ای است که رابطه ی میان کلمات را نشان می دهد. این کلمات با اسم، صفت ویا فعل به کار می روند و به تنهایی دارای معنی می باشند. مانند:

***she is at home*** شی ایز **اَت** هُم ***او در منزل است***

***We live near here*** وی لیو **نییر** هییر ***ما همین نزدیکی ها زندگی می کنیم***

***The cat is under the car*** دِ کَت ایز **آندِر** دِ کار ***آن گربه زیر آن ماشین است***

***Your passport is on the table*** یُر پَسپُرت ایز **آن** دِ تِیبِل ***پاسپورت شما روی آن میز است***

***His hat is in my bag*** هیز هَت ایز **این** مآی بَگ ***کُلاه او در ( داخل ) کیف من است***

| | | |
|---|---|---|
| *He is standing next to me* | هی ایز اِستَندینگ نِکست تو می | *او کنارِ من ایستاده است* |
| *My car is behind the building* | مآی کار ایز بیهآیند دِ بیلدینگ | *ماشینِ من پُشت ساختمان است* |

توجه: دقت داشته باشید که حروف اضافه یکی از قسمت های مهم در زبان انگلیسی هستند و شما عزیزان باید در به کار بردن آن ها دقّت کنید.

## مبحث حرف اضافه ی in

In در موارد زیر بکار می رود

### 1- با بخش هایی از روز مانند:

| | | |
|---|---|---|
| *In the morning* | این دِ مُرنینگ | *در هنگام صبح* |
| *In the afternoon* | این دِ اَفتِر نون | *در هنگام بعداز ظهر* |
| *In the evening* | این دِ ایوینینگ | *در هنگام غروب* |
| *In the night* | این دِ نآیت | *در هنگام شب* |

### 2- با ماه های سال مانند:

| | | |
|---|---|---|
| *In July* | این جولآی | *در ماه ژوئیه* |
| *In March* | این مارچ | *در ماه مارس* |
| *In june* | این جون | *در ماه ژوئن* |

### 3- با فصل های سال مانند:

| | | |
|---|---|---|
| *In spring* | این اِسپیرینگ | *در بهار* |
| *In summer* | این سامِر | *در تابستان* |
| *In autumn* | این اُتِم ( آتِم ) | *در پاییز* |
| *In winter* | این وینتِر | *در زمستان* |

4- با دوره های زمان مانند:

| | | |
|---|---|---|
| *In his youth* | این هیز یوث | *در دوران جوانی اش* |
| *In his absence* | این هیز اَبسِنس | *در زمان غِیبَتش* |
| *In the end* | این دِ (دی) اِند | *سرانجام - در آخر* |

5- با بسیاری از مکان ها می آید. مانند:

| | | |
|---|---|---|
| *In the sky* | این دِ اِسکآی | *در آسمان* |
| *In Shiraz* | این شیراز | *در شیراز* |
| *In bed* | این بِد | *در رختخواب* |
| *In the street* | این دِ اِستیریت | *در خیابان* |

6- **in** در زمان آینده می آید و به معنای ( تا ) و یا ( در مدتِ ) می باشد. مانند:

*I will be there in 5 minutes* — *تا پنج دقیقه ی دیگر، آنجا خواهم بود*

آ ویل بی دِر **این** فایو مِنِتس

*The bus will leave in 10 minutes* — *اتوبوس تا ده دقیقه ی دیگر حرکت خواهد کرد*

دِ باس ویل لیو این تِن مِنِتس

## مبحث حرف اضافه ی on

1- **On** در مورد مکان ( در صورتی که تماس برقرار باشد ) به معنای، روی می باشد . مانند:

| | | |
|---|---|---|
| *On the table* | آن دِ تِیبِل | *روی میز* |
| *On the book* | آن دِ (بُک) بوک | *روی کتاب* |
| *On the wall* | آن دِ وال | *روی دیوار* |

2- با روز های هفته مانند:

| | | |
|---|---|---|
| *On Saturday* | آن سَتِردِی | *در روز شنبه* |
| *On Sunday* | آن سآندِی | *در روز یکشنبه* |

| | | |
|---|---|---|
| *On Monday* | آن مآندِی | در روز دوشنبه |
| *On Tuesday* | آن تی یوزدِی | در روز سه شنبه |
| *On Wednesday* | آن وِنزدِی | در روز چهار شنبه |
| *On Thursday* | آن ترزدِی | در روز پنج شنبه |
| *On Friday* | آن فِرآیدِی | در روز جمعه |

**3- با روز های ماه و هرچه که مربوط به یک روز خاص باشد. مانند:**

| | | |
|---|---|---|
| *On March 5th* | آن مارچ فیفث | روز پنجمِ مارس |
| *On my birthday* | آن مآی بِرث دِی | در روزِ تولدم |

## مبحث حرف اضافه ی at

**1- at برای بیان زمان کوتاه مانند:**

| | | |
|---|---|---|
| *At night* | اَت نآیت | در شب |
| *At midnight* | اَت میدنآیت | در نیمه شب |
| *At noon* | اَت نون | در ظهر |
| *At five o'clock* | اَت فآیو اُکلاک | در ساعت 5 |
| *At sunset* | اَت سانسِت | در غروب آفتاب |

**2- با مناسبت ها و برای بیان سِن و سال**

| | | |
|---|---|---|
| *At Christmas* | اَت کیریسمِس | در کریسمس |
| *At the age of forty* | اَت دِ اِیج آو فُرتی | در سِنِ چهل سالگی |

**3- برای نشان دادن مکان مانند:**

| | | |
|---|---|---|
| *At the station* | اَت دِ اِستیشِن | در ایستگاه |
| *At school* | اَت اِسکول | در مدرسه |
| *At the window* | اَت دِ ویندُ | در کنارِ پنجره |

| | | |
|---|---|---|
| *At the door* | اَت دِ دُر | *در کنارِ در* |
| *At home* | اَت هُم | *در منزل* |
| *At work* | اَت وُرک | *(در) سرِ کار* |

توجه: اگر حروف اضافه با اَفعال بیایند معنای آن ها را عوض می کنند و ترکیبات دیگری می سازند. مانند:
put که به معنای گذاشتن می باشد، ولی اگر با حرف اضافه ی on بیاید به معنای پوشیدن است.
به نمونه ی زیر توجه کنید.

| | | |
|---|---|---|
| *Put your hat on the desk* | پوت یُر هَت آن دِ دِسک | کُلاهت را روی میز بگذار |
| *Put on your hat* | پوت آن یُر هَت | کُلاهت را سَرت بگذار (بِپوش) |

بنابراین یکی از بهترین راه های یادگیری حرف اضافه این است که آن ها را به همراهِ فعل ها یا صفت ها یا اسم هایی که می آیند، به خاطر بسپاریم

## مبحث افعال دوکلمه ای

افعال دو کلمه ای به دو دسته تقسیم می شوند 1- جُدا نشدنی 2- جدا شدنی

افعال جدا نشدنی آن هایی هستند که مفعول به صورت اسم یا ضمیر مفعولی بعد از حرف اضافه می آید. مانند:

| | | |
|---|---|---|
| *Look at me* | لُک (لوک) اَت می | به من نگاه کن |
| *Don't Look at Ali* | دُنت لُک (لوک) اَت علی | به علی نگاه نکن |

همان طور که می بینید Ali و me که مفعول هستند، بعد از حرف اضافه آمده اند.

## تعدادی از افعال دوکلمه ای جدا نشدنی عبارتند از:

| | | |
|---|---|---|
| *Agree on* | اَگیری آن | *به توافق رسیدن درمورد چیزی* |
| *Agree with* | اَگیری ویت | *موافق بودن با* |
| *Ask for* | اَسک فُر | *درخواست کردن* |
| *Believe in* | بیلیو این | *اعتقاد داشتن به* |

| | | |
|---|---|---|
| ***Call at*** | کال اَت | به جایی یا مکانی رفتن ( سَرزدن- دیدن ) |
| ***Call on*** | کال آن | کَسی را مُلاقات کردن - به کَسی سَرزدن |
| ***Call out*** | کال اَوت | فریاد کردن |
| ***Care for*** | کِر فُر | توجه داشتن به |
| ***Depend on*** | دیپِند آن | بستگی داشتن به |
| ***Differ from*** | دیفِر فِرام | فرق داشتن با |
| ***Export from*** | اِکسپُرت فِرام | صادر کردن از |
| ***Get along with*** | گِت اِلآنگ ویت | کنار آمدن با - سازگاری کردن با |
| ***Get out of*** | گِت اَوت آو | کنار رفتن از |
| ***Get rid of*** | گِت رِد آو | خَلاص شدن از |
| ***Give in*** | گیو این | تَسلیم شدن |
| ***Go over*** | گَ اُوِر | مُرور کردن |
| ***Hear of*** | هییِر آو | خبردار شدن از |
| ***Hold on*** | هُلد آن | صَبر کردن - نگه داشتن |
| ***Hope for*** | هُپ فُر | اُمیدوار بودن به |
| ***Import into*** | ایمپُرت این تو | وارد کردن به |
| ***Insist on*** | اینسیست آن | اِصرار داشتن بر- اِصرار کردن بر |
| ***Keep off*** | کیپ آف | فاصله گرفتن از |
| ***Keep off the grass*** | کیپ آف دِ گِرَس | وارد چَمَن نشوید ( از چمن فاصله بگیرید ) |
| ***Keep on*** | کیپ آن | اِدامه دادن |
| ***Listen to*** | لیسِن تو | گوش دادن به |
| ***Look after*** | لُک ( لوک ) اَفتِر | مُراقبت کردن از |
| ***Look at*** | لُک ( لوک ) اَت | نگاه کردن به |

| | | |
|---|---|---|
| ***Look for*** | لُک ( لوک ) فُر | جُستجو کردن - دُنبال گشتن |
| ***Look into*** | لُک ( لوک ) این تو | بَررسی کردن- رِسیدگی کردن |
| ***Look like*** | لُک ( لوک ) لآیک | شبیه بودن به |
| ***Look out*** | لُک ( لوک ) اَوت | مواظب بودن - مُراقب بودن |
| ***Look upon*** | لُک ( لوک ) اِپان | مُلاحظه کردن |
| ***Persist in*** | پِرسیست این | پافشاری کردن بر |
| ***Rely on*** | ریلآی آن | تِکیه کردن بَر - تِکیه داشتن بر |
| ***Run across*** | ران اَکراس | مواجه شدن - برخورد کردن |
| ***Run into*** | ران این تو | بطور تصادفی مواجه شدن با |
| ***Run out of*** | ران اَوت آو | تمام شدن- تمام کردن |
| ***Run over*** | ران اُوِر | زیر گرفتن ( تصادف کردن ) |
| ***Search for*** | سِرچ فُر | جستجو کردن - دنبال گشتن |
| ***Take care of*** | تِیک کِر آو | مُراقبت کردن از |
| ***Talk about*** | تاک اِبَوت | صحبت کردن درمورد |
| ***Talk to*** | تاک تو | صحبت کردن با |
| ***Talk with*** | تاک ویت | صحبت کردن با |
| ***Think about*** | ثینک اِبَوت | فکر کردن درمورد |
| ***To be afraid of*** | تو بی اَفرِید آو | تَرسیدن از |
| ***To be different from*** | تو بی دیفِرِنت فِرآم | فَرق داشتن از |
| ***To be interested in*** | تو بی اینتِرِستِد این | عَلاقه مند بودن به |
| ***To be responsible for*** | تو بی ریسپانسیبِل فُر | مَسئول بودن |
| ***To be similar to*** | تو بی سیمیلآر تو | شبیه بودن به |
| ***To be sorry about*** | تو بی ساری اِبَوت | متأسف بودن درمورد |

| | | |
|---|---|---|
| *To be tired of* | تو بی تآیِرد آو | *خسته بودن از* |
| *To be worry about* | تو بی وُری اِبوت | *نگران بودن درمورد* |
| *Wait for* | وِیت فُر | *مُنتظر ماندن* |
| *Wish for* | ویش فُر | *آرزو داشتن بر* |

**افعال جدا شدنی آن هایی هستند که مفعول به صورت اسم می تواند هم بعد از حرف اضافه بیاید وهم قبل از حرف اضافه، اما اگر مفعول به شکل ضمیر مفعولی باشد، حتماً باید قبل از حرف اضافه قرار بگیرد.**

**مانند:**

| | | |
|---|---|---|
| *Call up* | کال آپ | *تلفن کردن* |
| *Call up Mina* | کال آپ مینا | *به مینا تلفن کُن* |
| *Call Mina up* | کال مینا آپ | *به مینا تلفن کُن* |
| *Call her up* | کال هِر آپ | *به او تلفن کُن.* |

*این عبارت* ***Call up her*** غلط **می باشد، چون ضمیر مفعولی هرگز در افعال دوکلمه ی جداشدنی بعد از حرف اضافه نمی آید**

## تعدادی از افعال دوکلمه ای جداشدنی عبارتند از:

| | | |
|---|---|---|
| *Call down* | کال دَون | *سَرزنش کردن* |

*Don't call her down for that mistake*

دُنت کال هِر دَون فُر دَت میستِیک

*به خاطر آن اِشتباه، او را سَرزنش نکن*

| | | |
|---|---|---|
| *Call off* | کال آف | *به تَعویق انداختن* |
| *Call up* | کال آپ | *تلفن زدن* |
| *Call them up* | کال دِم آپ | *به آن ها تلفن بِزَن* |
| *Fill out* | فیل اَوت | *کامل کردن - پُر کردن* |
| *Give away* | گیو اِوِی | *بَخشیدن* |

| | | |
|---|---|---|
| *Give back* | گیو بَک | پَس دادن - برگرداندن |
| *Give up* | گیو آپ | رَها کردن |
| *Hand in* | هَند این | تحویل دادن |
| *Leave alone* | لیو اِلُن | به حال خود گذاشتن - رَهاکردن |
| *Leave out* | لیو اَوت | حَذف کردن |
| *Look up* | لُک (لوک) آپ | پیداکردن ( واژه در فرهنگ لُغت ) |
| *Pick up* | پیک آپ | چیدن - ( با دست ) بَرداشتن |
| *Put away* | پوت اِوِی | کنار گذاشتن |
| *Put down* | پوت دَون | پایین گذاشتن |
| *Put on* | پوت آن | پوشیدن |
| *Put out* | پوت اَوت | خاموش کردن |
| *Put up with* | پوت آپ ویت | سازش کردن - کنار آمدن - ساختن |
| *Save up* | سِیوْ آپ | پَس انداز کردن |
| *Take away* | تِیک اِوِی | دور کردن |
| *Take back* | تِیک بَک | پس دادن |
| *Take down* | تِیک دَون | یادداشت کردن - پایین بردن |
| *Take off* | تِیک آف | در آوردن - کَندنِ لِباس |
| *Please take off your shoes* | پیلیز تِیک آف یُر شوز | لطفاً کفش هایتان را در بیاورید |
| *Please take them off* | پیلیز تِیک دِم آف | لطفاً آن هارا ( کَفش هایتان را ) در بیاورید |
| *Please take your shoes off* | پیلیز تِیک یُر شوز آف | لطفاً کفش هایتان را در بیاورید |
| *Take over* | تِیک اُوِر | به عُهده گرفتن |
| *Think over* | ثینک اُوِر | مُرور کردن |
| *Turn down* | تِرن دَون | کَم کردنِ صدایِ ( رادیو ،تلویزیون ... ) |

| | | |
|---|---|---|
| *Turn off* | تِرن آف | *خاموش کردن ( رادیو، تلویزیون، چراغ... )* |
| *Turn on* | تِرن آن | *روشن کردن ( رادیو، تلویزیون، چراغ... )* |
| *Turn up* | تِرن آپ | *بلند کردن صدای ( رادیو، تلویزیون، ... )* |
| *Wake up* | وِیک آپ | *بیدار کردن* |
| *Write down* | رآیت دَون | *یادداشت کردن* |

## مبحث جملات معلوم و مجهول

تعریف جمله ی معلوم :

جمله ای را معلوم گویند که فاعل آن مشخص بوده و فاعل در جای اصلیِ خود یعنی در اوّل جمله قرار دارد.

مثلاً: حمید هر هفته آن ماشین را می شوید. در اینجا حمید فاعل جمله است چون حمید است که عملِ شستن را، انجام می دهد.

*Hamid washes the car every week* — *حمید هر هفته آن ماشین را می شوید*

حمید واشیز دِ کار اِوری ویک

## تعریف جمله ی مجهول

جمله ای را مجهول می گویند که فاعل آن مشخص نبوده و عمل انجام شده به مفعول نسبت داده می شود.

در این گونه جملات، مفعول به شکل ضمیر فاعلی یا اسم به جای فاعل در اوّل جمله می آید که به آن نایب فاعل می گویند. مثلاً می گوییم : آن ماشین هر هفته شسته می شود. در این جمله مشخص نیست که چه کسی ماشین را می شوید امّا مفعول ماشین بوده و مشخص است چون عَمل شستن بر روی ماشین صورت گرفته است.

*The car is washed every week* — *آن ماشین هر هفته شسته می شود*

دِ کار ایز واشت اِوری ویک

توجه: جمله ی مجهول ، فاعل ندارد امّا می توان فاعل را در آخر جمله به همراه by آورد.

By به معنای به وسیله ی یا توسطِ می باشد

***The car is washed every week by Hamid*** ***آن ماشین هر هفته توسط حمید شسته می شود***

**دِ کار ایز واشت اِوری ویک بآی حمید**

**اگر بخواهیم اسمی را بصورت ضمیر بعد از by بیاوریم باید از ضمیر مفعولی استفاده کنیم. مانند :**

**The car is washed every week by him** **آن ماشین هر هفته توسط او شسته می شود**

**دِ کار ایز واشت اِوری ویک بآی هیم**

## چرا جمله را به شکل مجهول به کار می بریم ؟

**ما بسیاری از جملات را به شکل مجهول به کار می بریم چون در بسیاری از موارد عَمل انجام شده مُهم می باشد نه کسی که آن کار را انجام می دهد . مثلاً می گوییم : هزار تُن شِکر به ایران وارد شد. در این جمله عمل انجام شده که وارد کردن شِکر است مهم می باشد نه شخص یا اشخاصی که این عمل را انجام داده اند. و اگر عَملی انجام شود و فاعل آن، معلوم و مشخص نباشد، باید جمله را مجهول بگوییم. مثلاً: آن مرد دیروز کُشته شد. در این جمله مشخص نیست که عمل انجام شده توسط چه کسی،صورت گرفته است**

## فرمول جملات مجهول در حالت کُلّی

**... + قسمت سوم فعل جمله ( p.p ) + To be ( با توجه به زمان جمله ) + نایب فاعل**

**توجه:**

**1- این فرمول برای تمام جملاتِ مجهول به کار می رود.**

**2- در این فرمول باید نایبِ فاعل را به شکل اسم یا ضمیر فاعلی به کار ببرید.**

**3- در این فرمول منظور از to be با توجه به زمان جمله، یعنی اگر جمله زمان گذشته است باید از was یا were استفاده کرد و اگر جمله آینده است باید از will be استفاده شود.**

## به صرف to be در زمان های مختلف دقّت بفرمایید

| زمان ها | صرف to be |
|---|---|
| حال ساده | am - is - are |
| گذشته ی ساده | was - were |
| آینده ی ساده | will be |
| حال استمراری | ( am . is . are ) + being |
| گذشته ی استمراری | ( was . were ) + being |
| حال کامل ( ماضی نقلی ) | ( have – has ) + been |
| گذشته ی کامل ( ماضی بعید ) | had + been |
| آینده ی کامل | Will have been |

## مبحث سؤالات کوتاه پایان جمله ( question tag  یا دُم سؤالی )

Question tag  عبارت کوتاه سوالی می باشد که به آخر جمله اضافه شده و منظور از آن،

سؤال نمی باشد بلکه برای تأیید جمله ی بیان شده می باشد.

عبارت های ( مگه نه ؟  اینطور نیست؟  هان؟  درسته ؟ ) مُعادل هایی برای  question tag  می باشند.

مثال:

او پسر خوبی است، مگه نه؟ *He is a good boy, isn't he?*

هی  ایز  اِ  گود  بُی ، ایزِنت  هی ؟

او پسر خوبی نیست، هست؟ *He is not a good boy, is he?*

هی  ایز  نات  اِ  گود  بُی ، ایز  هی؟

آن ها می توانند به خوبی شنا کنند، این طور نیست؟ *They can swim well, can't they?*

دِی  کَن  سوایم  وِل ، کَنت  دِی؟

228

***They can not swim well, can they?*** ***آن ها نمی توانند به خوبی شنا کنند، این طور نیست؟***

دِی کَن نات سوایم وِل ، کَن دِی؟

***We will go there, won't we?*** ***ما به آنجا خواهیم رفت، مگه نه؟***

وی ویل گُ دِر، وُنت وی؟

***We will not go there, will we?*** ***ما به آنجا نخواهیم رفت، مگه نه؟***

وی ویل نات گُ دِر ، ویل وی؟

## طرز ساخت دُم سوالی

برای ساخت دُم سؤالی باید به موارد زیر دقّت کرد.

1- دُم سوالی را برای جملات مُثبت یا منفی به کار می برند.

2- برای ساخت دُم سؤالی نیاز به فعل کمکی جمله داریم.

3- اگر جمله فعل کمکی نداشته باشد باید از **do** و **does** برای جملات زمان حال ساده و از **did** برای جملات زمان گذشته ی ساده استفاده کنیم.

***You love her, don't you?*** یو لآو هِر ، دُنت یو ؟ ***تو او را دوست داری ، مگه نه؟***

***You don't love her, do you?*** ***تو او را دوست نداری ، داری؟***

یو دُنت لآو هِر ، دو یو ؟

***She loves you, doesn't she?*** ***او تو را دوست دارد ، این طور نیست؟***

شی لآوز یو ، دازِنت شی ؟

***She doesn't love you, does she?*** ***او تو را دوست ندارد ، این طور نیست؟***

شی دازِنت لآو یو ، داز شی ؟

***She told them anything, didn't she?*** ***او همه چیز را به آن ها گفت ، نگفت؟***

شی تُلد دِم اِنیثینگ ، دیدِنت شی ؟

*She didn't tell them anything, did she?* او به آن ها هیچ چیز نگفت ، گفت؟

شی دیدِنت تِل دِم اِنیثینگ ، دید شی ؟

4- اگر جمله ی ما مثبت باشد در این صورت باید برای دُم سوالی از فعل کمکی منفی مُخفف استفاده کنیم

5- اگر جمله ی ما منفی باشد در این صورت باید برای دُم سوالی از فعل کمکی مثبت غیر مُخفف استفاده کنیم

6- ابتدا فعل کمکی را می آوریم و سپس ضمیر فاعلی

7- در دُم سؤالی هرگز نباید از اسم استفاده کنیم

*Ali was here, wasn't he?* علی اینجا بود ، مگه نه؟ عَلی واز هییر ، وازِنت هی؟

*Mina wasn't there, was she?* مینا آنجا نبود ، مگه نه؟ مینا وازِنت دِر ، واز شی؟

8- اگر جمله ی ما با let us یا let's شروع شود، در دُم سوالی آن shall we? می آوریم

*Let us play football, shall we?* بیا فوتبال بازی کنیم ، باشه؟

لِت آس پِلی فوتبال ، شَل وی ؟

*Let's play chess, shall we?* بیا شطرنج بازی کنیم، می آیی؟ لِتس پِلی چِس ، شَل وی؟

9- در tag جملات امری از will you? استفاده می کنیم

*Open the door, will you?* در را باز کُن، مُمکنه؟ اُپِن د دُر ، ویل یو؟

*Come here, will you?* بیا اینجا، میشه؟ کام هییر ، ویل یو؟

10- در tag جمله ای که فعل کمکی یا اصلی آن am باشد، از aren't I? استفاده می کنیم

*I am a teacher, aren't I ?* من معلم هستم ، نیستم؟ آی اَم اِ تیچِر ، آرِنت آی ؟

*I am four years older than you, aren't I ?* من چهار سال از تو بزرگتر هستم ، مگه نه؟

آی اَم فُر یِرز اُلدِر دَن یو ، آرِنت آی ؟

230

## مبحث جملات تعجّبی

*What .........!*     *What a .........!*     *What an .........!*

این عبارات به همراه اسم و یا اسمی که صفت دارد ، برای بیان تعجّب به کار می روند و در آخر جمله، علامتِ تَعجّب ( ! ) می آید . مانند:

| | | |
|---|---|---|
| ***What a splendid park!*** | وات  اِ  اِسپلِندِد  پارک ! | *چه پارک با شُکوهی!* |
| ***What an able woman!*** | وات  اَن  اِیبِل  وُمِن ! | *چه خانم توانایی!* |
| ***What an attractive woman!*** | وات  اَن  اَترَکتیو  وُمِن ! | *چه خانم جذّابی!* |
| ***What a nice girl!*** | وات  اِ  نآیس  گِرل ! | *چه دختر خوبی! - چه دختر زیبایی!* |
| ***What a beautiful day!*** | وات  اِ  بییوتیفول  دِی ! | *چه روز زیبایی!* |
| ***What beautiful days!*** | وات  بییوتیفول  دِیز ! | *چه روزهای قشنگی!* |
| ***What a brave soldier!*** | وات  اِ  بِریو  سُلجِر ! | *چه سرباز شجاعی!* |
| ***what apples!*** | وات  اَپلز ! | *چه سیب هایی!* |
| ***What an apple!*** | وات  اَن  اَپل ! | *چه سیبی!* |
| ***What an active member!*** | وات  اَن  اَکتیو  مِمبِر ! | *چه عُضوِ فعّالی!* |
| ***What an angry man!*** | وات  اَن  اَنگیری  مَن ! | *چه مرد خشمگینی!* |
| ***What a game!*** | وات  اِ  گِیم ! | *چه بازی ای! - چه مسابقه ای!* |
| ***What a building!*** | وات  اِ  بیلدینگ ! | *عَجَب ساختمانی!* |

## مبحث رَبط کلمات با wh

اگر بعد از کلمات پُرسشی از جملات خبری ( جمله ای که سؤالی نباشد ) استفاده کنیم در این صورت کلمه ی پرسشی تبدیل به کلمه ی ربط ( موصول ) می شود و هرگز بعد از موصول از جمله ی پرسشی استفاده نمی شود.

**where do you go?** ‌ وِر دو یو گُ؟ ‌ *کجا می روی؟*

**I know where you go.** ‌ آی نُ وِر یو گُ. ‌ *من می دانم که کجا می روی.*

در جمله ی اول **where** به معنای کجا،کلمه ی پرسشی است و بعد از آن جمله ی سوالی آمده و آخر جمله علامت سؤال قرار گرفته.

در جمله ی دوم **where** به معنای که کجا، کلمه ی ربط است و بعد از آن جمله از حالت سوالی خارج شده و آخر جمله نقطه آمده است.

**I know who you are.** ‌ آی نُ هو یو آر. ‌ *من می دانم که شما کی هستید.*

**I don't know who you are.** ‌ آی دُنت نُ هو یو آر. ‌ *من نمی دانم که شما کی هستید.*

**she knows when they will come.** ‌ *او می داند که چه موقع آن ها خواهند آمد. ( می آیند )*

شی نُز وِن دِی ویل کام.

**she doesn't know when they will come.**

شی دازنت نُ وِن دِی ویل کام.

*او نمی داند که چه موقع آن ها خواهند آمد. ( می آیند )*

**I know where your passport is.** ‌ *من می دانم که پاسپورتت کجاست.*

آی نُ وِر یُر پَسپُرت ایز.

**I don't know where my passport is.** ‌ *من نمی دانم که پاسپورتم کجا است.*

آی دُنت نُ وِر مآی پَسپُرت ایز.

# مبحث مقایسه ی صفت

**صفت از نظر مقایسه به سه دسته تقسیم می شود**

**1- صفت مطلق یا ساده 2- صفت تفضیلی یا برتر 3- صفت عالی یا برترین**

**اگر بخواهیم دو صفت ساده را با هم مقایسه کنیم و بین آن دو هیچ فرقی نگذاریم در این صورت از فرمول زیر استفاده می کنیم**

## as صفت ساده as

**که بیان کننده ی مقایسه صفت برابری می باشد، مانند:**

| | | |
|---|---|---|
| *as tall as* | اَز تال اَز | *به بلندیِ* |
| *as short as* | اَز شُرت اَز | *به کوتاه قَدیِ* |
| *as beautiful as* | اَز بی یو تی فول اَز | *به زیباییِ* |
| *as old as* | اَز اُلد اَز | *به پیریِ = هم سنِ* |
| *as big as* | اَز بیگ اَز | *به بزرگیِ* |
| *as new as* | اَز نی یو اَز | *به جدیدیِ = به تازگیِ* |
| *as warm as* | اَز وارم اَز | *به گرمیِ* |
| *as good as* | اَز گود اَز | *به خوبیِ* |
| *as easy as* | اَز ایزی اَز | *به آسانیِ = به سادگیِ* |
| *as expensive as* | اَز اکس پِن سیو اَز | *به گرانیِ* |

**برای مثال اگر علی بلند قد باشد و رضا هم به همان اندازه بلند قد باشد، در این صورت می گوییم علی و رضا هر دو به یک اندازه بلند قَد هستند ویا علی هم قَدِ رضا است. مانند:**

*Ali is as tall as Reza*　　علی ایز اَز تال اَز رضا　　*علی به بلند قَدیِ رضا هست*

ویا اگر علی 25 سال داشته باشد و مینا هم 25 سال داشته باشد در این صورت می گوییم علی هم سِنِ مینا هست

*Ali is as old as Mina*　　علی ایز اَز اُلد از مینا　　*علی و مینا هم سِن هستند*

واگر بخواهیم جمله را منفی کنیم بهتر است به جای **as** اول از **so** استفاده کنیم مانند

| | | |
|---|---|---|
| *Ali isn't so old as Mina* | علی ایزِنت سُ اُلد اَز مینا | *علی و مینا هم سن نیستند* |
| *I am not so old as you* | آی اَم نات سُ اُلد اَز یو | *من هم سنِ تو نیستم* |

اگر بخواهیم دو صفت را باهم مقایسه کنیم و یکی را بر دیگری برتری بدهیم در این صورت از صفت تفضیلی استفاده می کنیم. صفت تفضیلی بین دو اسم یا دو چیز یا دو گروه، یک صفت را بر صفت دیگر برتری می دهد.

صفت تفضیلی به شکل های زیر ساخته می شو د:

**1**- اگر صفت یک سیلابی ( یک بَخشی ) باشد در این صورت برای تبدیل شدن به تفضیلی کافی است که بعد از صفت **er** و **than** اضافه کنیم مانند فرمول

**than + er +** صفت یک بخشی = فرمول صفت تفضیلی ( یک )

که در این فرمول **er** به معنای تر و **than** به معنای از می باشد مانند:

| | | |
|---|---|---|
| *Taller than* | تالِر دَن | *بلند تر از* |
| *Older than* | اُلدِر دَن | *بزرگتر از - پیرتر از - قدیمی تر از* |
| *Bigger than* | بیگِر دَن | *بزرگتر از ( از نظر اندازه )* |
| *Newer than* | نی یو اِر دَن | *جدیدتر از - نوتر از* |
| *Smaller than* | اِسمُلِر دَن | *کوچک تر از ( از نظر اندازه )* |
| *Larger than* | لارجِر دَن | *بزرگتر از ( از نظر اندازه و سایز)* |
| *Fatter than* | فَتِر دَن | *چاق تر از* |
| *Colder than* | کُلدِر دَن | *سَردتر از* |
| *Warmer than* | وارمِر دَن | *گرم تر از* |
| *Faster than* | فَستِر دَن | *سَریع تر از - تندتر از* |
| *Finer than* | فآینِر دَن | *زیباتر از* |
| *Hotter than* | هاتِر دَن | *داغ تر از* |

مثلاً اگر دو ماشین داشته باشیم و یکی از دیگری جدید تر باشد، می گوییم این ماشین از آن ماشین جدید تر است

***This car is newer than that car*** ***ویا می توانیم بگوییم آن ماشین از این ماشین قدیمی تر است***

دیس کار ایز نی یو اِر دَن دَت کار

***That car is older than this car*** دَت کار ایز اُلدِر دَن دیس کار

توجه: اگر صفت یک بخشی به حرف بی صدا ختم شود و حرف ماقبل از آخر یک صدا دار باشد در این صورت حرف بی صدای آخر در هنگام گرفتن **er** دوبار تکرار می شود مانند:

***1- big + er = bigger 2- hot + er = hotter 3- fat + er = fatter***

**می بینید که g در big بی صدا بوده و قبل از آن یک حرف با صدا( *i* ) وجود دارد، بنابراین حرف g دوبار تکرار شده است.**

توجه: اگر صفت یک بخشی به حرف e برسد در این صورت برای تبدیل به صفت تفضیلی کافی است که یک r به آن اضافه کنیم مانند:

***1-Large + er = larger 2-fine + er = finer***

2- اگر صفت دو سیلابی ( دو بخشی ) باشد و حرف آخر آن y باشد در این صورت برای تبدیل شدن به تفضیلی کافی است که بعد از صفت er و than اضافه کنیم مانند فرمول

**فرمول صفت تفضیلی (دو) = صفت دو بخشی که آخرش y باشد + er + than**

( توجه: اگر قبل از y حرف بی صدا باشد باید y را به i تبدیل کنیم )

| | | | |
|---|---|---|---|
| ***Grey + er = greyer*** | گِرِیِر | | *خاکستری تر* |
| ***Easy + er = easier*** | ایزی یِر | | *آسان تر* |
| ***Heavy + er = heavier*** | هِوی یِر | | *سنگین تر* |
| ***Pretty + er = prettier*** | پرِتی یِر | | *زیباتر* |
| ***Happy + er = happier*** | هَپی یِر | | *خوشحال تر* |
| ***Merry + er = merrier*** | مِری یِر | | *خوشحال تر* |

*Beasy + er = beasier*    بیزی یِر    *گرفتارتر - مشغول تر*

3- اگر صفت دو بخش یا بیشتر از دو بخش داشته باشد در این صورت برای تبدیل شدن به صفت تفضیلی کافی است که قبل از صفت more و بعد از صفت than اضافه کنیم. مانند فرمول:

فرمول صفت تفضیلی ( سه ) = more + صفت دوبخش و بیشتر از دو بخش + than

که در این فرمول more به معنای تر و than به معنای از می باشد. مانند:

*More beautiful than*    مُر بی یو تی فول دَن    *زیباتر از*

*More expensive than*    مُر اِکس پِن سیو دَن    *گران تر از*

*More difficult than*    مُر دیفیکالت دَن    *سخت تر از*

*More interesting than*    مُر اینترِستینگ دَن    *جالب تر از*

*More useful than*    مُر یوز فول دَن    *مفیدتر از*

*More careful than*    مُر کِرفول دَن    *بادقّت تر از*

*More amused than*    مُر اَم یوزد دَن    *سرگرم شده تر از - خوشحال تر از*

اگر بخواهیم از بین یک اسم با چند اسم یا یک چیز با چند چیز یا یک گروه با چند گروه، چند صفت را باهم مقایسه کنیم و یکی را بر صفات دیگر، برتری بدهیم در این صورت از صفت عالی استفاده می کنیم.

صفت عالی به شکل های زیر ساخته می شود.

1- اگر صفت یک سیلابی ( یک بخشی ) باشد در این صورت برای تبدیل شدن به صفت عالی کافی است که قبل از صفت the و بعد از صفت est اضافه کنیم. مانند فرمول:

فرمول صفت عالی ( یک ) = the + صفت یک بخشی + est

که در این فرمول est به معنای ترین و the از نشانه های صفت عالی می باشد. مانند:

*The tallest*    دِ تالِست    *بلندترین*

*The oldest*    دِ اُلدِست    *بزرگترین - پیرترین - قدیمی ترین*

| | | |
|---|---|---|
| *the biggest* | دِ بیگِست | بزرگترین ( از نظر اندازه ) |
| *the newest* | دِ نی یو اِست | جدیدترین - نوترین |
| *the smallest* | دِ اسمُلِست | کوچک تر ین ( از نظر اندازه ) |
| *the largest* | دِ لآرجِست | بزرگترین ( از نظر اندازه و سایز) |
| *the fattest* | دِ فَتِست | چاق ترین |
| *the coldest* | دِ کُلدِست | سردترین |
| *the warmest* | دِ وآرمِست | گرم ترین |
| *the fastest* | دِ فَستِست | سریع ترین - تندترین |
| *the finest* | دِ فآینِست | زیباترین |
| *the hottest* | دِ هاتِست | داغ ترین |

2- اگر صفت دو سیلابی ( دو بخشی ) باشد و حرف آخر آن **y** باشد در این صورت برای تبدیل شدن به صفت عالی کافی است که قبل از صفت **the** وبعد از صفت **est** اضافه کنیم مانند فرمول

فرمول صفت عالی ( دو ) = the + صفت دو بخشی که آخرش y باشد + est

( توجه: اگر قبل از y حرف بی صدا باشد باید y را به i تبدیل کنیم )

| | | | |
|---|---|---|---|
| *Grey* | *+ est = the greyest* | دِ گرِیِست | خاکستری ترین |
| *Easy* | *+ est = the easiest* | دِ ایزی یِست | آسان ترین |
| *Heavy* | *+ est = the heaviest* | دِ هِوی یِست | سنگین ترین |
| *Pretty* | *+ est = the prettiest* | دِ پرِتی یِست | زیباترین |
| *Happy* | *+ est = the happiest* | دِ هَپی یِست | خوشحال ترین |
| *Merry* | *+ est = the merriest* | دِ مِری یِست | خوشحال ترین |
| *Beasy* | *+ est = the beasiest* | دِ بیزی یِست | گرفتارترین - مشغول ترین |

3- اگر صفت دو بخش یا بیشتر از دو بخش داشته باشد در این صورت برای تبدیل شدن به صفت عالی کافی است که قبل از صفت the most اضافه کنیم مانند فرمول

صفت دوبخش و بیشتر از دو بخش + the most = **فرمول صفت عالی ( سه )**

که در این فرمول the most به معنای ترین می باشد. مانند:

| | | |
|---|---|---|
| ***The most beautiful*** | دِ مُست بی یو تی فول | *زیباترین* |
| ***The most expensive*** | دِ مُست اِکس پِن سیو | *گران ترین* |
| ***The most difficult*** | دِ مُست دیفیکالت | *سخت ترین* |
| ***The most interesting*** | دِ مُست اینترِستینگ | *جالب ترین* |
| ***The most useful*** | دِ مُست یوز فول | *مُفیدترین* |
| ***The most careful*** | دِ مُست کِرفول | *بادقت ترین* |
| ***The most amused*** | دِ مُست اَم یوزد | *سرگرم شده ترین - خوشحال ترین* |

## صفات بی قاعده

برای تبدیل صفات زیر به حالت تفضیلی یا عالی، قانونِ خاصّی وجود ندارد و باید آن ها را حفظ کرد

| صفت ساده | | صفت تفضیلی | | صفت عالی | |
|---|---|---|---|---|---|
| **Good** | گود | **Better than** | بِتر دَن | **The best** | دِ بِست |
| خوب | | خوب تر از - بهتر از | | خوب ترین- بهترین | |
| **Bad** | بَد | **Worse than** | وُرس دَن | **The worst** | دِ وُرست |
| بد | | بدتر از | | بدترین | |
| **Ill** | ایل | **Worse than** | وُرس دَن | **The worst** | دِ وُرست |
| مریض | | بدتر از | | بدترین | |
| **Little** | لیتِل | **Less than** | لِس دَن | **The least** | دِ لیست |
| کَم | | کمتر از | | کمترین | |

| | | | | | |
|---|---|---|---|---|---|
| Much | ماچ | More than | مُر دَن | The most | دِ مُست |
| زیاد | | زیادتر از- بیشتر از | | زیادترین - بیشترین | |
| Many | مِنی | More than | مُر دَن | The most | دِ مُست |
| زیاد | | زیادتر از | | زیادترین | |
| Old | اُلد | Elder than | اِلدِر دَن | The eldest | دِ اِلدِست |
| مُسن | | مُسن تر از | | مُسن ترین | |
| Far | فار | Further than | فِردِر دَن | The furthest | دِ فِردِست |
| دور | | بیشتر از | | بیشترین | |
| Far | فار | Farther than | فاردِر دَن | The farthest | دِ فاردِست |
| دور | | دورتر از | | دورترین | |
| Late | لِیت | Later than | لِیتِر دَن | The latest | دِ لِیتِست |
| دیر | | دیرتر از | | آخرین | |
| Late | لِیت | Latter | لَتِر | The last | دِ لَست |
| دیر | | دومی - اخیر | | آخری | |
| In | این | Inner | اینِر | Inmost – inner most | |
| داخل | | داخلی | | داخلی ترین | |
| Up | آپ | Upper | آپِر | Upmost – upper most | |
| بالا | | بالاتر | | بالاترین | |

به چند مثال زیر دقت کنید

*This is a good car* — دیس ایز اِ گود کار — *این یک ماشینِ خوب است*

*That car is Better than this one* — *آن ماشین، بهتر از این یکی است*

دَت کار ایز بِتِر دَن دیس وان

*My car is the best* — مآی کار ایز دِ بِست — *ماشینِ من، بهترین است*

# مبحث rather ( رَدِر ) و fairly ( فِرلی )

این دو کلمه قید هستند ، به معنای نسبتاً می باشند و صفت یا قید را توصیف می کنند و فرق آن ها در این

است که rather بیشتر با صفت و یا قیدی به کار می رود که برای گوینده، چندان خوشآیند نباشد. مانند:

اینجا نسبتاً سَرد است     ایتس رَدِر کُلد این هییر     *It's rather cold in here*

که در این مثال سَرمای اُتاق از نظر گوینده ، چیز خوشآیندی نمی باشد.

اداره ی او نسبتاً پیشرفته است     *His office is fairly modern*

هیز آفیس ایز فِرلی مادِرن

نسبتاً خوب تایپ می کند     شی تآیپس فِرلی وِل     *She types fairly well*

در اینجا صفتِ modern و قیدِ well توصیف شده اند.

# مبحث قرارگیری یک فعل بعد از فعل دیگر

در زبان انگلیسی برای آوردن دو فعل در کنار یک دیگر، الگو هایی وجود دارد که باید آن ها را حفظ

کنیم و به کار ببریم.

## 1- افعالی که بعد از آن ها، فعل به صورت مصدر با to می آید بسیار زیاد بوده

## و ما آن هایی که خیلی مهم هستند را برای شما می گوییم

نصیحت کردن     اَدوآیز     *advise*

او به من نصیحت کرد که آن کار را انجام بدهم     *He advised me to do it*

هی اَدوآیزد می تو دو ایت

اِستطاعت داشتن     اِفُرد     *afford*

موافق بودن - موافقت کردن     اَگیری     *agree*

او قبول کرد که بیاید     شی اَگیرید تو کام     *She agreed to come*

اجازه دادن     اَلَوْ     *allow*

240

***My boss doesn't allow her to use the telephone***

مآی باس دازِنت اِلَوْ هِر تو یوز دِ تِلِفُن

*رئیس من به او اجازه نمی دهد که از تلفن استفاده کند*

| | | |
|---|---|---|
| ***appear*** | اَپییِر | *ظاهر شدن* |
| ***arrange*** | اَرِینج | *مُرتّب کردن- چیدن* |
| ***ask*** | اَسک | *خواستن - تَقاضا کردن* |

***She asked me to stay with her***  *او از من خواست که با او بمانم*

شی اَسکت می تو اِستِی ویت هِر

| | | |
|---|---|---|
| ***attempt*** | اَتمپت | *کوشش کردن* |
| ***beg*** | بِگ | *درخواست کردن - خواهش کردن* |
| ***begin*** | بیگین | *شروع کردن* |
| ***cause*** | کاز | *سَبَب شدن - باعث شدن* |
| ***choose*** | چوز | *انتخاب کردن* |
| ***command*** | کامِند | *دستور دادن* |
| ***compel*** | کامپِل | *وادار کردن - مجبور کردن* |
| ***consent*** | کان سِنت | *راضی شدن* |
| ***dare*** | دِر | *جُرأت کردن* |
| ***decide*** | دیسآید | *تصمیم گرفتن* |
| ***He decided to go there*** | هی دیسآیدِد تو گُ دِر | *او تصمیم گرفت به آنجا برود* |
| ***determine*** | دِتِرمِن | *تَصمیم گرفتن* |
| ***encourage*** | اینکارِج | *تَشویق کردن - تَرغیب کردن* |

***They encouraged her to come***  *آن ها او را تشویق کردند که بیاید*

دِی اینکارِجد هِر تو کام

| | | |
|---|---|---|
| ***expect*** | اِکسپکت | ***اِنتظار داشتن*** |
| ***She expected me to do it*** | | ***او از من انتظار داشت که آن را انجام بدهم*** |
| | شی اِکسپِکتِد می تو دو ایت | |
| ***fail*** | فِیل | ***شکست خوردن - رَد شدن*** |
| ***force*** | فُرس | ***مَجبور کردن*** |
| ***forget*** | فُرگِت | ***فراموش کردن*** |
| ***You forgot to buy it again*** | | ***دوباره فراموش کردی، آن را بِخَری*** |
| | یو فُرگات تو بآی ایت اِگِین | |
| ***happen*** | هَپن | ***اتفاق افتادن - رُخ دادن*** |
| ***hate*** | هِیت | ***نفرت داشتن - متنفر بودن*** |
| ***hesitate*** | هِزیتِیت | ***شَک داشتن*** |
| ***hope*** | هُپ | ***اُمیدوار بودن*** |
| ***instruct*** | ایناسترِاکت | ***دستور دادن - آموزش دادن*** |
| ***intend*** | اینتِند | ***قَصد داشتن*** |
| ***invite*** | اینوآیت | ***دعوت کردن*** |
| ***learn*** | لِرن | ***یاد گرفتن - آموختن*** |
| ***Learn to speak English*** | | ***صحبت کردن انگلیسی را یاد بگیرید*** |
| | لِرن تو اِسپیک اینگیلیش | |
| ***leave*** | لیو | ***تَرک کردن - رفتن*** |
| ***like*** | لآیک | ***دوست داشتن*** |

| | | |
|---|---|---|
| *I like to be with you* | آی لآیک تو بی ویت یو | دوست دارم با تو باشم |
| *love* | لآوْ | عشق ورزیدن |
| *manage* | مَنِج | اِداره کردن - مدیریت کردن |
| *mean* | مین | مَنظور داشتن - مَعنی دادن |
| *need* | نید | احتیاج داشتن - نیاز داشتن |
| *I need to buy a new book* | آی نید تو بآی اِ نییو بُک | لازم است که یک کتاب جدید بِخرم |
| *neglect* | نِگلکت | غِفلت کردن - کوتاهی کردن |
| *He neglected to write* | هی نِگلکتِد تو رآیت | از نوشتن کوتاهی کرد |
| *oblige* | آبلآیج | مجبور کردن |
| *offer* | آفِر | پیشنهاد کردن |
| *order* | اُردِر | دستور دادن - سِفارش دادن |
| *He ordered me to stay at home* | هی اُردِرد می تو اِستِی اَت هُم | او به من گفت ( دستور داد ) در منزل بمانم |
| *permit* | پِرمیت | اِجازه دادن |
| *I permitted them to play* | آی پِرمیتِد دِم تو پِلِی | به آن ها اجازه دادم که بازی کنند |
| *persuade* | پِرسوایِد | تَرغیب کردن |
| *plan* | پِلَن | در نَظَر داشتن - برنامه داشتن |
| *They plan to come here* | دِی پِلَن تو کام هییِر | آن ها در نظر دارن که به اینجا بیایند |
| *prefer* | پیریفِر | تَرجیح دادن |
| *I prefer to stay* | آی پیریفِر تو اِستِی | تَرجیح می دهم ( که ) بمانم |
| *prepare* | پیریپِر | آماده کردن - تَدارک دیدن |

| | | |
|---|---|---|
| *press* | پِرِس | فِشار دادن - هُل دادن |
| *pretend* | پیریتِند | وانمود کردن |
| *promise* | پرآمیس | قول دادن |
| *He promised to buy it* | هی پرآمیسد تو بآی ایت | او قول داد که آن را بِخَرَد |
| *propose* | پرِپُز | پیشنهاد کردن |
| *recommend* | رِکامِند | توصیه کردن |
| *refuse* | ریفییوز | اِمتناع کردن |
| *regret* | ریگرِت | اَفسوس خوردن - پَشیمان شدن |
| *remember* | ریمِمبِر | به خاطر آوردن |
| *Remember to wake me up* | ریمِمبِر تو وِیک می آپ | یادِت باشه که مرا بیدار کُنی |
| *remind* | ریمآیند | یادآوری کردن |
| *request* | ریکواِست | تقاضا کردن - درخواست کردن |
| *start* | اِستارت | شروع کردن |
| *He started to learn English* | هی اِستارتِد تو لِرن اینگیلیش | او شروع به یادگیریِ انگلیسی کرد |
| *swear* | سوءِر | قَسَم خوردن |
| *He swore to do it* | هی سُر تو دو ایت | او قسم خورد که آن کار را انجام دهد |
| *teach* | تیچ | درس دادن - تَعلیم دادن |
| *tell* | تِل | گفتن |
| *Tell her to stay here* | تِل هِر تو اِستِی هییِر | به او بگو که اینجا بماند |
| *tempt* | تِمپت | فَریفتن - اِغوا کردن - وَسوَسه کردن |
| *threaten* | ثِرِتِن | تَهدید کردن - تَرساندن |

***They threatened to kill all the passengers***

دِی ثرِتند تو کیل اُل دِ پَسنجرز

***آن ها تَهدید کردند که همه ی مسافران را می کُشند***

| | | |
|---|---|---|
| **trouble** | تِرابِل | *زَحمت دادن* |
| ***try*** | تِرآی | *سَعی کردن - تَلاش کردن* |
| ***Try to succeed*** | تِرآی تو ساکسید | *سعی کُن که موفق بشوی* |
| ***want*** | وانت | *خواستن* |
| ***I want to leave*** | آی وانت تو لیو | *می خواهم بروم* |
| ***I want you to leave*** | آی وانت یو تو لیو | *از تو می خواهم که بروی* |
| ***warn*** | وُرن | *هُشدار دادن* |
| ***wish*** | ویش | *آرزو داشتن* |
| ***I wish to see you again*** | آی ویش تو سی یو اِگین | *اُمیدوارم که شما را دوباره ببینم* |

*توجه1: افعال بر طبق حروف الفبا آمده اند.*

*توجه2:* **need** *اگر به صورت فعل ناقص به کار برود، می تواند برای سوالی به اول جمله بیاید و برای منفی،* ***not*** *بگیرد و در این صورت فعل بعد از آن، بدون* ***to*** *می آید. مانند مثال:*

***you needn't work so hard***    ***لازم نیست که شما این قدر سخت، کار بکنید***

یو نیدنِت وُرک سُ هارد

***need I tell you anything I do?***    ***آیا لازم است که هر کاری می کنم به شما بگویم؟***

نید آی تِل یو اِنیثینگ آی دو؟

2- افعالی که بعد از آن ها فعل بصورت مصدر بدون to می آید عبارتند از

| | | |
|---|---|---|
| *can* | کَن | توانستن |
| *I can see you* | آی کَن سی یو | من می توانم شما را ببینم |
| *I can help you* | آی کَن هَلپ یو | من می توانم به شما کمک کنم |
| *could* | کُد ( کود ) | گذشته ی can می باشد |
| *he could swim* | هی کُد ( کود ) سوایم | او می توانست شنا کند |
| *Had better* | هَد بِتِر | بهتر است |
| *I had better start it* | آی هَد بِتِر اِستارت ایت | بهتر است آن را شروع کنم |
| *help* | هِلپ | کمک کردن |
| *I helped her carry the heavy box* | آی هِلپت هِر کَری دِ هِوی باکس | من به او در حمل آن جعبه ی سنگین، کمک کردم |
| *let* | لِت | اجازه دادن |
| *let me help you* | لِت می هِلپ یو | اجازه بده کمکت کنم |
| *I let him leave the class* | آی لِت هیم لیو دِ کِلَس | به او اجازه دادم از کلاس خارج شود |
| *make* | مِیک | مجبور کردن - وادار کردن |
| *I make them go* | آی مِیک دِم گُ | آن ها را مجبور می کنم که بروند |
| *he made me stay there* | هی مِید می اِستِی دِر | او مرا مجبور کرد که آنجا بمانم |
| *may* | مِی | ممکن بودن |
| *it may rain* | ایت مِی رِین | ممکن است باران ببارد |
| *might* | مآیت | گذشته ی may می باشد |

*must* ماست *باید*

*I must see her* آی ماست سی هِر *باید او را ببینم*

*You must do it right now* *شما باید آن را همین الان انجام بدهید*

یو ماست دو ایت رآیت نَوْ

*Would rather* وُود رَدِر *ترجیح دادن*

*He would rather live here* *او ترجیح می دهد که اینجا زندگی کند*

هی وُود رَدِر لِو (لیو) هییِر

*ought to* اُت تو *باید*

*I ought to leave* آی اُت تو لیو *باید بروم*

*we ought to help each other* *ما باید به یکدیگر کمک کنیم*

وی اُت تو هِلپ ایچ آدِر

*shall* شَل *به جای آن از will استفاده می شود*

*should* شُد (شود) *باید*

*I should leave* آی شُد (شود) لیو *باید بروم*

*we should help each other* *ما باید به یکدیگر کمک کنیم*

وی شُد (شود) هِلپ ایچ آدِر

*will* ویل *فعل کمکیِ آینده می باشد. ( خواهم، خواهی ... )*

*she will go there* شی ویل گُ دِر *او به آنجا خواهد رفت*

*would* وُد (وُود) *گذشته ی will می باشد*

**توجه:** انگلیسی ها بعد از help از مصدر با to استفاده می کنند و آمریکایی ها بعد از help مصدر بدون to می آورند.

**3- افعالی که بعد از آن ها فعل یا به صورت ing یا به صورت مصدر با to می آیند، عبارتند از:**

*advise* اَدوآیز *نصیحت کردن*

*allow* اِلَوْ *اجازه دادن*

***We don't allow smoking in our house***

وی دُنت اِلَوْ اِسمُکینگ این اَوْر هَوْس

*اجازه ی سیگار کشیدن در منزلمان را نمی دهیم*

*attempt* اَتِمپت *کوشش کردن*

*begin* بیگین *شروع کردن*

*can't bear* کَنت بِر *توان جلوگیری از انجامِ کاری را نداشتن - تَحمّل نکردن*

*cease* سیس *دستگیر کردن - متوقف کردن.*

*continue* کانتینیو *ادامه دادن*

*forbid* فُربید *قَدغَن کردن - ممنوع کردن*

*forget* فُرگِت *فراموش کردن*

*hate* هِیت *متنفر بودن*

*intend* اینتِند *قصد داشتن*

*like* لآیک *دوست داشتن*

***I like to swim*** *دوست دارم شنا کنم ( مربوط به حالِ حاضر می باشد یعنی الان دوست دارم شنا کنم )*

آی لآیک تو سوایم

***I like swimming***

آی لآیک سوایمینگ

*شنا کردن را دوست دارم*

*( برای بیان حالت کُلی می باشد . شاید در حال حاضر میل به شنا کردن هم نداشته باشم )*

| | | |
|---|---|---|
| ***love*** | لآو | ***عشق ورزیدن*** |
| ***neglect*** | نِگلکت | ***غِفلت کردن*** |
| ***permit*** | پِرمیت | ***اجازه دادن*** |
| ***prefer*** | پیریفِر | ***ترجیح دادن*** |

***I prefer to watch T.V*** ***من تَرجیح می دهم که تلویزیون تماشا کنم***

آی پیریفِر تو واچ تی.وی

***I prefer to stay at home*** آی پیریفِر تو اِستِی اَت هُم ***من ترجیح می دهم در منزل بمانم***

***She prefers playing to working*** ***او بازی را به کار ترجیح می دهد***

شی پیریفِرز پِلِی اینگ تو وُرکینگ

| | | |
|---|---|---|
| ***propose*** | پِرپُز | ***پیشنهاد دادن*** |
| ***regret*** | ریگرِ ت | ***اَفسوس خوردن - پَشیمان شدن*** |
| ***remember*** | ریمِمبِر | ***به خاطر آوردن - به یاد داشتن*** |
| ***start*** | اِستارت | ***شروع کردن*** |
| ***stop*** | اِستاپ | ***متوقف کردن - ایستادن*** |
| ***try*** | ترآی | ***سَعی کردن - تَلاش کردن*** |
| ***I like skiing*** | آی لآیک اِسکینگ | ***من اسکی را دوست دارم ( در حالت کُلّی )*** |
| ***I like to ski*** | آی لآیک تو اِسکی | ***دوست دارم اسکی کنم ( یعنی همین اَلان )*** |

***Remember to visit my mother***

ریمِمبِر تو ویزیت مآی مادِر

***به خاطر داشته باش که به مادرم سَری بزنی ( این عَمل مربوط به آینده می باشد )***

***Remember visiting my mother?***

ریمِمبِر ویزیتینگ مآی مادِر ؟

***دیدار با مادرم را به خاطر می آوری؟ ( یادت می آید که مادرم را ملاقات کردی؟ این عَمل مربوط به گذشته می باشد )***

**4- افعالی که بعد از آن ها فعل به صورت ing یا مصدر بدون to می آیند عبارتند از**

***Feel*** — فیل — *اِحساس کردن*

***Hear*** — هییِر — *شنیدن*

***I didn't hear the phone ring***

آی دیدِنت هِییِر دِ فُن رینگ

*نشنیدم که تلفن زنگ بزند ( صدای زنگ تلفن را نشنیدم )*

***I heard her sing*** — آی هِرد هِر سینگ — *شنیدم که آواز خواند*

***I heard her singing*** — آی هِرد هِر سینگینگ — *شنیدم که داشت آواز می خواند*

***Notice*** — نُتیس — *مُتوجه شدن*

***Observe*** — آبزِروْ — *مُشاهده کردن*

***I observed her drop the letter*** — *دیدم که نامه را انداخت*

آی آبزِروْد هِر دِرآپ دِ لِتر

***I observed her dropping the letter*** — *دیدم که داشت نامه را می انداخت*

آی آبزِروْد هِر دِرآپینگ دِ لِتر

***See*** — سی — *دیدن*

***I saw him take the money***

آی سا هیم تِیک دِ مانی

*او را دیدم که پول را برداشت ( عَمل برداشتن پول، به طور کامل دیده شده است )*

***I saw him taking the money***

آی سا هیم تِیکینگ دِ مانی

*او را دیدم که داشت پول را بر می داشت ( در این حالت عَمل برداشتن پول ، به طور کامل دیده نشده است )*

***Watch*** واچ ***تماشا کردن***

***I watched Jone hit katty*** ***من دیدم که جان، کَتی را زَد***

آی واچت جان هیت کَتی

***I watched Jone hitting katty*** ***من دیدم که جان، داشت کَتی را می زد***

آی واچت جان هیتینگ کَتی

## 5- افعالی که بعد از آن ها فعل به صورت ing می آید عبارتند از

***admit*** اَدمیت ***پذیرفتن - قبول کردن - اِقرار کردن***

***advise*** اَد وآیز ***نَصیحت کردن***

***appreciate*** اَپریشیایت ***قَدردانی کردن***

***avoid*** اَوُیْد ***پرهیز کردن - خودداری کردن***

***Avoid smoking*** اَوُیْد اِسمُکینگ ***از سیگار کشیدن بپرهیزید***

***Call off*** کال آف ***لَغو کردن***

***Can't avoid*** کَنت اَوُیْد ***توان انجام ندادن کاری را نداشتن***

***I can't avoid picking the flower*** ***نمی توانم آن گُل را نچینم***

آی کَنت اَوُیْد پیکینگ دِ فِلآوِر

***can’t help*** کَنت هِلپ ***توان انجام ندادن کاری را نداشتن***

***I cant help eating it*** ***نمی توانم آن را نخورم***

آی کَنت هِلپ ایتینگ ایت

***can’t stand*** کَنت اِستَند ***استقامت انجام ندادن کاری را نداشتن***

***I can’t stand eating it*** ***نمی توانم آن را نخورم***

آی کَنت اِستَند ایتینگ ایت

***can’t resist*** کَنت رِزیست ***توان انجام ندادن کاری را نداشتن***

| | | |
|---|---|---|
| ***I can't resist eating it*** | آی کَنت رِزیست ایتینگ ایت | ***نمی توانم آن را نخورم*** |
| **consider** | کانسیدِر | ***درنَظَر داشتن*** |
| ***I consider retiring*** | آی کانسیدِر ریتآیِرینگ | ***درنظر دارم که بازنشسته شوم*** |
| **contemplate** | کانتِمپِلیت | ***درنظر داشتن - اندیشیدن*** |
| **delay** | دِلِی | ***تأخیر کردن - به تأخیر انداختن*** |
| **deny** | دِنآی | ***اِنکار کردن*** |
| **detest** | دیتِست | ***تَنفّر داشتن از*** |
| **dislike** | دیس لآیک | ***دوست نداشتن - بیزار بودن از*** |
| **endure** | اِن دُءِر | ***تَحمّل کردن*** |
| **enjoy** | اینجُی | ***لذت بردن از*** |

***I enjoy watching the film*** ***از تماشای آن فیلم لذّت می برم***

آی اینجُی واچینگ دِ فیلم

***I enjoy running in the morning*** ***من از دویدن در هنگام صبح لذّت می برم***

آی اینجُی رانینگ این دِ مُرنینگ

| | | |
|---|---|---|
| **escape** | اِسکِیپ | ***گُریختن - فَرارکردن*** |
| **excuse** | اِکسکییوز | ***مَعذرت خواستن*** |
| **finish** | فینیش | ***تمام کردن - به اِتمام رساندن*** |
| **forgive** | فُرگیو | ***بَخشیدن- عَفو کردن*** |
| **give up** | گیو آپ | ***تَرک کردن - رَها کردن*** |
| **go on** | گُ آن | ***ادامه دادن*** |
| **imagine** | ایمَجِن | ***تَصوّر کردن*** |
| **involve** | اینوآلوْ | ***مَستَلزِم بودن - گرفتار شدن*** |
| **keep** | کیپ | ***نگاه داشتن - ادامه دادن*** |

| | | |
|---|---|---|
| ***Keep on*** | کیپ آن | *ادامه دادن* |
| ***leave off*** | لیو آف | *مُتوقف کردن* |
| ***mention*** | مِنشِن | *ذِکر کردن - نام بردن* |
| ***mind*** | مآیند | *اهمیت دادن* |
| ***do you mind closing the door?*** | دو یو مآیند کِلُزینگ دِ دُر؟ | *ممکن است، در را ببندید؟* |
| ***miss*** | میس | *از دست دادن* |
| ***postpone*** | پُستپُن | *به تأخیر انداختن* |
| ***practice*** | پرَکتیس | *تمرین کردن* |
| ***Put off*** | پوت آف | *به تعویق انداختن - کَنسل کردن* |
| ***resent*** | ریزِنت | *اِظهار تَنفر کردن از - مُنزَجِر شدن از* |
| ***quit*** | کو ای ت | *رَها کردن - دست کشیدن از* |
| ***resist*** | رِزیست | *اِستقامت کردن* |
| ***regret*** | ریگرِت | *اَفسوس خوردن - پَشیمان شدن* |
| ***risk*** | ریسک | *خَطر کردن - به خطر انداختن* |
| ***stop*** | اِستاپ | *مُتوقف کردن* |
| ***Stop eating*** | اِستاپ ایتینگ | *دیگه نَخور* |
| ***stop singing*** | اِستاپ سینگینگ | *دیگه آواز نَخوان* |
| ***stop spesking*** | اِستاپ اِسپیکینگ | *دیگه صحبت نکن* |
| ***suggest*** | ساجِست | *پیشنهاد کردن* |
| ***understand*** | آندرِستَند | *فهمیدن* |

## 4- عبارات و صفاتی که بعد از آن ها فعل به صورت ing می آید عبارتند از

***have difficulty in*** — هَو دیفیکالتی این — *اِشکال داشتن در- مُشکل داشتن در*

***I have no difficalty in doing it*** — *در انجام آن هیچ اِشکالی( مُشکلی ) ندارم*

آی هَو نُ دیفیکالتی این دواینگ ایت

***have the pleasure of*** — هَو دِ پلِژِر آو — *احساس شادی داشتن*

***it is no good*** — ایت ایز نُ گود — *خوب نیست*

***It is no good watching that film*** — *تماشای آن فیلم خوب نیست*

ایت ایز نُ گود وآچینگ دَت فیلم

***It is no good getting angry*** — *عصبانی شدن، خوب نیست*

ایت ایز نُ گود گِتینگ اَنگیری

***it is no use*** — ایت ایز نُ یوز — *فایده ای ندارد*

***It is no use working here*** — *کار کردن در اینجا بی فایده است*

ایت ایز نُ یوز وُرکینگ هیِر

***It is no use crying*** — ایت ایز نُ یوز کِرآی اینک — *گریه، فایده ای ندارد*

***look forward to*** — لُک ( لوک ) فُروارد تو — *مُشتاق بودن*

***take pleasure in*** — تِیک پیلیژِر این — *احساس لذت بردن*

***She takes pleasure in helping the poor*** — *او از کمک به فقرا، لذّت می بَرد*

شی تِیکس پیلیژِر این هِلپینگ دِ پور

***there is no harm in*** — دِر ایز نُ هارم این — *در آن ضرری نیست*

***To be busy*** — تو بی بیزی — *گِرفتار بودن - مَشغول بودن*

***to be used to*** — تو بی یوزد تو — *عادت داشتن*

| | | |
|---|---|---|
| *To be worth* | تو بی وُرث | *اَرزش داشتن* |
| *The film is worth seeing* | دِ فیلم ایز وُرث سی اینگ | *آن فیلم اَرزشِ دیدن را دارد* |
| *to get used to* | تو گِت یوزد تو | *عادت کردن* |

## much & very مبحث

very به معنای خیلی می باشد و با صفت های ساده و قیدهای ساده به کار می رود. مانند:

| | | |
|---|---|---|
| *Very cold* | وِری کُلد | *خیلی سَرد* |
| *Very tall* | وِری تال | *خیلی قد بلند* |
| *Very fat* | وِری فَت | *خیلی چاق* |
| *Very late* | وِری لِیت | *خیلی دیر* |
| *Very early* | وِری اِرلی | *خیلی زود* |
| *Very brave* | وِری برِیو | *خیلی شجاع* |
| *Very slowly* | وِری اِسلُلی | *خیلی آرام - خیلی آهسته - خیلی کند* |
| *Very quickly* | وِری کوایکلی | *خیلی سَریع - خیلی تُند* |
| *Very rapidly* | وِری رَپیدلی | *خیلی سریع - خیلی تند* |
| *Very bravely* | وِری برِیولی | *خیلی شجاعانه* |
| *Very carefully* | وِری کِرفولی | *خیلی بادقّت* |
| *She is very fat* | شی ایز وِری فَت | *او خیلی چاق است* |
| *It is very late* | ایت ایز وِری لِیت | *خیلی دیر است* |
| *I drive very rapidly* | آی درآیو وِری رَپیدلی | *من خیلی سَریع رانندگی می کنم* |
| *He fights very bravely* | هی فآیتس وِری برِیولی | *او خیلی شجاعانه می جنگد* |
| *She runs very slowly* | شی رانز وِری اِسلُلی | *او خیلی آرام می دود* |

**Much** به معنای خیلی یا زیاد می باشد و با صفت ها یا قیدهای تفضیلی به کار می روند. مانند:

*Much more careful than*　　ماچ مُر کِرفول دَن　　*خیلی با دقّت تر از*

*Leila is much more careful than Ahmad*　　*لیلا خیلی با دقّت تر از احمد است*

لِیلا ایز ماچ مُر کِرفول دَن اَحمد

*Much more beautiful than*　　ماچ مُر بی یوتی فول دَن　　*خیلی زیباتر از*

*Leila is much more beautiful than her sister*　　*لیلا خیلی زیباتر از خواهرش است*

لِیلا ایز ماچ مُر بی یوتی فول دَن هِر سیستِر

*Much more bravely than*　　ماچ مُر بِریوْلی دَن　　خیلی شجاعانه تر

*He fights Much more bravely than his friends*　　*او خیلی شجاعانه تر از دوستانش می جنگد*

هی فآیتس ماچ مُر بِریوْلی دَن هیز فِرِندز

## It is time ... مبحث

به معنای ( وقتش است که ... ) می باشد و به دو صورت به کار می رود

1- اگر بعد از ...it is time مصدر با to بیاید ، در این حالت، این عمل مربوط به آینده ی نزدیک می باشد که باید صورت بگیرد. مانند:

*It is time to go to bed*　　*وقتِ خواب است*

ایت ایز تآیم تو گُ تو بِد

یعنی ما باید برویم و بخوابیم

*It is time to teach you a lesson*　　*وقتِ این است که به تو یه درسی بدهم ( تو را تَنبیه کنم )*

ایت ایز تآیم تو تیچ یو اِ لِسِن

*It's time to bleed you*　　*وقتش است که تو را ( بزنم ) خونی کنم*

ایت ایز تآیم تو بیلید یو

2- اگر بعد از ...it is time فعل گذشته بیاید، بیان کننده ی عَملی است که بهتر بوده انجام شود ولی آن عمل انجام نشده است. مانند:

*It is time we went home*

وقتش است که خانه باشیم

ایت ایز تآیم وی وِنت هُم

یعنی در حال حاضر، ما باید در منزل باشیم ولی آنجا نیستیم

# مبحث none & every

every به معنای همه می باشد و با فعل مفرد به کار می رود. None در حقیقت no one بوده و معنای

هیچ کس می دهد و حالت منفیِ every می باشد . برای دَرک بیشتر به مثال های زیر دقت کنید.

*Every student is present*

همه ی شاگردان، حاضر هستند

اِوری اِستییودِنت ایز پِرزِنت

به جای جمله ی بالا که با فعل مفرد به کار رفته است می توان از all به معنای همه، استفاده کرد که در این

صورت باید فعل را به شکلِ جمع بیاوریم.

*All the students are present*

همه ی شاگردان، حاضر هستند

اَل دِ اِستییودِنتس آر پِرزِنت

*None is absent*

هیچ کس غایب نیست

نان ایز اَبسِنت

توجه: none برای غیر انسان نیز استفاده می شود و با فعل های مفرد و جمع، به کار می رود

*I had four cats once, none of them is\ are alive now*

آی هَد فُر کَتس وانس ، نان آو دِم ایز \ آر اِلآیو نَو

یه زمانی چهار تا گربه داشتم، حال هیچ کدام از آن ها زنده نیستند

*I wanted some money but there was none in my wallet*

آی وانتِد سام مانی بات دِر واز نان این مآی والِت

مقداری پول می خواستم اما هیچی در کیفِ پولم نبود

257

# every - some - any - no - else مبحث ترکیبات

| | | |
|---|---|---|
| *everyone* | اِوری وان | هرکس - همه |
| *everybody* | اِوری بادی | هرکس - همه |
| *everything* | اِوری ثینگ | هرچیز - همه چیز |
| *everywhere* | اِوری وِر | هرجا - همه جا |
| *someone* | سام وان | یه کسی |
| *somebody* | سام بادی | یه کسی |
| *something* | سام ثینگ | یه چیزی |
| *somewhere* | سام وِر | یه جایی |
| *some people* | سام پیپِل | کسانی |
| *some things* | سام ثینگز | چیزهایی |
| *some places* | سام پِلیسِز | جاهایی |
| *anyone* | اِنی وان | هرکس |
| *anybody* | اِنی بادی | هرکس |
| *anything* | اِنی ثینگ | هرچیز |
| *anywhere* | اِنی وِر | هرجا |
| *no one* | نُ وان | هیچ کس |
| *nobody* | نُ بادی | هیچ کس |
| *nothing* | ناثینگ | هیچ چیز |
| *nowhere* | نُ وِر | هیچ جا |

| | | |
|---|---|---|
| ***someone else*** | سام وان اِلس | *یه کس دیگه* |
| ***somebody else*** | سام بادی اِلس | *یه کس دیگه* |
| ***something else*** | سام ثینگ اِلس | *یه چیز دیگه* |
| ***somewhere else*** | سام وِر اِلس | *یه جای دیگه* |
| ***where else ?*** | وِر اِلس؟ | *دیگه کجا ؟* |
| ***what else ?*** | وات اِلس؟ | *دیگه چی ؟* |
| ***who else ?*** | هو اِلس؟ | *دیگه کی ؟* |
| ***why else ?*** | وآی اِلس؟ | *دیگه چرا ؟* |

## مبحث either - neither

**either - neither** به عنوان صفت قبل از اسم می آیند. **either** به معنیِ هر یک از دو و **neither** به معنای هیچ یک از دو می باشد.

***Either student needs a pen*** — ***هر یک از دو دانش آموز به یک قلم نیاز دارند***

ایدِر اِستیبودِنت نیدز اِ پِن

***Neither boy knows the address*** — ***هیچ یک از دو پسر آدرس را نمی دانند***

نیدِر بُی نُز دِ (دی) اَدرِس

توجه1 : فاعلی که قبل از آن **either** یا **neither** باشد باید به صورت مفرد بیاید.

توجه2 : اگر **either** یا **neither** با حرف **of** همراه باشند در این صورت اسم بعد از آن ها، جمع می باشد. مانند :

***Either of your parents likes you*** — ***هر یک از والدینتان، شما را دوست دارند***

ایدِر آوْ یُر پَرِنتس لآیکس یو

*Neither of the boys is here*    *هیچ یک از دو پسر، اینجا نیستند*

نیدِر آوْ دِ بُیز ایز هییِر

## did you say .....? مبحث

گاهی از کسی سوالی می پرسیم و آن شخص جوابی می دهد و ما متوجه ی جواب نمی شویم و یا آن را نمی شنویم در این صورت می گوییم: گفتی ... ؟ که انگلیسی آن می شود **did you say...?** مانندِ مثال :

*Where do you live?*    وِر دو یو لِو (لیو) ؟    *کجا زندگی می کنی؟*

*Where did you say you live?*    *گفتی کجا زندگی می کنی؟*

وِر دید یو سِی یو لِو (لیو) ؟

*Where do you go?*    وِر دو یو گُ ؟    *کجا می روی؟*

*Where did you say you go?*    وِر دید یو سِی یو گُ ؟    *گفتی کجا می روی؟*

*What do you want?*    وات دو یو وانت ؟    *چی می خواهی؟*

*What did you say you want?*    وات دید یو سِی یو وانت ؟    *گفتی چی می خواهی؟*

## do you think .....? مبحث

گاهی از کسی سؤالی پرسیده می شود و او به جای جواب دادن، سوال دیگری را با عبارت ( فکر می کنی ... ؟ ) مَطرح می کند.

مثلاً به کسی می گویید: کجا زندگی می کنی؟ و او به شما می گوید: فکر می کنی ( که ) کجا زندگی می کنم؟ در این جمله فکر می کنی می شود **do you think ...?** ( دو یو ثینک ... ؟ ) مانند:

*Where do you live?*    وِر دو یو لِو (لیو) ؟    *کجا زندگی می کنی؟*

***Where do you think I live?*** ***فکر می کنی (که) کجا زندگی می کنم؟***

**وِر دو یو ثینک آی لِو (لیو)؟**

***How many sisters do you have?*** ***چند تا خواهر داری؟***

**هاو مِنی سیسترِز دو یو هَوْ؟**

***How many sisters do you think I have?*** ***فکر می کنی (که) چند تا خواهر دارم؟***

**هاوْ مِنی سیسترِز دو یو ثینک آی هَوْ ؟**

***Why does she leave home early?*** ***چرا او خانه را زود تَرک می کند؟***

**وآی داز شی لیو هُم اِرلی ؟**

***Why do you think she leaves home early?***

**وآی دو یو ثینک شی لیوز هُم اِرلی ؟**

***چرا فکر می کنی (که) او خانه را زود تَرک می کند؟***

# لیست افعال بی قاعده

توجه۱: در این لیست، تمام افعال ستون اول به صورت مصدر ترجمه شده اند.

توجه۲: این لیستی از افعال بیقاعده می باشد وآن هایی که با رنگِ آبی هستند، بیشتر به کار می روند

| infinitive | مصدر | past گذشته | past participle اسم مفعول (قسمت سوم) |
|---|---|---|---|
| arise | رخ دادن – برخاستن | arose | arisen |
| awake | بیدار شدن – بیدار کردن | awoke | awoken |
| be | بودن | was | been |
| bear | تحمل کردن – زاییدن | bore | borne |
| beat | زدن – کُتک زدن – مَغلوب شدن | beat | beaten |
| become | شدن | became | become |
| befall | اتفاق افتادن – رُخ دادن | befell | befallen |
| beget | تولید کردن – به وجودآوردن | begot | begotten |
| begin | شروع کردن | began | begun |
| behold | دیدن – مشاهده کردن – نظاره کردن | beheld | beheld |
| bend | خَم کردن – کَج کردن – دولا کردن | bent | bent |
| bereave | مَحروم کردن | bereft - bereaved | bereft - bereaved |
| beseech | التماس کردن | besought | besought |
| bet | شرط بستن | bet | bet |
| bid | امر کردن – دستور دادن– دعوت کردن | bid | bid |
| bind | بَستن – صَحافی کردن | bound | bound |
| bite | گاز گرفتن – گَزیدن | bit | bitten |
| bleed | خون آمدن – خونریزی کردن | bled | bled |
| blow | وَزیدن – دَمیدن – فوت کردن | blew | blown |
| break | شکستن – پاره کردن | broke | broken |

| | | | |
|---|---|---|---|
| breed | تولید کردن – پروراندن – بارآوردن | bred | bred |
| **bring** | آوردن | **brought** | **brought** |
| broadcast | پَخش کردن از رادیو – منتشر کردن از رادیو | broadcast | broadcast |
| **build** | ساختن | **built** | **built** |
| burn | سوزاندن – سوختن | burnt | burnt |
| burst | ترکیدن – منفجر شدن | burst | burst |
| **buy** | خریدن | **bought** | **bought** |
| cast | انداختن | cast | cast |
| **catch** | گرفتن | **caught** | **caught** |
| chide | سرزنش کردن – گِله کردن | chid | chid |
| choose | انتخاب کردن | chose | chosen |
| cleave | شکافتن – شکستن | cleft - clove | cleft - clove |
| cling | چسبیدن | clung | clung |
| **come** | آمدن | **came** | **come** |
| cost | ارزش داشتن – ارزیدن | cost | cost |
| creep | خزیدن | crept | crept |
| cut | بریدن | cut | cut |
| deal | مُعامله کردن | dealt | dealt |
| dig | کَندن | dug | dug |
| **do** | انجام دادن | **did** | **done** |
| draw | رَسم کردن – کِشیدن ( نقاشی ) | drew | drawn |
| dream | خواب دیدن | dreamt | dreamt |
| **drink** | نوشیدن | **drank** | **drunk** |
| **drive** | رانندگی کردن | **drove** | **driven** |
| dwell | ساکن بودن – ساکن شدن – دَوام آوردن | dwelt | dwelt |

| | | | |
|---|---|---|---|
| **eat** | **خوردن** | **ate** | **eaten** |
| **fall** | **اُفتادن** | **fell** | **fallen** |
| feed | **غذا دادن** | fed | fed |
| **feel** | **احساس کردن - حس کردن** | **felt** | **felt** |
| fight | **جنگیدن - مبارزه کردن** | fought | fought |
| **find** | **پیدا کردن** | **found** | **found** |
| fling | **پَرت کردن - جُفتک زدن - لَگدزدن** | flung | flung |
| **fly** | **پرواز کردن** | **flew** | **flown** |
| Forbear | **گذشت کردن - اجتناب کردن** | forbore | forborne |
| Forbid | **قدغن کردن** | forbade | forbidden |
| Forecast | **پیش بینی کردن** | forecast | forecast |
| forget | **فراموش کردن** | forgot | forgotten |
| forgive | **بَخشیدن** | forgave | forgiven |
| forsake | **تَرک کردن - انکارکردن - فراموش کردن** | forsook | forsaken |
| freeze | **یَخ زدن - یَخ بَستن** | froze | frozen |
| **get** | **به دست آوردن** | **got** | **got** |
| **give** | **دادن** | **gave** | **given** |
| **go** | **رفتن** | **went** | **gone** |
| grind | **آسیاب کردن - خُردکردن** | ground | ground |
| **grow** | **روییدن - رویاندن - بزرگ شدن** | **grew** | **grown** |
| hang | **آویزان کردن - آویختن - به دار آویختن** | hung - hanged | hung - hanged |
| **have** | **داشتن - خوردن** | **had** | **had** |
| **hear** | **شنیدن** | **heard** | **heard** |
| hew | **بریدن - قطع کردن (درخت) - تراشیدن** | hewed | hewn - hewed |
| hide | **مَخفی کردن - پنهان کردن** | hid | hidden |

| | | | |
|---|---|---|---|
| hit | زدن - کُتک زدن - تَنه زدن | hit | hit |
| **hold** | نگه داشتن | **held** | **held** |
| hurt | صَدمه زدن - آسیب رساندن | hurt | hurt |
| **keep** | نگه داشتن | **kept** | **kept** |
| kneel | زانو زدن - به زانو درآوردن | knelt | knelt |
| knit | بافتن | knit | knit |
| **know** | دانستن - شناختن | **knew** | **known** |
| lead | راهنمایی کردن - رهبری کردن - هدایت کردن | led | led |
| lean | کَج شدن - تکیه کردن - تکیه دادن | leant | leant |
| leap | پَریدن - جستن - خیز زدن | leapt | leapt |
| **learn** | آموختن | **learnt** | **learnt** |
| **leave** | تَرک کردن - جا گذاشتن | **left** | **left** |
| **lend** | قَرض دادن | **lent** | **lent** |
| let | اجازه دادن | let | let |
| lie | دراز کشیدن | lay | lain |
| light | روشن کردن | lit - lighted | lit - lighted |
| **lose** | گُم کردن - باختن - از دست دادن | **lost** | **lost** |
| **make** | ساختن - وادار کردن - مجبور کردن | **made** | **made** |
| **mean** | معنی دادن - منظور داشتن | **meant** | **meant** |
| **meet** | مُلاقات کردن - دیدار کردن | **met** | **met** |
| Mislead | گمراه کردن | misled | misled |
| Mistake | اشتباه کردن | mistook | mistaken |
| Misunderstand | دُرُست نفهمیدن | misunderstood | misunderstood |
| mow | دِرو کردن - چیدن | mowed | mown - mowed |
| Outdo | شکست دادن - بهتر از دیگری انجام دادن | outdid | outdone |

| | | | |
|---|---|---|---|
| Outgrow | زودتر روییدن از - بزرگتر شدن از | outgrew | outgrown |
| Overbid | بیشتر پیشنهاد دادن | overbid | overbid |
| Overcome | چیره شدن - غلبه یافتن - پیروز شدن | overcame | overcome |
| Overdo | بیش از حد انجام دادن - به افراط رساندن | overdid | overdone |
| Overfeed | پُر خوراندن - بیش از حد خوراندن | overfed | overfed |
| Override | بی اعتنایی کردن به - اهمیت ندادن به | overrode | overridden |
| Overrun | زیر پا گذاشتن - پایمال کردن - اشغال کردن | overran | overrun |
| Overtake | سبقت گرفتن از - غافلگیر کردن | overtook | overtaken |
| overthrow | مُتفرق کردن - سَرنگون کردن | overthrew | overthrown |
| **pay** | پَرداختن - پول دادن | **paid** | **paid** |
| **put** | گذاشتن - قراردادن | **put** | **put** |
| quit | تَرک کردن - رَها کردن | quit | quit |
| **read** | خواندن (مطلب) | **read** | **read** |
| rend | پاره کردن - چاک دادن - دَریدن | rent | rent |
| Rewind | باز پیچیدن - دوباره به محل اول برگرداندن | rewound | rewound |
| rid | خَلاص کردن - آزاد کردن | rid | rid |
| ride | راندن - سوارشدن | rode | ridden |
| ring | زنگ زدن | rang | rung |
| **rise** | برخاستن - طلوع کردن - تَرَقی کردن | **rose** | **risen** |
| run | دویدن | ran | run |
| saw | اَرّه کردن | sawed | sawn – sawed |
| **say** | گفتن | **said** | **said** |
| **see** | دیدن | **saw** | **seen** |
| seek | جستجو کردن - جویا شدن - بازجویی کردن | sought | sought |
| **sell** | فروختن | **sold** | **sold** |
| **send** | فرستادن | **sent** | **sent** |
| set | قراردادن - غروب کردن | set | set |

| | | | |
|---|---|---|---|
| sew | خیاطی کردن – دوختن | sewed | sewn – sewed |
| shake | تکان دادن | shook | shaken |
| shed | اَشک ریختن – پوست انداختن | shed | shed |
| shine | درخشیدن | shone | shone |
| shoot | تیرآندازی کردن – با تیر زدن | shot | shot |
| show | نشان دادن | showed | shown – showed |
| shrink | چروک شدن – مُنقبض شدن | shrank | shrunk |
| **shut** | بَستن | **shut** | **shut** |
| **sing** | آوازخواندن | **sang** | **sung** |
| sink | فرو رفتن – غرق شدن | sank | sunk |
| sit | نشستن | sat | sat |
| Slay | با خشونت کُشتن – به قتل رساندن | slew | slain |
| **sleep** | خوابیدن | **slept** | **slept** |
| slide | سُرخوردن – لیز خوردن – خَطاکردن | slid | slid |
| sling | آویزان کردن – پرتاب کردن | slung | slung |
| slink | جیم شدن – دُزدانه راه رفتن | slunk | slunk |
| slit | چاک دادن – شکافتن – دریدن | slit | slit |
| smell | بوکردن – بو دادن | smelt | smelt |
| smite | زدن – اثر گذاشتن – نیست و نابودکردن | smote | smitten |
| sow | کاشتن – بَذر افشاندن | sowed | sown – sowed |
| **speak** | صحبت کردن | **spoke** | **spoken** |
| speed | سرعت گرفتن | sped | sped |
| **spell** | هِجی کردن | **spelt** | **spelt** |
| **spend** | گذراندن – خَرج کردن | **spent** | **spent** |
| spill | ریختن(مایع) – سَر رفتن | spilt | spilt |
| spin | تابیدن – چرخاندن – چرخیدن | span | spun |
| spit | تُف انداختن – تُف کردن | spat | spat |

| | | | |
|---|---|---|---|
| split | شکافتن - تقسیم کردن | split | split |
| spoil | خراب کردن - ضایع کردن - لوس کردن | spoilt | spoilt |
| spread | پهن کردن - مالیدن روی - اشاعه دادن | spread | spread |
| spring | پَریدن - جَستن | sprang | sprung |
| **stand** | ایستادن | **stood** | **stood** |
| steal | دُزدیدن | stole | stolen |
| stick | چسباندن - چَسبیدن - فرو رفتن - گیر کردن | stuck | stuck |
| sting | نیش زدن - گزیدن - زخم زبان زدن | stung | stung |
| stink | بوی بَد دادن | stank | stunk |
| strew | ریختن - افشاندن - پاشیدن - پخش کردن | strewed | strewn – strewed |
| stride | تِلو تِلو خوردن - گُشاد گُشاد( بلند بلند) راه رفتن | strode | strode |
| strike | تصادف کردن - زدن - اعتصاب کردن | struck | struck |
| string | کشیدن - با نَخ بستن | strung | strung |
| strive | کوشیدن - تَقلا کردن | strove | striven |
| swear | سوگندخوردن - فُحش دادن - ناسزا گفتن | swore | sworn |
| sweat | عَرَق کردن - عرق کسی را در آوردن | sweat | sweat |
| sweep | جارو کردن - گردگیری کردن | swept | swept |
| swell | مُتورم شدن - باد کردن - بالا آمدن | swelled | swollen – swelled |
| **swim** | شنا کردن | **swam** | **swum** |
| swing | تاب دادن - تاب خوردن - چرخیدن | swung | swung |
| **take** | گرفتن - بردن | **took** | **taken** |
| **teach** | درس دادن | **taught** | **taught** |
| tear | پاره کردن | tore | torn |
| **tell** | گفتن | **told** | **told** |
| **think** | فکر کردن | **thought** | **thought** |
| thrive | تَرَقی دادن - کامیاب شدن | throve | thrived |
| **throw** | انداختن | **threw** | **thrown** |

| | | | |
|---|---|---|---|
| thrust | سوراخ کردن - فرو بردن | thrust | thrust |
| tread | لگد کردن - لِه کردن | trod | trodden |
| unbend | صاف شدن - راست شدن - خودمانی شدن | unbent | unbent |
| underbid | کمتر قیمت دادن(در مناقصه)کمتر خواندن(در ورق بازی) | underbid | underbid |
| undergo | تَحمیل کردن - دستخوش تغییراتی شدن | underwent | undergone |
| **understand** | فهمیدن | **understood** | **understood** |
| undertake | به عُهده گرفتن | undertook | undertaken |
| undo | بازکردن - رشته ها را پنبه کردن | undid | undone |
| unwind | باز کردن( نَخ ) - استراحت کردن | unwound | unwound |
| uphold | حمایت کردن - مراعات کردن - تایید کردن | upheld | upheld |
| upset | واژگون کردن - دگرگون شدن - منقلب شدن | upset | upset |
| wake | بیدارشدن | woke | woken |
| **wear** | پوشیدن | **wore** | **worn** |
| weave | بافتن | wove | woven |
| wed | ازدواج کردن | wed | wed |
| weep | گریه کردن | wept | wept |
| wet | خیس کردن | wet | wet |
| **win** | برنده شدن - بردن - پیروز شدن | **won** | **won** |
| wind | کوک کردن - پیچیدن - پیچاندن | wound | wound |
| withdraw | عقب کشیدن - دریغ داشتن | withdrew | withdrawn |
| withhold | ندادن - دریغ داشتن - امتناع کردن | withheld | withheld |
| withstand | تاب آوردن - مقاومت کردن در برابر | withstood | withstood |
| wring | فشردن - چِلاندن - به زورگرفتن | wrung | wrung |
| **write** | نوشتن | **wrote** | **written** |

پایان قسمت دوم

# مَبحثِ    اِصطلاحاتِ    رایج

## Current            Idioms

در این بخش شما عزیزان با یک هزار و ششصد جمله و اصطلاح  آشنا می شوید که برای

یادگیریِ آن ها نیاز به یک برنامه ریزیِ دقیق دارید . توجه داشته باشید که برای یادگیریِ

زبان، زمان را تقسیم کرده ، مَطالب را  در مدت زمانِ طولانی یادبگیرید و زیاد تمرین کنید

تا یادگیری در ذهنِ شما با ماندگاریِ بیشتری همراه باشد.

توصیه ی اینجانب در یادگیریِ این اصطلاحات به شما چنین می باشد:

اگر بخواهی ، می توانی انجام بدهی      *if you want, you can do it*

ایف  یو  وانت ،  یو  گَن  دو  ایت

۱- اصطلاحات یا جملاتی را که دوست دارید، انتخاب کرده، آن ها را زودتر  یاد بگیرید.

۲- سعی کنید روزانه پنج قسمت را یاد بگیرید. در این صورت شما دوستان گرامی باید

در مدت یک هفته، سی و پنج قسمت را آموخته باشید

( البته باید جُملاتی را که یاد می گیرید، همیشه تکرار کنید )

و در مدت یک ماه ، یکصد و چهل و در عَرض یازده ماه و  دوازده روز ، باید

یک هزار و ششصد اصطلاح و جمله ی  متداول را آموخته باشید.

خواستن ، توانستن است     *Where there is a will , there is a way*

ور  دِر  ایز  اِ  ویل، دِر  ایز  اِ  وِی

| | | |
|---|---|---|
| *A bolt from the blue* | اِ بُلت فِرام دِ بولو | مثل اَجَل مُعلَّق |
| *A bungalow* | اِ بانْگالُ | خانه یِ ویلایی |
| *A close friend* | اِ کِلُس فرِند | یه دوست صمیمی |
| *A couple of years* | اِ کاپِل آو یِرز | دو سال |
| *A flat* | اِ فلَت | یه آپارتمان |
| *A hectic life* | اِ هِکتیک لآیف | یه زندگی پُر مشغله |
| *A holiday cottage* | اِ هالیدِی کاتِج | ویلای اجاره ای |
| *A light sleeper* | اِ لآیت اِسْلیپِر | آدم سبک خواب |
| *A money making job* | اِ مانی میکینگ جاب | یه شُغل پول ساز |
| *A slip of the ear* | اِ اِسْلِپْ آو دِ ائیر | اِشتباه شنیداری |
| *A slip of the pen* | اِ اِسْلِپْ آو دِ پِن | اِشتباه چاپی |
| *A slip of the tongue* | اِ اِسْلِپْ آو دِ تانگ | اِشتباه لُپی |
| *A ten dollar book* | اِ تِن دالِر بوک ( بُک ) | یک کتاب ده دلاری |
| *A two hundred dollar passport* | اِ تو هاندرِد دالِر پَسپُرت | یک پاسپورت دویست دُلاری |
| *A very hectic day* | اِ وِری هِک تیک دِی | یه روز پُر مشغله |
| *A well-paid job* | اِ وِل- پِید جاب | یه شغل پُر درآمد |
| *Act your age* | اَکت یُر اِیْج | خجالت داره، تو بزرگ شدی |
| *After all* | اَفتِر اُل | عاقبت – سرانجام |
| *After having lunch* | اَفتِر هَوینگ لانچ | بعد از صَرف ناهار |
| *After quarreling with his wife* | اَفتِر کوآرلینگ ویت هیز وآیف | بعد از دعوا با همسرش |
| *After ten years of marriage* | اَفتِر تِن یِرز آو مَرِج | بعد از ده سال ازدواج |
| *after this interview* | اَفتِر دیسْ اینتِرْوییو | بعد از این مُصاحبه |

*All and all put together* — اُل آند اُل پوت توگِدر — روی هم رفته

*All night* — اُل نایت — تمامِ شب

*All of a sudden* — اُل آو اِ سادِن — ناگهان

*All right* — اُل رآیت — بسیار خوب - باشد

*All together* — اُل توگِدر — همه با هم

*Almost always* — آلمُست اُلوِیز — تقریباً همیشه

*Am I making myself understood or not?*
اَم آی مِیکینگ مآی سِلف آندرِستود اُر نات ؟
آیا می توانم منظورم را به شما برسانم یا نه؟

*Am I right?* — اَم آی رآیت ؟ — درست میگم؟

*Am I wrong?* — اَم آی رانگ ؟ — اشتباه می کنم؟

*An eye for an eye* — اَن آی فُر اَن آی — چشم در برابر چشم

*Anybody else?* — اِنی بادی اِلس ؟ — آیا شخص دیگری هست؟

*Anything else?* — اِنی ثینگ اِلس ؟ — آیا چیز دیگری هست؟

*Anything to drink?* — اِنی ثینگ تو دیرینک ؟ — آیا چیزی برای نوشیدن هست؟ ( شخص سؤال می کند )

*Anything to drink?* — اِنی ثینگ تو دیرینک ؟ — چیزی می نوشی؟ ( به شخصی تعارف می کنیم )

*Are you all right?* — آر یو اُل رآیت ؟ — آیا حالت خوب است؟

*Are you angry with me?* — آر یو اَنگیری ویت می ؟ — آیا از دستم عصبانی هستی؟

*Are you bashful?* — آر یو بَشفول ؟ — آیا خجالت می کشی؟

*Are you busy these days?* — آر یو بیزی دیز دِیز ؟ — آیا این روز ها گرفتار هستی؟

*Are you crazy?* — آر یو کرِیزی ؟ — مگه دیوانه هستی؟

*Are you driving today?* — آر یو درآیوینگ تودِی ؟ — امروز ماشین داری؟

| | | |
|---|---|---|
| *Are you feeling okay?* | آر یو فیلینگ اُکِی ؟ | حالت خوب است؟ |
| *Are you fond of poetry?* | آر یو فاند آو پُ اِتری ؟ | آیا به شعر و شاعری علاقه داری؟ |
| *Are you free today?* | آر یو فیری تودِی ؟ | آیا امروز کاری نداری؟ |
| *Are you out of mind?* | آر یو اَوت آو مآیند ؟ | مگه عَقلت را از دست دادی؟ |
| *Are you ready?* | آر یو رِدی ؟ | آیا آماده ای؟ |
| *Are you shy?* | آر یو شآی ؟ | آیا خجالت می کشی؟ |
| *Are you sure?* | آر یو شُر ؟ | مطمئنی؟ |
| *Are you tied up nowadays?* | آر یو تآید آپ نَو اِدیز ؟ | آیا این روزها خیلی گرفتاری؟ |
| *Are you tired?* | آر یو تآیِرد ؟ | آیا خسته ای؟ |
| *Are you usually on time?* | آر یو یوژوالِی آن تآیم ؟ | آیا شما معمولاً به موقع می رسید؟ |
| *As a manager* | اَز اِ مَنجِر | به عنوان یک مدیر |
| *As a matter of fact* | اَز اِ مَتِر آو فَکت | در حقیقت |
| *As a tourist* | اَز اِ توریست | به عنوان یک توریست |
| *As far as I know* | اَز فار اَز آی نُ | تا آنجا که من می دانم |
| *As I told you* | اَز آی تُلد یو | همان طور که بهت گفتم |
| *As usual* | اَز یوژِل | طبق معمول |
| *As you know* | اَز یو نُ | همان طور که می دانی |
| *As you please* | اَز یو پیلیز | هر طور راحت تری |
| *At any cost* | اَت اِنی کاست | به هر قیمتی که شده |
| *At first appearance* | اَت فِرست اَپییرِنس | در نگاه اول |

*At last her dad went along with that*

اَت   لَست   هِر   دَد   وِنت   اِلانگ   ویت   دَت

بالاخره پدرش راضی شد

| | | |
|---|---|---|
| *At the age of nine* | اَت   دِ   اِیج   آو   نآین | در سنّ نه سالگی |
| *At the moment* | اَت   دِ   مُمِنت | در حال حاضر - اکنون - حالا |
| *Away with you* | اِوِی   ویت   یو | بزن به چاک - برو پی کارت |
| *Be careful* | بی   کِرفول | مراقب باش - مواظب باش |
| *Be comfortable* | بی   کامْفْتوبِلْ | راحت باش ( باشید ) - آسوده باش |
| *Be cool* | بی   کول | خونسرد باش |
| *Be patient* | بی   پی شِنت | صبور باش |
| *Be polite* | بی   پُلآیت | مؤدب باش |
| *Be quiet* | بی   کوآیت | ساکت باش |
| *Be short in your remarks* | بی   شُرت   این   یُر   ریمارکس | مختصر، توضیح بدهید |
| *Be silent* | بی   سآیلِنت | ساکت باش |
| *Be useful* | بی   یوزفول | مُفید باش |
| *Become free of danger* | بی کام   فیری   آو   دِینجِر | آب، از آسیاب اُفتادن |
| *Believe it or not* | بیلیو   ایت   اُر   نات | چه باور کنی چه نکنی |

*Better if we meet in the park*

بِتِر   ایف   وی   میت   این   دِ   پارک

اگر در پارک یکدیگر را ببینیم، بهتر است

| | | |
|---|---|---|
| *Better late than never* | بِتِر   لِیت   دَن   نِوِر | بهتر است که دیر بشه تا اصلاً نشه |
| *Better to cut it* | بِتِر   تو   کات   ایت | بهتر است ( مشاجره را ) تَمومش کنیم |

| | | |
|---|---|---|
| *Big boys don't cry* | بیگ بُیز دُنت کِرآی | مَرد ( پسرِ بزرگ ) که گریه نمی کنه |
| *Bite your tongue* | بآیت یُر تانگ | زَبانت را گاز بگیر |
| *Both of you* | بُث آو یو | هر دو تا تون - هر دو ی شما |
| *Break up* | بِریک آپ | پَراکنده شوید |
| *Business is business* | بیزینِس ایز بیزینِس | حساب حسابِ، کاکا برادر |
| *But that aside* | بات دَت اِسآید | ولی از آن گذشته |
| *But, then again you are not too far* | بات ، دِن اِگِینْ یو آر نات تو فار | امّا از طرفی هم، زیاد بی ربط نمی گویید |
| *Butter is made from milk* | باتِر ایز مِید فِرام مِلْکْ ( میلک ) | کَره از شیر ساخته می شود |
| *Button your lip* | باتِن یُر لیپ | دیگه حرف نزن |
| *By air* | بآی اِر | هوایی - از طریق هوا |
| *By any chance* | بآی اِنی چَنس | بر حسب اِتّفاق |
| *By chance* | بآی چَنس | شانسی - اِتّفاقی |
| *By heart* | بآی هارت | از روی علاقه - قلباً |
| *By land* | بآی لَند | زمینی |
| *By mistake* | بآی میسْتِیک | اشتباهاً |
| *By no means* | بآی نُ مینْز | ابداً - به هیچ وجه - به هیچ طریق ( وسیله ) |
| *By sea* | بآی سی | دریایی - از طریق دریا |
| *By the grace of God* | بآی دِ گِریس آو گاد | به لطف خدا |
| *By the way* | بآی دِ وی | راستی |
| *Call me back* | کال می بَک | به من زنگ بزن |

| | | |
|---|---|---|
| Call off | کال　آف | لغو کردن - کنسل کردن |
| Can I count on you? | کَن　آی　کَونت　آن　یو ؟ | می تونم روت حساب کنم؟ |
| Can I give you a lift? | کَن　آی　گیو　یو　اِ　لیفت ؟ | می تونم برسونمت؟ ( با ماشین ) |
| Can I give you a ride? | کَن　آی　گیو　یو　اِ　رآید ؟ | می تونم برسونمت؟ ( با موتور یا دوچرخه ) |
| Can I leave a message? | کَن　آی　لیو　اِ　مِسِج ؟ | می تونم پیغام بگذارم؟ |
| Can I rely on you? | کَن　آی　ریلآی　آن　یو ؟ | می تونم بهت اِتّکا کنم؟ |
| Can I rent that car? | کَن　آی　رِنت　دَت　کار ؟ | می تونم آن ماشین را اجاره کنم؟ |
| Can I take a message? | کَن　آی　تِیک　اِ　مِسِج ؟ | می تونم پیغامتان را بگیرم؟ |
| Can you drop me off ? | کَن　یو　دِرآپ　می　آف ؟ | میشه مَنو پیاده کنی؟ |
| Can you keep it a secret? | کَن　یو　کیپ　ایت　اِ　سیکرِت ؟ | میتونی آن را ، یک راز نگهداری؟ |
| Can you let me off | کَن　یو　لِت　می　آف ؟ | میشه مَنو پیاده کنی؟ |
| Carry it right through | کَری　ایت　رآیت　ثورو | به همین مِنوال ادامه دهید |
| Catch you later | کَچ　یو　لِی تِر | بعداً می بینَمت - تا بَعد |
| certainly | سِرتِن لی | مطمئناً |
| Cheer her on | چیر　هِر　آن | او را تشویق کنید |
| Cheer up | چیر　آپ | خوشحال باش - سخت نگیر |
| Clap for her | کِلَپ　فُر　هِر | برای او دست بزنید |
| Clear up the area, please | کیلییر　آپ　دِ　اِرئیا　پیلیز | لطفاً منطقه را خلوت کنید |
| Clog your ears | کِلاگ　یُر　اییِرز | گوش هایت را بگیر |
| Coffee doesn't agree with me | کافی　دازِنت　اَگیری　ویت　می | بَخت را بلند نمی بینم. شانس با من یار نیست |

| | | |
|---|---|---|
| *Come beside me* | کام بی سآید می | *بیا کنارم* |
| *Come here* | کام هییِر | *بیا اینجا* |
| *Come in, please* | کام این ، پیلیز | *خواهش می کنم، بفرمایید داخل* |
| *Come near* | کام نییِر | *بیا نزدیک* |
| *Come on* | کام آن | *ادامه بده - بِجُنب - شوخی نکن* |
| *Come on in* | کام آن این | *تَمومِش کُن* |
| *Come to the point* | کام تو دِ پُینت | *بریم سَرِ اَصلِ مطلب* |
| *Come what may* | کام وات مِی | *هرچی میشه ، بِشه* |
| *Congratulation to you* | کان گِرَجولِی شِن تو یو | *به شما تبریک می گویم* |
| *Could I be excused?* | کود آی بی اِکسْکیوزد ؟ | *منو می بخشی؟* |
| *Could I have a word with you?* | کود آی هَو اِ وُرد ویت یو ؟ | *می تونم یه چیزی بهت بگم؟ می تونم باهات صحبت کنم؟* |
| *Could I join you?* | کود آی جُین یو ؟ | *می تونم بهت مُلحق بشم؟* |
| *Could you do me a favor?* | کود یو دو می اِ فِیوِر؟ | *می تونی یه لُطفی به من بکنی؟* |
| *Could you excuse us?* | کود یو اِکْسْکیوز آس ؟ | *ما را می بخشی؟* |
| *Could you pass the salt,please?* | کود ( کوج ) یو پَس دِ سالت پیلیز ؟ | *میشه لطفاً نمک را بدهید؟* |
| *Count me out* | کَونت می اَوت | *رو من حساب نکن* |
| *Cross as two sticks* | کِراس اَز تو اِستِکس | *مِثل بُرج زهر مار* |
| *Cross my heart* | کراس مآی هارت | *به خدا قسم* |
| *Cut it off* | کات ایت آف | *خلاصه اش را بگو - کوتاهش کُن - تَمومِش کُن - بسه دیگه* |

**Day after day**　　دِی اَفتِر دِی　　همه روزه

**Did I tell you so?**　　دید آی تِل یو سُ ؟　　آیا من چنین چیزی را به تو گفتم؟

**Did you get physical with him?**

دید یو گِت فیزیکال ویت هیم ؟

آیا با او درگیر شدی؟

**Did you insure the jewels before they were stolen?**

دید یو اینشُر دِ جِولز بیفُر دِی وِر اِستُلِن ؟

آیا جواهرات را قبل از اینکه بدزدند، بیمه کردید ؟

**Did you see how red face she was?**

دید یو سی هآو رِد فِیس شی واز ؟

دیدی چطور از خجالت، سُرخ شد؟

**Did you sell your passport?**　　دید، یو سِل یُر پَسپُرت ؟　　آیا پاسپورتت را فروختی؟

**Didn't I tell you?**　　دیدِنت آی تِل یو ؟　　مگه بهت نگفتم؟

**Disperse**　　دیس پِرس　　مُتفرّق شوید

**Do as you see it fit**

دو اَز یو سی ایت فیت

هر کاری را که فکر می کنی صَلاح است، انجام بده

**Do me a favor, please**　　دو می اِ فِیور، پیلیز　　لطفاً یه لطفی در حقّم بکن

**Do this more often**　　دو دیس مُر آفِن　　باز هم از این کارها بکنید

**Do you agree with me?**　　دو یو اَگیری ویت می ؟　　آیا با من موافقی؟

**Do you believe in fortunetellers?**

دو یو بیلیو این فُرچون تِلِرز ؟

آیا به آینده گویان، اِعتقاد داری؟

***Do you expect me to believe that?***

دو　یو　اِکس پِکت　می　تو　بیلیو　دَت ؟

*از من انتظار داری که آن را باور کنم؟*

***Do you forgive me?***　دو　یو　فُرگیو　می ؟　*آیا منو می بخشی؟*

***Do you have a big family?***　دو　یو　هَو　اِ　بیگ　فَمیلی ؟　*آیا تعداد افراد خانواده ی شما زیاد هستند؟*

***Do you have a go with me?***　دو　یو　هَو　اِ　گُ　ویت　می ؟　*می خواهی دعوا کنی؟*

***Do you have any plans for this summer vacation?***

دو　یو　هَو　اِنی　پلَنز　فُر　دیس　سامِر　وَکِی شِن ؟

*آیا برای تعطیلات این تابستان هیچ برنامه ای داری؟*

***Do you hear me?***　دو　یو　هییِر　می ؟　*آیا صدای مرا می شنوی؟*

***Do you know me?***　دو　یو　نُ　می ؟　*آیا منو می شناسی؟*

***Do you know what I am saying?***

دو　یو　نُ　وات　آی　اَم　سِی ای نگ ؟

*می فهمی چی دارم میگم؟*

***Do you know what I mean?***　دو　یو　نُ　وات　آی　مین ؟　*آیا منظورم را متوجه میشی؟*

***Do you live alone?***　دو　یو لِو　( لیو )　اِلُن ؟　*آیا تنها زندگی می کنی؟*

***Do you need help?***　دو　یو　نید　هِلپ ؟　*آیا به کمک نیاز داری؟*

***Do you see what he means?***　دو　یو　سی　وات　هی　مینْز ؟　*آیا مقصود او را می فهمی؟*

***Do you sell your car?***　دو　یو　سِل　یُر　کار ؟　*آیا ماشینت را می فروشی؟*

***Do you speak English with your friends?***

دو　یو　اِسْپیک　اینگیلیش　ویت　یُر　فرِندز؟

*آیا با دوستانت انگلیسی صحبت می کنی؟*

***Do your best***　دو　یُر　بِست　*نهایت سَعیت را بِکُن*

**Does she like swimming?**　　داز　شی　لآیک　سو ایمینگ ؟　　آیا او شناکردن را دوست دارد؟

**Does she usually eat breakfast?**

داز　شی　یوژوالی　ایت　برِک فَست ؟

آیا او معمولاً صبحانه می خورد؟

**Does this read?**　　داز　دیس　رید ؟　　آیا مفهوم است؟ (آیا پیام واضح است؟)

**Don't be jealous on me**　　دُنت　بی　جِلِس　آن　می　　به من حِسادت نکن

**Don't borrow trouble**　　دُنت　بارُ　ترابِل　　دنبال دَردِ سَر، نرو

**Don't let the opportunity slip**　　دُنت　لِت　دِ　آپُرچونیتی　اِسلِپ　　فُرصت را از دست ندهید

**Don't put yourself out for us**　　دُنت　پوت　یُرسِلف　اَوت　فُر آس　　به خاطر ما خودت را به زحمت نینداز

**Don't squeeze my hand**　　دُنت　اِسکوای ز　مآی　هَند　　این قَدر دَستم را فِشار نده

**Don't wait up for me tonight.I may be very late**

دُنت　وِیت　آپ　فُر　می　تو نآیت . آی　مِی　بی　وِری　لِیت

امشب، منتظرم نباش. ممکن است خیلی دیر بیایم

**Don't waste your money**　　دُنت　وِیست　یُر　مانی　　پولت را هدر نده

**Don't abandon hope**　　دُنت　اِباندُن　هُپ　　نا امید نشو

**Don't backbite, please**　　دُنت　بک بآیت ،　پیلیز　　لطفاً غیبت نکن

**Don't be afraid**　　دُنت　بی　اَفرِید　　نترس

**Don't be angry**　　دُنت　بی　آنگیری　　عصبانی نباش

**Don't be funny**　　دُنت　بی　فانی　　خودت را لوس نکن - مَسخره نشو

**Don't be late**　　دُنت　بی　لِیت　　دیر نکن- دیر نیا

**Don't be shy**　　دُنت　بی　شآی　　خجالت نکش - تعارف نکن

**Don't be silly**　　دُنت　بی　سیلی　　احمق نباش

| | | |
|---|---|---|
| ***Don't be so rude*** | دُنت بی سُ رود | *این قدر گستاخ نباش* |
| ***Don't be so stupid*** | دُنت بی سُ اِستیپیو پید | *این قدر احمق نباش* |
| ***Don't be too choosy*** | دُنت بی تو چوزی | *خیلی زیاد وسواسی نباش* |
| ***Don't blame me*** | دُنت بِلیِم می | *مَنو سَرزنش نکن* |
| ***Don't bother me*** | دُنت باذِر می | *منو اذیّت نکن* |
| ***Don't bother me, please*** | دُنت باذِر می، پیلیز | *لطفاً منو اَذیت نکن* |

***Don't bother to knock, just go right in***

دُنت باذِر تو ناک ، جاست گ‌ُ رآیت این

*احتیاجی به دَر زدن نیست، مستقیم برو داخل*

***Don't bother with the dishes, I'll take care of them***

دُنت باذِر ویت دِ دیشیز، آیل تِیک کِر آو دِم

*به ظرف ها کاری نداشته باش، من ترتیب آن ها را می دهم*

| | | |
|---|---|---|
| ***Don't bother yourself*** | دُنتْ باذِر یُر سِلف | *خودت را ( اذیت نکن ) به زحمت نینداز* |
| ***Don't break my heart*** | دُنت بِریک مآی هارت | *قلبم را نَشکن* |
| ***Don't die on me*** | دُنت دآی آن می | *مَنو تَکّاری - مَنو سَر کار نگذاری* |
| ***Don't do that*** | دُنت دو دَت | *آن کار را نکن* |
| ***Don't drag me into this*** | دُنت دِرَگ میْ این تو دیس | *پای من را وسط نکش* |
| ***Don't fall for him*** | دُنت فالْ فُر هیم | *گول حرف هایش را نخور* |
| ***Don't forget me*** | دُنت فُرگِت می | *مرا فراموش نَکن* |
| ***Don't get angry*** | دُنت گِت اَنگیْری | *عصبانی نشو* |
| ***Don't get mouthy with him*** | دُنت گِت مَوْثی وِیت هیم | *با او دَهن به دَهن، نشو - با او کَل کَل نَکُن* |
| ***Don't get mouthy with me*** | دُنت گِت مَوْثی ویت می | *با من دَهن به دَهن نَشو - با من کَل کَل نَکُن* |

| English | تلفظ | معنی |
|---|---|---|
| *Don't get picky with me* | دُنت گِت پیکی ویت می | به من گیر، نده . سَر به سَر من نگذار |
| *Don't get proud of yourself* | دُنت گِت پرَوْد آو یُر سِلف | به خودت مَغرور نشو |
| *Don't give up* | دُنت گیو آپ | تَسلیم نشو |
| *Don't hurry* | دُنت هِری | عَجله نکن |
| *Don't interfere in my business* | دُنت اینترِفِر این مآیْ بیزِنِسْ | در کار من دخالت نکن |
| *Don't keep your hopes too high* | دُنتْ کیپْ یُر هُپسْ تو هآیْ | زیادی امیدوار نباش |
| *Don't laugh at me* | دُنْتْ لَفْ اَتْ میْ | به من نَخند – منو مَسخره نکن |
| *Don't let your life go to waste* | دُنت لِتْ یُر لآیفْ گُ تو وِنِستْ | نگذار زندگیت، فَنا شود |
| *Don't look at me like this* | دُنتْ لوک اَت میْ لآیکْ دیس | این جوری به من نگاه نکن |
| *Don't loose your hair* | دُنت لوز یُر هِر | دست و پایت را گُم نکن |
| *Don't loose your head* | دُنت لوز یُر هد | عَقلت را از دست نده |
| *Don't loose your temper* | دُنت لوز یُر تِمپِر | عصبانی نشو – کُنترلت را از دست نده |
| *Don't make a fuss over it* | دُنت مِیک اِ فاس اُوِر ایت | وَسواس به خرج نده |
| *Don't make an idiot out of yourself* | دُنت مِیک اَن ایدیِیت اَوت آو یُر سِلف | خودت را ضایع نکن |
| *Don't make it sound like a big deal* | دُنت مِیک ایت سَوند لآیک اِ بیگ دِیلْ | زیاد قَضیه را بزرگ نکن |
| *Don't make me say it again* | دُنت مِیک می سِی ایت اِگِین | مجبورم نکن، آن را یک بار دیگه بگم |

| | | |
|---|---|---|
| *Don't make me laugh* | دُنت مِیک می لَف | مَنو نخندون - خنده ام را در نیاور |
| *Don't meddle* | دُنتْ مِدِل | دخالت نکن |
| *Don't mention it* | دُنت مِنشِن ایت | قابلی ندارد - حَرفش را هم نزن - خواهش می کنم |
| *Don't molest me* | دُنت مِلِسْتْ می | مرا اذیّت نکن |
| *Don't move* | دُنت مووْ | تکان نخور - حرکت نکن |
| *Don't panic me* | دُنت پَنیک می | هُلَم نکن |
| *Don't push me* | دُنت پوشْ می | مَنو مجبور نکن |
| *Don't push yourself* | دُنت پوش یُرسِلف | خودت را اذیّت نکن |
| *Don't put yourself in trouble* | دُنت پوت یُرسِلف این تِرابِل | خودت را به زحمت نینداز |
| *Don't put yourself through hell* | دُنت پوت یُرسِلف ثورو هِلْ | به خودت فشار نیار |
| *Don't rush* | دُنت راشْ | عجله نکن |
| *Don't rush me* | دُنت راش می | هُلم نکن |
| *Don't say anything* | دُنت سِیْ اِنی ثینگ | هیچی نگو - جیکت در نیاد |
| *Don't say it* | دُنت سِی ایت | این حرف را نزن |
| *Don't shy* | دُنت شآی | خجالت نَکش - تعارف نکن |
| *Don't sit late at night* | دُنت سیت لِیت اَت نآیت | شب، تا دیر وقت نَشین ( بیدار نمون ) |
| *Don't speak too soon* | دُنت اِسْپیک تو سون | خیلی زود، قِضاوت نکن |
| *Don't spoil her* | دُنت اِسْپُیل هِر | او را لوس نکن |
| *Don't take it the wrong way* | دُنت تِیک ایت دِ رانگ وِی | اشتباه برداشت نکن |
| *Don't tell a lie* | دُنت تِل اِ لآی | دروغ نگو |

| English | تلفظ | معنی |
|---|---|---|
| *Don't think of the past* | دُنت ثِینک آو دِ پَست | به فکر گذشته نباش – گذشته ها گذشته |
| *Don't touch it* | دُنت تاچ ایت | به آن دست نزن |
| *Don't trouble yourself* | دُنت تِرابِل یُرسِلف | خودت را به زحمت ننداز |
| *Don't trust him* | دُنت تِراست هِیم | به او اعتماد نکن |
| *Don't walk out on me* | دُنت واک اَوت آن می | مَنو تِکاری – منو سَر کار نگذاری |
| *Don't waste the time* | دُنت وِست دِ تآیم | وقت را هَدَر نده |
| *Don't work too hard* | دِنت وُرک تو هارد | این قدر سخت کار نکن |
| *Don't worry my dear* | دُنت وُری مآی دِیر | عزیزم نگران نباش |
| *Don't you know me?* | دُنت یو نُ می؟ | آیا منو نمی شناسی؟ |
| *Don't you know?* | دُنت یو نُ؟ | آیا تو نمی دانی؟ – آیا تو نمی شناسی؟ |
| *Don't you see?* | دُنت یو سی؟ | نمی بینی؟ – مگه نمی بینی؟ |
| *Don't you trust me?* | دُنت یو تِراستْ می؟ | آیا به من اِعتماد نداری؟ |
| *Duck your head* | داکْ یُر هِد | سَرت را بِدُزد – سَرت را بگیر پایین |
| *Duty calls* | دِنیوتی کالز | وظیفه ایجاب می کند |
| *Eager to see you* | ایگِر تو سی یو | مُشتاق دیدار |
| *Eat your heart out* | ایت یُر هارت اَوت | دلت بسوزه |
| *Either this or that* | ایدِر دیس اُر دَت | یا این یا آن |
| *Every now and then* | اِوری نَو اَند دِن | گاه گاهی |
| *Every other day* | اِوری آدِر دِی | یک روز در میان |
| *Every other week* | اِوری آدِر ویک | یک هفته در میان |

| | | |
|---|---|---|
| ***Everybody knows that*** | اِوری بادی　نُز　دَت | *همه آن را می دانند* |
| ***Everything is under control*** | اِوری ثینگ　ایز　آندِر　کِنْترُلْ | *همه چیز تحت کُنترل است* |
| ***Everything will work out all right*** | اِوری ثینگ　ویل　وُرک　اَوت　اُل رآیت | *همه چیز رو به راه و درست خواهد شد* |
| ***Excuse my back*** | اِکسْکیْیوز　مآی بَک | *ببخشید که پشتم به شماست* |
| ***Face to face*** | فِیس　تو　فِیس | *رو در رو - مقابل* |
| ***Feel free to do so*** | فیل　فیری　تو　دو　سُ | *تعارف نکن* |
| ***Fifty-fifty*** | فیفتی _ فیفتی | *پنجاه - پنجاه* |
| ***First and foremost*** | فِرست　اَند　فُرمُست | *اوّلین و مهمترین* |
| ***First of all*** | فِرست　آو　آل | *اول از همه* |
| ***Fling away*** | فیلینگ　اِوِی | *بزَن به چاک - برو پِی کارت* |
| ***Follow her*** | فالُ　هِر | *دنبالش برو* |
| ***Follow me*** | فالُ　می | *دنبالم بیا* |
| ***For all that*** | فُر　اُل　دَت | *با همه ی این حرف ها* |
| ***For appearance sake*** | فُر　اَپی یِرِنس　سِیْک | *برای حفظ ظاهر* |
| ***for fun*** | فُر　فان | *واسه خنده - برای تفریح* |
| ***For God's sake*** | فُر　گادز　سِیک | *مَحض رضای خدا* |
| ***For good*** | فُر　گود | *برای همیشه* |
| ***For nothing*** | فُر　ناثینگ | *به خاطر هیچی* |
| ***For the time being*** | فُر　دِ　تآیم بینگ | *عجالتاً - فعلاً - در حال حاضر* |
| ***For your information*** | فُر　یُر　اینْفُرمیشِن | *مَحض اطلاع شما* |

| | | |
|---|---|---|
| *For your sake only* | فُر یُر سِیک اُنلی | فقط به خاطرِ تو |
| *Forever = for ever* | فُراوِر | برای همیشه |
| *Forget about it* | فُرگِت اِبَوت ایت | فراموشش کن |
| *Forget it* | فُرگِت ایت | فراموشش کن |
| *Forgive me* | فُرگیو می | منو ببخش |
| *Forgive me if I have used myself unmannerly* | فُرگیو می ایف آی هَو یوزد مآیسِلف آنمَنرلی | من را ببخشید اگر که درست رفتار نکردم |
| *Frankly speaking* | فِرَنک لی اِسپیْکینگْ | راستش را بخواهی - صادقانه بِگم |
| *freeze* | فیریزْ | بی حرکت - تکان نخور - تکان نخورید |
| *From now on* | فِرآمْ نَو آنْ | از این به بعد |
| *Get away from me* | گِت اِوِی فرآم می | از من دور شو - نزدیک من نیا - وِلم کُن |
| *Get comfortable* | گِت کامفْ توبِلْ | راحت باش - آسوده باش |
| *Get comfy* | گِت کامْفی | راحت باش - آسوده باش |
| *Get down* | گِت دَونْ | پیاده شو |
| *Get dressed* | گِت دِرِسْد | لباست را بِپوش - آماده شو |
| *Get lost* | گِت لآست | گُم شو - برو پِی کارت |
| *Get on* | گِت آن | سَوار شو |
| *Get out* | گِت اَوت | خارج شو - برو بیرون |
| *Get out of here* | گِت اَوت آو هییِر | از اینجا برو بیرون |
| *Get out of my face* | گِت اَوت آو مآی فِیس | از جلوی چشمم، دور شو |
| *Get out of the car* | گِت اَوت آو دِ کار | از ماشین برو بیرون |

| | | |
|---|---|---|
| *Get serious with me* | گِت سیرییِس ویت می | با من، جدّی باش |
| *Get up* | گِت آپ | بلند شو |
| *Get your hands off me* | گِت یُر هَندس آف می | دَستت را بِنداز - بِه من دَست نَزَن |
| *Give a good word for me* | گیو اِ گود وُرد فُر می | سفارش من را بکن |
| *Give her my regards* | گیو هِر مآی ریگاردز | سلام مرا به او برسان |
| *Give it another try* | گیو ایت اَن آدِر تِرآی | یک دَفعه ی دیگر هم تَلاشت را بکن |
| *Give it back to me* | گیو ایت بَک تو می | آن را به من برگردان - به من پَسِش بِدِه |
| *Give me a call* | گیو می اِ کال | یه زَنگی به من بزن |
| *Give me a chance* | گیو می اِ چَنس | یه فُرصتی ( شانسی ) به من بده |
| *Give me a hand* | گیو می اِ هَند | به من کمک کن - کمکم کن |
| *Give me a ring* | گیو می اِ رینگ | یه زنگی به من بزن - با من تماس بگیر |
| *Give me five* | گیو می فآیو | بِزن قَدِش - دَست بده، ببینم |
| *Give my best to him* | گیو مآی بِست تو هیم | سلام مرا به او برسانید |
| *Glad to hear it* | گِلَد تو هییِر ایت | از شنیدن آن خوشحال شدم |
| *Glad to meet you* | گِلَد تو میت یو | از ملاقات با شما خوشحال شدم |
| *Glad to see you* | گِلَد تو سی یو | از دیدار شما خوشحال شدم |
| *Glad to visit you* | گِلَد تو ویزیت یو | از دیدار شما خوشحال شدم |
| *Go ahead* | گُ اِهِد | ادامه بده |
| *Go chase yourself* | گُ چِیْسْ یُر سِلف | بُرو پی کارت - گُم شو |
| *Go easy on that* | گُ ایزی آن دَت | بی خیال - سخت نگیر |
| *Go straight ahead* | گُ اِستریِت اِهِد | مستقیم به جلو بروید |
| *Go to the hell* | گُ تو دِ هِل | برو به جهنّم |

| | | |
|---|---|---|
| *God bless him* | گاد　بِلس　هیم | خداوند او را رَحمت کند |
| *God bless you* | گاد　بِلس　یو | خدا عُمرت بده - عافیت باشی |
| *God damn* | گاد　دَم | لعنتی |
| *God damn you* | گاد　دَم　یو | خدا لعنتت کُنه |
| *God spell* | گاد　اِسپِل | به اَمان خدا |
| *God willing* | گاد　ویلینگ | هرچه که خدا بخواهد |
| *Good bye* | گود　بآی | خدا حافظ |
| *Good enough* | گود　ایناف | کافی است |
| *Good for you* | گود　فُر　یو | خوش به حالت |
| *Good heavens* | گود　هِوِنز | خدای من |
| *Good job* | گود　جاب | آفرین - کارت خوب بود - اَحسنت |
| *Good luck* | گود　لاک | موفق باشی |
| *Good old days* | گود　اُلد　دِیز | یاد اون روزها بخیر |
| *Good time* | گود　تآیم | اوقات خوش |
| *Good to see you* | گود　تو　سی　یو | خوب شد که دیدمت |
| *Guess what!* | گِس　وآت ! | حدس بزن که چی شده! راستی خبر داری! |
| *Hands up* | هَندس　آپ | دست ها بالا |
| *Happy birthday to you* | هَپی　بِرث دِی　تو　یو | تولدت مبارک |
| *Happy new year* | هَپی　نیٖو　یِر | سال نو مبارک |
| *Have a French leave* | هَو　اِ　فِرنچ　لیو | جیم شدن |
| *Have a good time* | هَو　اِ　گود　تآیم | خوش بگذره - اوقات خوشی داشته باشی |

| | | |
|---|---|---|
| *Have a little bite with me* | هَوْ اِ لیتِل بآیت ویت می | *یه لُقمه با من بخور* |
| *Have a nice day* | هَوْ اِ نآیس دِی | *روز خوبی داشته باشی* |
| *Have a nice trip* | هَوْ اِ نآیس تِرِپ | *سفر خوبی داشته باشی* |
| *Have a nice weekend* | هَوْ اِ نآیس ویکنِد | *تعطیلات پایان هفته، خوش بگذرد* |
| *Have a seat, please* | هَوْ اِ سیت ، پیلیز | *لطفاً بفرمایید بنشینید* |
| *Have you been there before?* | هَوْ یو بین دِر بی فُر ؟ | *آیا قبلاً آنجا بودی؟* |
| *Have you ever eaten with her?* | هَوْ یو اِوِر ایتِن ویت هِر؟ | *آیا تا حالا با او ، غذا خورده ای؟* |

*Have you ever found money in the street?*

هَوْ یو اِوِر فآینْد مآنی اینْ دِ اِسْتیریتْ ؟

*آیا هرگز در خیابان، پول پیدا کرده ای؟*

*Have you ever met a famous person?*

هَوْ یو اِوِر مِتْ اِ فِیمِسْ پِرسِنْ ؟

*آیا هرگز شخص معروفی را، ملاقات کرده ای؟*

| | | |
|---|---|---|
| *Have you ever won a prize?* | هَوْ یو اِوِر وُنْ اِ پِرآیزْ ؟ | *آیا هرگز جایزه برده ای؟* |
| *Have you got a smoke?* | هَوْ یو گاتْ اِ اِسْمُکْ ؟ | *آیا سیگار داری؟* |
| *Have you had breakfast?* | هَوْ یو هَد بِرِک فَست ؟ | *آیا صبحانه خورده ای؟* |
| *Haven't I seen you before?* | هَونت آی سین یو بیفُر ؟ | *آیا قبلاً شما را جایی ندیده ام؟* |

*He bought this book at that shop*

هی بَوت دیس بوک اَت دَت شاپ

*او این کتاب را از آن مغازه خرید*

| | | |
|---|---|---|
| *He didn't turn a hair* | هی دیدِنت تِرن اِ هِر | *خَم به اَبرو نیاورد* |
| *He doesn't relish advice* | هی دازِنت رِلیش اَدوآیس | *او از نَصیحت خوشش نمی آید* |

***He ducked out of the responsibility***

هی داکتْ اَوتْ آو دِ ریسْپانْسیبیْلیتیْ

*او از زیر بار مسئولیت، شانه خالی کرد*

***He faded*** هی فیْدِد *رنگش پَرید*

***He flew off the handle*** هی فولو آف دِ هَندِل *او از کوره در رفت – او یه مَرتبه جوش آورد*

***He gets above himself*** هی گِتسْ اِباو هیم سِلف *او آدمِ از خود راضی است*

***He gets on my nerves*** هی گِتسْ آنْ مآیْ نِروْز *او اعصابم را خُرد می کند*

***He has a bad memory*** هی هَز اِ بَد مِمُری *او حافظه ی بَدی دارد*

***He has a lot of faces*** هی هَز اِلاتْ آوْ فِیسِز *او خیلی پُررو است*

***He has some good friends*** هی هَز سام گود فِرِندز *او تعدادی دوست خوب داره*

***He has some money*** هی هَز سام مانی *او مقداری پول داره*

***He is a button short*** هی ایز اِ باتِن شُرت *عقلش پاره سنگ بر می دارد*

***He is a buzz killer*** هی ایز اِ باز کیْلِر *او آدم ضِد حالی است*

***He is a clear thinker*** هی ایز اِ کیْلیْیِر ثینْکِر *او آدم روشن فکری است*

***He is a conceited guy*** هی ایز اِ کِنْسیْتِد گآی *او آدم خودخواهی است*

***He is a convict*** هی ایز اِ کان ویکت *او سابقه دار ( مُجرم ) است*

***He is a crook*** هی ایز اِ کِرُک *او آدمی، کُلاه بردار است*

***He is a dangerous man*** هی ایز اِ دیْنْجِرِس مَن *او آدمِ خطرناکی است*

***He is a designing man*** هی ایز اِ دیزآیْنینْگْ مَن *او آدمِ حیله گری است*

***He is a grind on the nerves*** هی ایز اِ گِرآیند آن دِ نِروْز *مثل سوهانِ روح است*

***He is a man of his own word*** *او مردی است که به حَرفش عَمل می کند*

هی ایز اِ مَن آو هیز اُنْ وُرد

***He is a man of experience*** هی ایز اِ مَن آو اِکسْپیریْ اِنسْ *او آدم با تجربه ای است*

| | | |
|---|---|---|
| *He is a man of great honor* | هی ایز اِ مَن آو گِریت آنِر | *او مردِ خیلی مُحترمی است* |
| *He is a man of influence* | هی ایز اِ مَن آو اینفلُانس | *او آدمِ با نفوذی است* |
| *He is a man of means* | هی ایز اِ مَن آو مینزْ | *او مردِ ثروتمندی است* |
| *He is a man of sixty* | هی ایز اِ مَن آو سیکستی | *او مردی شصت ساله است* |
| *He is a man of wealth* | هی ایز اِ مَن آو وِلثْ | *او مردی ثروتمند است* |
| *He is a marked man* | هی ایز اِ مارکتْ مَن | *او آدمِ تابلویی است* |
| *He is a mommy's baby* | هی ایز اِ ماميزْ بِیْبیْ | *او بچه ننه است* |
| *He is a mooch* | هی ایز اِ موچ | *او آدمِ ولِگردی است* |
| *He is a narrow minded guy* | هی ایز اِ نَرُ مآیندِد گآیْ | *او آدمِ کوتاه فکری است* |
| *He is a posy guy* | هی ایز اِ پُزی گآی | *او آدم اِفاده ای است* |
| *He is a real bonehead* | هی ایز اِ رییِل بُنهِد | *او خیلی اَحمق است - او کَله پوک است* |
| *He is a risky man* | هی ایز اِ ریسکی مَن | *او اهلِ ریسک است* |
| *He is a short sighted guy* | هی ایز اِ شُرت سآیتِد گآی | *او آدمِ کوتاه نظری است* |
| *He is a sly one!* | هی ایز اِ اِسلآی وان ! | *از این دُم بُریده، هرچه بگویند، بَر می آید! ( او یه آب زیر کاهی است که نگو! )* |
| *He is a solid guy* | هی ایز اِ سالید گآی | *او آدمِ نیرومندی است* |
| *He is a sticker* | هی ایز اِ اِستیکِر | *او آدمِ گیری است* |
| *He is a timid guy* | هی ایز اِ تیمید گآی | *او آدمِ تَرسویی است* |
| *He is a tough guy* | هی ایز اِ تاف گآی | *او آدمِ پُرطاقتی( سَرسختی ) است* |

He is a trouble maker هی ایز اِ ترابِلْ میکِر او دَردِ سَر ساز است

He is a wet blanket هی ایز اِ وِت بِلَنکِت او آدم ضِدّحالی است

He is after some mischief هی ایز اَفتِر سام میسچیف باز درصَددِ ( شیطنت ) موذیگری است

He is ahead of himself هی ایز اِهِد آوْ هیم سِلف او سَر از پا نمی شناسد

He is always quarrelling with his wife

هی ایز اُلویز کوآرِلینگ ویت هیز وآیف

او همیشه درحال دعوا کردن با همسرش است

He is an old hand هی ایز اَن اُلد هَند او آدم با تجربه ای است

He is an opportunist هی ایز اَن آپُرچونیست او آدمِ فُرصت طَلبی است

He is easily huffed هی ایز ایزیلی هافد او زود، اوقات تَلخی می کند

He is experienced about it هی ایز اِکْسپیریِانسْد اِبوْت ایت او در این مورد ، با تجربه است

He is faulty هی ایز فُلتی او مُقصر است

He is idling around هی ایز آیدِلینگ اَرَوند او وِل می چرخه

He is lavish هی ایز لَویش او ولخرج است

He is lying هی ایز لا اینگ او دراز کشیده

He is making a mischief هی ایز مِیکینگ اِ میسچیف او داره دو به هم زَنی ( شرارت ) می کنه

He is not in هی ایز نات این تو باغ نیست - حَواسِش جمع نیست

He is on drugs هی ایز آن دِراگز او مواد مُخدر استفاده کرده

He is on leave هی ایز آن لیو او در مُرخصی است

He is on you today هی ایز آن یو تودِی امروز رو تو ،کلید کرده - امروز به تو، گیر داده

He is sitting هی ایز سیتینگ او نشسته

He is sleeping هی ایز اِسْلیپینگ او خوابیده

| | | |
|---|---|---|
| *He is standing* | هی ایز اِستَندینگ | او ایستاده |
| *He is tight-fisted* | هی ایز تآیت - فیستِد | آب از دستش نمی چکد |
| *He is too far off* | هی ایز تو فار آف | خیلی از مسئله پَرت است |
| *He is under suspicion* | هی ایز آندِر ساسپیشِن | او مورد سوء ظَن است |
| *He is very brainy* | هی ایز وِری بِرِینی | او خیلی باهوش است |
| *He is very intelligent* | هی ایز وِری اینتِلِجِنت | او خیلی باهوش است |
| *He is washed out for the time being* | هی ایز واشت اَوت فُر دِ تآیم بیینگ | او درحال حاضر، خَسته و کوفته است |
| *He is wearing a black shirt* | هی ایز وِرینگ اِ بِلَک شِرت | او لباس سیاه پوشیده |
| *He leaped down from a wall* | هی لیپت دَون فرام اِ وال | از بالای دیوار به پایین پَرید |
| *He leaped over the fence* | هی لیپت اُوِر دِ فِنس | او از روی نَرده، پَرید |
| *He let the cat out of the bag* | هی لِت دِ کَت اَوت آو دِ بَگ | (آن خبر) از دَهنش در رفت |
| *He misused his talents* | هی میسیوزد هیز تَلِنتس | او از استعدادهایش در راه بد استفاده کرد |
| *He pounced in to the room* | هی پاَونسد این تو دِ روم | او ناگهان به درون اُتاق پَرید |
| *He ran with his life* | هی رَن ویت هیز لآیف | او جان سالم، به دَر بُرد |
| *He refuses to give back my money* | هی ریفیوزِز تو گیو بَک مآی مانی | او از پس دادن پولم، امتناع می کند ( پولم را پَس نمی دهد ) |
| *He regrets what he has done* | هی ریگرِتس وات هی هَز دان | از آنچه که انجام داده، پشیمان است |
| *He slid out of the room* | هی اِسلآید اَوت آو دِ روم | او از اتاق، جیم شد |
| *He sold his passport* | هی سُلد هیز پَسپُرت | او پاسپورتش را فروخت |
| *He spares himself* | هی اِسپِرز هیم سِلف | او با اِحتیاط، رَفتار می کند |

| | | |
|---|---|---|
| *He took a leave of absence* | هی توک اِ لیوْ آو اَبسِنس | *او مُرخصی بدون حقوق گرفت* |
| *He took my passport away from me* | هیْ توک مآی پَسپُرت اِوِی فِرامْ می | *او پاسپورتِ مرا گرفت و بُرد* |
| *He took my visa* | هی توک مآی ویزا | *او ویزای من را گرفت* |
| *He used to smoke* | هی یوس تو اِسمُکْ | *او سابقاً سیگار می کشید* |
| *He was no-good at anything* | هی واز نُ-گود اَت اِنیثینگ | *به درد هیچ کاری نمی خورد* |
| *He was run over by that car* | هی واز ران اُوِر بآی دَت کار | *او زیر آن ماشین رفت ( تصادف کرد )* |
| *He went back on his word* | هی وِنت بَک آن هیزْ وُرد | *او زیر حَرفش زَد* |
| *He went back on the deal* | هی وِنت بَک آن دِ دیْل | *او دَبّه در آورد* |
| *Help yourself* | هِلْپ یُر سِلف | *از خودت پذیرایی کُن* |
| *Her face was lined* | هِر فِیس واز لآیند | *صورتش پُر از چین و چروک بود* |
| *Here and there* | هییر اَند دِر | *گاه گاهی - اینجا و آنجا* |
| *Here lies the point* | هییر لآیز دِ پُینت | *اَصل نُکته در اینجا است* |
| *Here you are* | هییر یو آر | *بفرمایید بگیرید* |
| *His attention isn't fixed* | هیز اَتِنْشِن ایزِنت فیکسد | *حَواسش جمع نیست* |
| *His car is out of order* | هیز کار ایز اَوت آو اُردِر | *ماشینش خراب است* |
| *His prayer was answered* | هیز پِرِیر واز آنْسِرد | *دُعایش مُستجاب شد* |
| *His prayer was heard* | هیز پِرِیر واز هِرد | *دُعایش مُستجاب شد* |
| *Hold me responsible for that* | هُلد می ریسپانسیبِل فُرْ دَت | *من مسئولیتش را قبول می کنم* |
| *Hold the line, please* | هُلد دِ لآین ، پیلیز | *لطفاً گوشی خدمتتان باشد* |
| *Honest to goodness* | آنِست تو گودِنس | *به خدا قَسم* |

*Hope revive in her*　　هُپ　رِیوآیْوْ　این　هِر　　*اُمید، در او زِنده شد*

*Hope to see you again*　　هُپ　تو　سی　یو　اِگِیْن (اِگِن)　　*امیدوارم که دوباره شما را ببینم*

*How about going out for dinner?*

هآوْ　اِبَوتْ　گُ اینگ　اَوت　فُر　دینِر؟

*چطور است که برای صَرفِ شام، بیرون برویم؟*

*How about you?*　　هآوْ　اِبَوتْ　یو؟　　*شما چطور؟*

*How are things with you?*　　هآوْ　آر　ثینگز　ویت　یو؟　　*اوضاع و احوال با شما چطور است؟*

*How are you doing?*　　هآوْ　آر　یو　دواینگ؟　　*حالت چطوره؟ اوضاع چطوره؟*

*How are you?*　　هآوْ　آر　یو؟　　*حالت چطوره؟*

*How can I help you?*　　هآوْ　کَن　آی　هِلپ　یو؟　　*چطور می تونم کمکت کنم؟*

*How come!*　　هآوْ　کام!　　*چه جوری اِتِفاق اُفتاد؟*

*How dare you!*　　هآوْ　دِر　یو!　　*چطور جرأت می کنی!*

*How did you do that?*　　هآوْ　دید　یو　دو　دَت؟　　*چطوری آن کار را انجام دادی؟*

*How do you do?*　　هآوْ　دو　یو　دو؟　　*احوال جناب عالی - سلام - از دیدارتان خوشحالم*

*How do you feel?*　　هآوْ　دو　یو　فیل؟　　*چه احساسی داری؟*

*How do you get to school?*　　هآوْ　دو　یو　گِت　تو　اِسْکول　　*چطوری به مدرسه می روی؟*

*How do you know?*　　هآوْ　دو　یو　نُ؟　　*از کجا می دانی؟*

*How do you like it?*　　هآوْ　دو　یو　لآیک　ایت؟　　*دوست داری آن چطوری باشد؟*

*How do you make your bread and butter?*

هآوْ　دو　یو　مِیکْ　یُر　بِرِد　اَند　باتِر؟

*چطوری اِمرارِمَعاش می کنی؟*

***How do you put up with her?***

هاوْ دو یو پوت آپ ویت هِر ؟

با او چگونه کنار می آیی ؟ ( چطوری او را تَحمّل می کنی؟ )

***How is he?*** هاوْ ایز هی ؟ حال او چطوره؟

***How is it going?*** هاوْ ایز ایت گُ اینگ ؟ اوضاع چطوره؟

***How is your feeling?*** هاوْ ایز یُر فیلینگ ؟ حالت چطور است؟

***How late are you open?*** هاوْ لِیت آر یو اُپِن ؟ تا ساعت چند ( باز هستید ) کار می کنید؟

***How late can you call me?*** هاو لِیت کَن یو کال می ؟ تا کِی می توانی به من زنگ بزنی؟

***How long are you staying?*** هاوْ لانگ آر یو اِستِیاینگ ؟ چه مدت اِقامت خواهید کرد؟

***How long have you been married?***

هاوْ لانگ هَوْ یو بینْ مَرید ؟

چه مدت است که ازدواج کرده ای؟

***How many times do I have to tell you?***

هاوْ مِنی تآیمز دو آیْ هَفْ تو تِلْ یو ؟

چند بار باید بهت بگویم؟ آخه چند بار باید به شما بگم؟

***How may I help you?*** هاوْ مِی آی هِلپ یو ؟ چطور می توانم کمکت کنم؟

***How much are you paid each month?*** هر ماه چقدر حقوق می گیری؟

هاوْ ماچ آر یو پید ایچ مانثْ ؟

***How much do I owe you?*** هاوْ ماچ دو آی اُ یو ؟ چقدر باید تقدیم کنم؟ ( چقدر بِدهکارم ؟ )

***How much does it cost?*** هاوْ ماچ داز ایتْ کاسْتْ ؟ آن چقدر ارزش دارد؟ - قیمتش چنده؟

***How much is it?*** هاوْ ماچ ایز ایت ؟ قیمتش چند است؟

***How much time a day do you spend studying?*** چه مدت در روز را برای مطالعه صَرف می کنی؟

هاوْ ماچ تآیم اِ دِی دو یو اِسپِند اِستادینگْ ؟

***How often do you go shopping?***

هاوْ　آفِن　دو　یو　گُ　شاپینگ؟

*چند وقت به چند وقت به خَرید می روید؟*

***How often do you go to the movies?***　　*چندوقت به چندوقت به سینما می روید؟*

هاوْ　آفِن　دو　یو　گُ　تو　دِ　موویز؟

***How old are you?***　　هاوْ　اُلد　آر　یو؟　　*چند ساله هستی؟*

***How should I know?***　　هاوْ　شود　آی　نُ؟　　*از کجا باید بدانم؟*

***How was I supposed to know?***

هاوْ　واز　آیْ　ساپُزد　تو　نُ؟

*از کجا می دانستم؟ - مگه کَفِ دستم را بو کرده بودم؟*

***How's business?***　　هاوْز　بیزینِسْ؟　　*اوضاع کسب و کار، چطور است؟*

***How's everything with you?***　　هاوْز　اِوریشینگ　ویت　یو؟　　*اوضاع و احوال چطوره؟*

***How's life?***　　هاوْز　لآیف؟　　*زندگی چطوره؟*

***How's school?***　　هاوْز　اِسْکولْ؟　　*( اوضاع ) مدرسه چطوره؟*

***How's the family?***　　هاوْز　دِ　فَمیلی؟　　*خانواده چطورند؟*

***How's work?***　　هاوْز　وُرک؟　　*کار و کاسبی چطوره؟*

***I will get used to speaking English***

آی　ویل　گِت　یوزد　تو　اِسپیکینگ　اینگیلیش

*به صحبت کردن انگلیسی عادت خواهم کرد*

***I am in a hurry***　　آی　اَم　این　اِ　هِری　　*عجله دارم*

***I am not speaking to you***　　آی　اَم　نات　اِسْپیکینگ　تو　یو　　*با شما صحبت نمی کنم*

***I am not sure***　　آی　اَم　نات　شُر　　*مطمئن نیستم*

| | | |
|---|---|---|
| *I am swimming now* | آی   اَم   سوای مینگ   نَوْ | الان دارم شنا میکنم |
| *I am used to watching TV* | آی  اَم  یوزد  تو  واچینگ  تی.وی | به تماشای تلویزیون عادت دارم |
| *I am working now* | آی   اَم   وُرکینگ   نَوْ | حالا دارم کار می کنم |
| *I am worried about you* | آی   اَم   وُرید   اِبوت   یو | من نگران شما هستم |
| *I beg your pardon* | آی   بِگ   یُر   پاردِن | ببخشید - معذرت می خواهم |
| *I bet you win* | آی   بِتْ   یو   وینْ | شرط می بندم که تو موفق می شوی |
| *I bought this car from my friend* | آی   بَوْتْ   دیس   کار   فِرام   مآی   فِرِند | من این ماشین را از دوستم خریدم |
| *I came short* | آی   کِیمْ   شُرت | دیگه خسته شدم . دیگه کم آوردم |
| *I can hear you* | آی   کَن   هییر   یو | می توانم صدایت را بشنوم |
| *I can see through you* | آی   کَن   سی   ثورو   یو | می توانم فِکرت را بخوانم |
| *I can tell you that in confidence* | آی   کَن   تِل   یو   دَت   این   کانْفیدنِسْ | می توانم با اطمینان به شما بگویم |
| *I can't tell the difference* | آی   کَنت   تِل   دِ   دیفِرنس | من نمی توانم تَفاوت آن ها را بگویم |
| *I can't place you* | آی   کَنت   پِلیس   یو | شما را به جا، نمی آورم |
| *I can't place your face* | آی   کَنت   پِلیس   یُرفِیس | شما را به جا، نمی آورم |
| *I can't tell you anything* | آی   کَنت   تِل   یو   اِنیثینگ | نمی توانم چیزی بِهت بگم |
| *I caught a cold* | آی   کُت  ( کات )  اِ   کُلد | سرما خوردم |
| *I changed my mind* | آی   چینجد   مآی   مآیند | تصمیم را عَوض کردم |
| *I couldn't get a hold on him* | آی   کودِنت   گِت   اِ   هُلد   آن   هیم | من نتوانستم او را گیر بیاورم |

*I couldn't make sense of what you said*
آی کودِنتْ میکْ سِنسْ آو وات یو سِد
متوجّه نشدم که چی گفتی

*I count on you* — آی کَوْنت آن یو — رو شما حساب می کنم

*I 'd like to have a word with you*
آید لآیک تو هَوْ اِ وُرد ویت یو
می خواهم با شما صحبت کنم - ( می خوام باهات حرف بزنم )

*I did it by myself* — آی دید ایت بآی مآیسِلف — من به تنهایی آن کار را کردم

*I didn't expect you* — آی دیدِنت اِکسْپِکْتْ یو — از شما اِنتظار نداشتم

*I do apologize* — آی دو آپُلجآیز — واقعاً مَعذرت می خواهم

*I do what you say* — آی دو وات یو سِی — هر کاری را که بگویی انجام می دهم

*I do whatever you say* — آی دو وات اِوِر یو سِی — هر کاری را که بگویی، انجام می دهم

*I don't give a damn* — آی دُنت گیو اِ دَمْ — اَهمَیّتی نمی دهم

*I don't believe it* — آی دُنت بیلیو ایت — باورم نمیشه

*I don't care* — آی دُنت کِر — اَهمَیّتی نمی دهم

*I don't feel very well* — آی دُنت فیل وِری وِل — حالم خیلی خوب نیست

*I don't have much time* — آی دُنت هَوْ ماچ تآیم — وقت زیادی ندارم

*I don't have permission* — آی دُنت هَوْ پرمیشِن — اجازه ندارم

*I don't have the face to tell her* — آی دُنت هَوْ دِ فِیس تو تِل هِر — روم نمیشه که بهِش بِگم

*I don't have the presence of mind* — آی دُنت هَوْ دِ پِرِزِنس آو مآیند — حُضور ذِهن ندارم

*I don't have time to breathe* — آی دُنت هَوْ تآیم تو بیریزْ — وقت نَفَس کِشیدن ( سَر خاروندن ) ندارم

*I don't know what to do* — آی دُنت نُ وات تو دو — نمی دانم که چکار کنم

***I don't know where I am standing***

آی　دُنت　نُ　وِر　آی　اَم　اِستَندینگ

*نمی دانم که وضعیتم چگونه است*

***I don't know whose side to take***

آی　دُنت　نُ　هوز　سآید　تو　تِیک

*نمی دانم که طرف چه کسی را بگیرم - نمی دانم که هوای چه کسی را داشته باشم*

***I don't remember you***　آی　دُنت　ریمِمبِر　یو　*شما را به خاطر نمی آورم*

***I don't think so***　آی　دُنت　ثینک　سُ　*من که این طور فکر نمی کنم*

***I don't understand***　آی　دُنت　آندِرستَند　*متوجه نمی شوم*

***I don't want to upset you***　آی　دُنت　وانت　تو　آپسِت　یو　*نمی خواهم که تورا غمگین کنم*

***I doubt it!***　آی　دَوْتْ　ایت !　*من که شک دارم!*

***I enjoy reading***　آی　اینجُی　ریدینگ　*من از خواندن لذت می برم*

***I feel drowsy***　آی　فیل　دِرَوْزی　*اِحساس گیجی می کنم*

***I feel honored***　آی　فیل　آنِرد　*اِحساس افتخار می کنم*

***I go swimming everyday***　آی　گُ　سوای مینگ　اِوریدِی　*هر روز به شِنا می روم*

***I got a back***　آی　گات　اِ　بَک　*جا خوردم*

***I got embarrassed***　آی　گات　اِمْبَرِسد　*دَستپاچه شُدم*

***I got to go***　آی　گات　تو　گُ　*دیگه باید برم*

***I got used to them***　آی　گات　یوزد　تو　دِم　*من به آن ها عادت کردم*

***I had a blast at your party!***

آی　هَد　اِ　بِلَست　اَت　یُر　پارتی !

*در مهمانیِ شما، به من خیلی خوش گذشت !*

*I had to get physical with him* — مجبور شدم با او دعوا کنم
آی هَد تو گِت فیزیکال ویت هیم

*I hate all of you* — آی هِیت اُل آو یو — از همه ی شما، بَدم می آید - از همَتون مُتنفرم

*I hate cooking* — آی هِیت کوکینگ — از آشپزی مُتنفرم

*I hate you all* — آی هِیت یو اُل — از همَتون مُتنفرم

*I have a connection* — آی هَوْ اِ کانِکشِن — یه پارتی دارم ( کسی که هوایم را داشته باشد )

*I have a lot to get done*
آی هَوْ اِ لات تو گِت دان
خیلی کار ( عَقب مانده ) دارم که انجام بدم - سَرم شلوغ است

*I have a query about him* — آی هَوْ اِ کو ای ری اِبَوت هیم — درمورد او تَردید دارم

*I have a surprise for you* — آی هَوْ اِ سورپرایز فُر یو — یه خبر مُتعجب کُننده برایت دارم

*I have already done that* — آی هَوْ اُلرِدی دان دَت — آن را قبلاً انجام داده ام

*I have an interest in this affair* — آی هَو اَن اینترِست این دیس اَفِر — من به این کار علاقه دارم

*I have got a headache* — آی هَوْ گات اِ هِد اِک — سَرم، دَرد می کُند

*I have got a stomachache* — آی هَوْ گات اِ اِستامَک اِک — دل درد دارم

*I have got a toothache* — آی هَوْ گات اِ توث اِک — دندونم درد می کنه

*I have had sufficient* — آی هَوْ هَد سافیشِنت — به اندازه ی کافی ( غذا ) خورده ام

*I have heard so much about you*
آی هَوْ هِرد سُ ماچ اِبَوت یو
درباره ات زیاد شنیده ام

*I have just eaten lunch* — آی هَوْ جاست ایتِن لانچ — همین الان ناهار خوردم

*I have never seen her* — آی هَوْ نِور سین هِر — هرگز اورا ندیده ام

*I have no idea* آی هَوْ نُ آیدیِیا *نظری ندارم - فکری ندارم*

*I have no money* آی هَوْ نُ مانی *من پول ندارم*

*I have no more use for it* آی هَوْ نُ مُر یوز فُر ایت *آن دیگه به دَردم، نمی خورد*

*I have no objection* آی هَو نُ آبْجِکْشِن *اِعتراضی ( مخالفتی ) ندارم*

*I have no problem with that* آیْ هَوْ نُ پِرابْلِم ویت دَت *مشکلی با آن ندارم*

*I have nothing to be nervous about* *علتی ندارد که نگران باشم*

آی هَوْ ناثینگ تو بی نِروِسْ اِبَوتْ

*I have nothing to say* آی هَو ناثینگ تو سِی *حرفی برای گفتن ندارم*

*I have seen that movie before* آی هَوْ سین دَت مووی بیفُر *آن فیلم را قبلاً دیده ام*

*I have to give it up* آی هَف تو گیو ایت آپ *مجبورم آن را رَها کنم*

*I have to meet the dead line* آی هَف تو میت دِ دِد لآین *مجبورم تا آخرِ مرحله را بروم*

*I haven't eaten yet* آی هَونت ایتِن یِت *هنوز غذا نخورده ام*

*I haven't seen her since last week* *از هفته ی گذشته تا حالا او را ندیده ام*

آی هَونت سین هِر سینس لَست ویک

*I haven't told you because I forgot* *بهت نگفتم، چون که فراموش کردم*

آی هَونت تُلد یو بیکاز آی فُرگات

*I heard you were sick* آی هِرد یو وِر سیک *شنیدم که بیمار بودی*

*I hope everything works for the best*

آی هُپ اِوریثینگ وُرکسْ فُر دِ بِست

*امیدوارم که همه چیز مُرتّب شود*

*I hope in God* آی هُپ این گاد *به خدا اُمید دارم*

*I hope not* آی هُپ نات *اُمیدوارم که این طور نباشد*

*I hope so*    آی هُپ سُ    *اُمیدوارم که این طور باشد*

*I hope to see you again*    آی هُپ تو سی یو اِگِیْن    *امیدوارم که دوباره شما را ببینم*

*I know exactly what you mean*
آی نُ اِگزَکتلی وات یو مین
*دقیقاً می دانم که منظور شما چیست*

*I know her by face*    آی نُ هِر بآی فِیس    *او را از روی قیافه اش می شناسم*

*I know it from A to Z*    آی نُ ایت فِرام اِیْ تو زِد    *همه ی آن را (از اول تا آخر) می دانم*

*I know what you are going through!*    *می دونم که چه رنجی داری می کشی!*
آی نُ وات یو آر گُ اینگ ثورو!

*I know what you mean*    آی نو وات یو مین    *می دانم منظور شما چیه*

*I like reading*    آی لآیک ریدینگ    *خواندن (مطالعه) را دوست دارم (در حالت کلی)*

*I like to read*    آی لآیک تو رید    *دوست دارم، بخوانم (اکنون)*

*I made her cry*    آی مِید هِر کِرآی    *گریه اش را در آوردم*

*I mean business*    آی مین بیزینِس    *دارم جِدّی میگم*

*I miss you very much*    آی میس یو وِری ماچ    *دلم خیلی برات تنگ شده*

*I missed you*    آی میسد یو    *دلم برات تنگ شد - جات خالی بود*

*I once knew her well*    آی وانس نیْیو هِر وِل    *یک زمانی او را خوب می شناختم*

*I owe you an apologize*    آی اُ یو اَن آپُلُجآیز    *یه مَعذرت خواهی به شما بدهکارم*

*I owe you one*    آی اُ یو وان    *یکی طَلبت*

*I paid him back in his own coin*
آی پِید هیم بَک این هیز اُن کُین
*مثل خودش، با هاش رفتار کردم*

***I panicked***
آی پَنِکْتْ
*از ترس، هُل شدم*

***I promise you***
آی پرآمیس یو
*بهت قول می دهم*

***I ran out of money***
آی رَن اَوت آو مانی
*پولم تمام شد*

***I really apologize***
آی رئیلی آپُلِجآیز
*واقعاً معذرت می خواهم*

***I really appreciate***
آی رئیلی اَپریشی اِیت
*واقعاً تَشکر می کنم*

***I really mean it***
آی رئیلی مینْ ایت
*واقعیت را میگم - واقعاً منظورم این است*

***I really must go***
آی رئیلی ماست گُ
*دیگه باید بروم*

***I remember it***
آی رِیْمِمْبِر ایت
*آن را بخاطر می آورم*

***I reside in Tehran***
آی رِیْزآیْد این تِهران
*من مُقیم تهران هستم*

***I rest my hope on him***
آی رِست مآی هُپ آن هیم
*تمام اُمیدم، به او است*

***I rest on your promise***
آی رِست آن یُر پِرآمیس
*من به وعده ی شما مُتکی هستم ( اُمیدم، به قول شماست )*

***I revenged myself upon him***
آی ریونجد مایسِلف اِپان هیم
*اِنتقام خودم را از او گرفتم*

***I spoke too soon***
آی اِسپُک تو سون
*خیلی زود قِضاوت کردم*

***I suppose you are off the subject***
آی ساپُز یو آر آف دِ سابجکت
*فکر می کنم که شما از موضوع خارج شدید*

***I swear***
آی سوئِر
*قسم می خورم . سوگند یاد می کنم*

***I swim everyday***
آی سوای م اِوریْدِی
*من هرروز شنا می کنم*

***I take my hat off to you***
آی تِیک مآی هَتْ آف تو یو
*بابا ای وَل - بابا خیلی کارت باحاله*

***I talked her into it***
آی تاکت هِر این تو ایت
*اورا با حرف، راضیش کردم*

*I talked her out of it*  آی تاکت هِر اَوت آو ایت  *اورا با حرف، مُنصرف کردم*

*I think otherwise*  آی ثینک آدِروآیز  *من، غیراز این فکر می کنم*

*I think we are getting too far with it*  *فکر می کنم که داریم از مسئله پَرت می شویم*

آی ثینک وی آر گِتینگ تو فاَر ویت ایت

*I think you pick up a cold from one of them*

آی ثینک یو پیک آپ اِ کُلد فِرآم وآن آو دِم

*من فکر می کنم که شما سرماخوردگی را از یکی از آن ها گرفتی*

*I took a risk*  آی توکْ اِ ریسْکْ  *ریسک کردم - دل به دریا زدم*

*I tried my best*  آی تِرآید مآی بِست  *من نهایت تلاشم را کردم*

*I try to make it up*  آی تِرآی تو مِیک ایت آپ  *سَعی می کنم، جُبران کُنم*

*I try to stop by tonight*  آی تِرآی تو اِستاپ بآی تونآیت  *سعی می کنم امشب سَری بهت بزنم*

*I usually go hiking*  آی یوژوالِی گُ هآیکینگ  *من معمولاً به پیاده روی، می روم*

*I value my reputation*  آی وَلیَیو مآی رِپیِتیِشِنْ  *من برای آبروی خودم ،ارزش می گذارم*

*I waited up for her until 2*  آی وِیْتِد آپ فُر هِر آنتیل تو  *دیر وقت، تا ساعت دو، مُنتظر او ماندم*

*I want to know*  آی وانت تو نُ  *می خوام، بِدانم*

*I was flustered*  آی واز فِلاسْتِرد  *هُل شُدم*

*I was shocked*  آی واز شاکْتْ  *شوکّه شُدم*

*I was surprised*  آی واز سورپِرآیزد  *ذوق زَده شدم*

*I was totally tongue-tied*  آی واز تُتالی تانگْ - تآید  *زبانم به کُلی، بَند آمد*

*I was worried about you*  آی واز وُرید اِبَوت یو  *نگرانت بودم*

*I wasn't born yesterday*  *من دیروز مُتولد نشدم - ( من که هالو نیستم - من که بچه نیستم )*

آی وازِنت بُرن یِسترِدِی

*I will hang you dry*　　آی　ویل　هَنگ　یو　دِرآی　　*پوستت را غلفتی در می آورم*

*I will just see you to the door*

آی　ویل　جاست　سیْ　یو　تو　دِ　دُر

*فقط تا دَم در، شما را بَدرَقه می کنم*

*I will just walk you to the door*　　*فقط تا دَم در، با شما می آیم*

آی　ویل　جاست　واک　یو　تو　دِ　دُر

*I wish I could go*　　آی　ویش　آی　کود　گُ　　*ای کاش می توانستم، بروم*

*I wish I knew her*　　آی　ویش　آی　نیْیو　هِر　　*ای کاش او را می شناختم*

*I wish I were you*　　آی　ویش　آی　وِر　یو　　*ای کاش به جای شما بودم*

*I wish she were here*　　آی　ویش　شی　وِر　هییِر　　*ای کاش او اینجا بود*

*I wish the best for you*　　آی　ویش　دِ　بِست　فُر　یو　　*بهترین ها را برایت آرزو می کنم*

*I wish you all the luck in the world*　　*تمام خوشی های دنیا را برایت آرزو دارم*

آی　ویش　یو　اُل　دِ　لاک　این　دِ　وُلد

*I wish you the best*　　آی　ویش　یو　دِ　بِست　　*بهترین ها را برایت آرزو می کنم*

*I wish you were here now*　　آی　ویش　یو　وِر　هییِر　نَو　　*ای کاش شما حالا اینجا بودید*

*I would if I could*　　آی　وُود　ایف　آی　کود　　*ای کاش می توانستم*

*I would like to be with you*　　آی　وُود　لآیک　تو　بی　ویت　یو　　*می خواهم با تو باشم*

*I would like to get off anywhere here*　　*این اطراف، هرجا که شد، پیاده می شوم*

آی　وُود　لآیک　تو　گِت　آف　اِنی وِر　هییِر

*I would like to see more of you*

آی　وُود　لآیک　تو　سی　مُر　آوْ　یو

*من دوست دارم شما را بیشتر ببینم*

| | | |
|---|---|---|
| *I'll give you my reason* | آیل گیو یو مآی ریزِن | *من دلیل خودم را به شما می گویم* |
| *I'm going to the airport to see a friend off* | آیم گ ُاینگ تو دِ ارپُرت تو سی اِ فرِند آف | *من برای بَدرقه ی دوستم به فرودگاه می روم* |
| *I'm working like hell* | آیم وُرکینگ لآیک هِل | *به سختی دارم کار می کنم* |
| *I'd like to stay at home* | آید لآیک تو اِستِی اَت هُم | *می خواهم در منزل بمانم* |
| *idiot* | ایدییِتْ | *آدم احمق و بی شعور* |
| *If God wills* | ایف گاد ویلز | *اگر خدا بخواهد* |
| *If I remember it right* | ایف آی ریمِمبِر ایت رآیت | *اگر دُرست به خاطر بیاورم* |
| *If I were in your place* | ایف آی وِر این یُر پِلیس | *اگر به جای تو بودم* |
| *If I were you* | ایف آی وِر یو | *اگر به جای تو بودم* |
| *If it is inconvenient for you* | ایف ایت ایز اینْکِنْوینْیِانت فُر یو | *اگر برای شما اسباب زَحمت است* |
| *If you don't mind* | ایف یو دُنت مآیند | *اگر زحمتی نیست* |
| *If you please* | ایف یو پیلیز | *اگر لطف کنی* |
| *I'll be back before you know it* | آیلْ بی بَکْ بیفُرْ یو نُ ایت | *تا چشم به هم بزنی، بر می گردم* |
| *I'll be back in a flash* | آیل بی بَک این اِ فِلَش | *تا چشم به هم بزنی، بر می گردم* |
| *I'll be back in no time* | آیل بی بَک این نُ تآیم | *فوراً بر می گردم* |
| *I'll be in touch with you* | آیل بی این تاچ ویت یو | *با شما تماس خواهم گرفت* |
| *I'll be right with you* | آیل بی رآیت ویت یو | *همین اَلان بهت می رسم* |
| *I'll be there in five minutes* | آیل بی دِر این فآیو مِنِتس | *تا پنج دقیقه ی دیگه، آنجا خواهم بود* |
| *I'll be with you in a minute* | آیل بی ویت یو این اِ مِنِت | *تا یک دقیقه ی دیگه، پیشت خواهم بود* |

| | | |
|---|---|---|
| *I'll call you back* | آیل کال یو بَک | بعداً بهت زنگ می زنم |
| *I'll give you a lift* | آیل گیو یو اِ لیفت | من می رسونمت ( با ماشین ) |
| *I'll give you a ride* | آیل گیو یو اِ رآید | می رسونمت ( با دوچرخه یا ماشین ) |
| *I'll love you forever* | آیل لاو یو فُرْاِوِر | همیشه دوستت خواهم داشت |
| *I'll never forgive you* | آیل نِوِر فُرگیو یو | هرگز تورا نمی بخشم |
| *I'll pick you up* | آیل پیک یو آپ | میام دنبالت ( با وسیله) |
| *I'm a great fan of you* | آیم اِ گِریت فَن آو یو | از ارادتمندان شما هستم |
| *I'm afraid* | آیم اَفْرِید | متأسفم |
| *I'm afraid of dogs* | آیم اَفْرِید آو داگز | از سگ ها می ترسم |
| *I'm afraid, I can't help you* | آیم اَفْرِید ، آی کَنت هِلپ یو | متأسفم، نمی تونم کمکت کنم |
| *I'm all ears* | آیم اُل ایِیرز | سَر تا پا ، گوش هستم |
| *I'm as happy as ever* | آیم اَز هَپی اَز اِوِر | مثل همیشه خوشحالم |
| *I'm ashamed* | آیم اَشِیْمْد | شرمنده ام |
| *I'm at your service* | آیم اَت یُر سِرویس | در خدمت شما هستم |
| *I'm awfully sorry* | آیم اُفولی ساری | واقعاً متأسفم |
| *I'm busy* | آیم بیزی | گِرفتارم - سَرم شلوغ است - مشغولم |
| *I'm busy now* | آیم بیزی نَوْ | فعلاً گرفتارم - حالا سَرَم شلوغ است |
| *I'm cooked* | آیم کُکْتْ ( کوکْتْ ) | دیگه بُریدم - دیگه کم آوردم |
| *I'm divorced* | آیم دیْوُرسْتْ | مُتارکه کرده ام |
| *I'm done* | آیم دان | دیگه کارم تموم است - بیچاره شدم |
| *I'm fed up with the work* | آیم فِد آپ ویت دِ وُرک | از این کار خیلی خسته ( ذِلّه ) شدم |

| | | |
|---|---|---|
| *I'm glad to hear it* | آیم گِلَد تو هییِر ایت | *از شنیدن آن خوشحالم* |
| *I'm going swimming tomorrow* | آیم گُ اینگ سوای مینگ تومارُ | *قَصد دارم، فردا به شنا بروم* |
| *I'm going to see the sights* | آیم گُ اینگ تو سی دِ سآیتس | *قَصد دارم، جاهای دیدنی را ببینم* |
| *I'm in love with you* | آیم این لآوْ ویت یو | *من عاشقتم - عاشقت شدم* |
| *I'm in tiptop shape* | آیم این تیپ تاپ شِیپْ | *توپِ توپم - خیلی سَرحال هستم* |
| *I'm just looking* | آیم جاست لوکینگ | *فقط دارم نگاه می کنم* |
| *I'm married* | آیم مَرید | *ازدواج کرده ام* |
| *I'm not able to ...* | آیم نات اِیبِل تو ... | *من قادر نیستم ...* |
| *I'm not allowed* | آیم نات اَلَوْد | *من اجازه ندارم* |
| *I'm not finished with you* | آیم نات فینیشْتْ ویت یو | *کارم با شما تمام نشده* |
| *I'm not kidding* | آیم نات کیدینگ | *شوخی نمی کنم - جِدّی می گویم* |
| *I'm not talking to you* | آیم نات تاکینگ تو یو | *با شما نبودم - باشما صحبت نمی کنم* |
| *I'm pleased* | آیم پیلیزد | *خوشحالم - مُفتخرم* |
| *I'm proud of myself* | آیم پِرَوْد آو مآی سِلف | *من به خودم افتخار می کنم* |
| *I'm proud of you* | آیم پِرَوْد آو یو | *من به تو افتخار می کنم* |
| *I'm single* | آیم سینگِل | *مُجرّد هستم* |
| *I'm sorry* | آیم ساری | *متأسف هستم* |
| *I'm standing by you* | آیم اِستَندینگ بآی یو | *هَوایت را دارم* |
| *I'm sure as hell* | آیم شُر اَز هِلْ | *صَد در صَد، مُطمئن هستم* |
| *I'm terribly sorry* | آیم تِرِبلی ساری | *واقعاً متأسفم* |
| *I'm tired because* | آیم تآیِرد بیکاز | *خسته ام، چون* |

***I'm usually late for class on Mondays***

آیم یوژوالی لیتْ فُر کِلَسْ آن مانْدِیزْ

*معمولاً دوشنبه ها دیر به کلاس می رسم*

***In a very short time*** — این اِ وِری شُرت تآیم — *در مدت بسیار کوتاه*

***In a word tell me what went on*** — این اِ وُرد تِل می وات وِنت آن — *خلاصه بگو که چی شد*

***In advance*** — این اَدوَنسْ — *از قبل*

***In any case*** — این اِنی کِیْسْ — *در هر صورت*

***In due time*** — این دو تآیم — *به وقت مناسب*

***In my opinion*** — این مآی آپینیِن — *به عقیده ی من - به نَظرِ من*

***In my view*** — این مآی وِیْو — *به نظر من - از دید من*

***In plain term*** — این پِلِیْنْ تِرمْ — *به زَبان ساده*

***In short*** — این شُرت — *خلاصه*

***In the long run*** — این دِ لانگ ران — *در دراز مدت*

***In your presence*** — این یُر پِرزِنس — *در حضور شما*

***Interesting painting, don't you think?***

اینترِستینگ پِینتینگ ، دُنت یو ثینک ؟

*نقاشیِ قشنگی است، اینطور نیست؟*

***Is everything okay?*** — ایز اِوریثینگ اُکِی ؟ — *آیا همه چیز مُرتّب است؟*

***Is he nice?*** — ایز هی نآیس ؟ — *آیا او مُؤدب ( نجیب ) است؟*

***Is that enough?*** — ایز دَت ایناف ؟ — *آیا کافی است؟*

***Is that right?*** — ایز دَت رآیت ؟ — *آیا درسته؟ - آیا آن درست است؟*

***Is that you?*** — ایز دَت یو ؟ — *خودتی؟ - تویی؟*

| | | |
|---|---|---|
| *Is there anything else?* | ایز دِر اِنیثینگ اِلس ؟ | چیز دیگری هست؟ |
| *It became critical* | ایت بیکیم کیریتیکال | کار به جای باریک رسید |
| *It can't be helped* | ایت کَنت بی هِلپتْ | چاره ای نیست |
| *It could be better* | ایت کود بی بِتِر | ( اوضاع ) می تونست، بهتر از این ها باشه |
| *It could be worse* | ایت کود بی وُرس | ( اوضاع ) می تونست، بدتر از این ها باشه |
| *It couldn't be any better* | ایت کودِنت بی اِنی بِتِر | دیگه بهتر از این نمی شه |
| *It crossed my mind* | ایت کِراست مآی مآیند | به ذِهنم خُطور کرد |
| *It depends on you* | ایت دیپِندز آن یو | به خودت بستگی داره |
| *It does more harms than good* | ایت داز مُر هارمز دَن گود | ضَررش بیشتر از فایده اش است |
| *It doesn't bother me at all* | ایت دازِنت باذِر می اَت اُل | اصلاً مرا اذیّت نمی کنه |
| *It doesn't matter* | ایت دازِنت مَتِر | مسئله ای نیست |
| *It doesn't matter to me* | ایت دازِنت مَتِر تو می | برای من مسئله ای نیست |
| *It doesn't suit you very much* | ایت دازِنت سوت یو وِری ماچ | ( آن لباس ) زیاد بِهِت نمی آید |
| *It drifts your mind away* | ایت دیْریفْتس یُر مآیند اِوِی | آن فکر شما را مُنحرف می کند |
| *It goes both ways* | ایتْ گُزْ بُثْ وِیْزْ | این رابطه، دوطرفه است |
| *It goes for me too* | ایت گُز فُر می تو | من هم همین طور |
| *It goes with out saying* | ایت گُز ویت اَوْت سِیْ اینگ | واضح است |
| *It in no matter* | ایت ایز نُ مَتِر ( مَدِر ) | اشکالی ندارد |
| *It is all over* | ایت ایز اُل اُوِر | به کلی تمام شد |
| *It is no bad for a change* | ایت ایز نُ بَد فُر اِ چینچ | برای تَنوّع هم که شده، بد نیست |
| *It is no good* | ایت ایز نُ گود | خوب نیست |

| | | |
|---|---|---|
| *It is no use* | ایت ایز نُ یوز | *فایده ای ندارد* |
| *It is pleased to see a friend* | ایت ایز پیلیزد تو سی اِ فِرند | *دیدن یک دوست، خوشایند است* |
| *It is well worth the effort* | ایت ایز وِل وُرث دِ اِفُرت | *به زحمتش می ارزد* |
| *It is worth* | ایت ایز وُرث | *ارزش داره* |
| *It isn't worth* | ایت ایزِنت وُرث | *ارزشش را ندارد* |
| *It isn't worth the hassle* | ایت ایزِنت وُرث دِ هَسِل | *به دَردِ سَرش نمی ارزد* |
| *It looks good on you* | ایت لوکس گود آن یو | *( آن لباس ) به شما می آید* |
| *It made me tired* | ایت مِید می تآیِرد | *آن مرا خسته کرد* |
| *It makes me no difference* | ایت مِیکس می نُ دیفِرنس | *برای من فَرقی نمی کند* |
| *It makes no difference to me* | ایت مِیکس نُ دیفِرنس تو می | *برای من فَرقی نمی کند* |
| *It occurred to me suddenly* | ایت آکِرد تو می سادِنلی | *ناگهان به ذِهنم خُطور کرد* |
| *It pays to suffer* | ایت پِیْز تو سافِر | *به زَحمتش می اَرزد* |
| *It rained all night* | ایت رِیْند اُل نآیت | *تمام شب باران بارید* |
| *It sounds a little bit fishy* | ایت سَوندز اِ لیتِل بیت فیشی | *قَضیه یه کمی بو دار به نظر می رسد* |
| *It sounds a little bit odd* | ایت سَوندز اِ لیتِل بیت آد | *قَضیه یه کمی عجیب به نظر میرسد* |
| *It stands to reason that…* | ایت اِستَندز تو ریزِن دَت ... | *بَدیهی است که ...* |
| *It was a good get away* | ایت واز اِ گود گِت اِوِی | *استراحت خوبی بود* |
| *It was a good pass time* | ایت واز اِ گود پَس تآیم | *وقت گذرانیِ خوبی بود* |
| *It was all my fault* | ایت واز اُل مآی فُلْتْ | *همه اش ، تَقصیرِ من بود* |
| *It was cruel of him to beat you* | ایت واز کوروِال آو هیم تو بیت یو | *این نشان دهنده ی ظُلم او بود که تو را زَد - ظالمانه بود، که تو را زَد* |
| *It was done in joke* | ایت واز دان این جُک | *به شوخی این کار را کرد* |

*It was kind of you* ایت واز کآیند آو یو *لطف کردید*

*It was kind of you to do it* *لُطف کردید که این کار را انجام دادید*

ایت واز کآیند آو یو تو دو ایت

*It was kind of you to employ him*

ایت واز کآیند آو یو تو ایمْپلُیْ هیم

*لطف کردید که اورا اِستخدام کردید*

*It was quite uncivilly* ایت واز کوآیْتْ آن سیوِلی *آن رفتار دور از آدابِ اجتماعی بود*

*It was quite unlike you* ایت واز کوآیْتْ آنلاَیْک یو *از شما بَعید بود*

*It was unkind* ایت واز آنْکآیند *بی اِنصافی بود*

*It was unkind of you* ایت واز آنْکآیند آو یو *این، بی اِنصافیِ شما بود*

*It was unkind of you to beat him*

ایت واز آنْکآیندْ آو یو تو بیت هیم

*بی اِنصافیِ شما بود که او را زَدید*

*It wasn't me, maybe it was my double* *من نبودم، شاید یکی شبیه به من بوده*

ایت وازِنت می ، مِیبی ایت واز مآی دابل

*It wasn't me, maybe it was my look alike* *من نبودم، شاید یکی شبیه به من بوده*

ایت وازِنت می ، مِیبی ایت واز مآی لوک اِلآیک

*It went out of my mind* ایت وِنت اَوت آو مآی مآیند *از ذهنم پرید - از ذهنم خارج شد*

*It wouldn't be too far if I say* *زیاد هم بی ربط نگفته ام اگر بگویم*

ایت وُودِنت بی تو فار ایف آی سِی

*It's a nice day today, isn't it?* *امروز روز خوبی است، مگه نه؟*

ایتس اِ نآیس دِی تودِی ، ایزِنتْ ایت؟

*It's not worth the trouble* ایتس نات وُرثْ دِ تِرابل *به زحمتش نمی ارزد*

| | | |
|---|---|---|
| *It's odd you didn't know* | ایتس  آد  یو  دیدِنت  نُ | *عجیب است که نمی دانستی* |
| *It's a piece of cake* | ایتس  اِ  پیس  آو  کیک | *مثلِ آب خوردن ( ساده است )* |
| *It's a tiring work* | ایتس  اِ  تآیرِینْگْ  وُرک | *کارِ خسته کننده ای است* |
| *It's about the birds and the bees* | ایتس  اِبوت  دِ  بِردز  اَند  دِ  بیز | *موضوع، چراغونیِ پارساله* |
| *It's an open secret* | ایتس  اَن  اُپن  سیکرِت | *این راز، بَرملا شده است* |
| *It's as better as ever* | ایتس  اَز  بِتر  اَز  اِوِر | *به خوبی همیشه* |
| *It's better than nothing* | ایتس  بِتر  دَن  ناثینگ | *از هیچی، بهتر است* |
| *It's both fun and game* | ایتس  بُث  فان  اَند  گیم | *هم فال است و هم تماشا* |
| *It's hard to get a job here* | ایتس  هارد  تو  گت  اِ  جاب  هییر | *پیدا کردن کار در اینجا مشکل است* |
| *It's me* | ایتس  می | *مَنم – من هستم* |
| *It's my honor* | ایتس  مآی  آنِر | *باعث افتخار من است* |
| *It's my treat* | ایتس  مآی  تیریت | *مِهمان من هستید - پرداخت هزینه با من است* |
| *It's my turn* | ایتس  مآی  تِرن | *نوبتِ من است* |
| *It's nice to meet you* | ایتس  نآیس  تو  میت  یو | *دیدار شما باعثِ خوشبختی است* |
| *It's no bother at all* | ایتس  نُ  باذِر  اَت  اُل | *اصلاً زحمتی نیست* |
| *It's no use crying* | ایتس  نُ  یوز  کِرآی اینگ | *گریه کردن فایده ای ندارد* |
| *It's none of your business* | ایتس  نان  آو  یُر  بیْزِنِسْ | *به شما ربطی ندارد* |
| *It's not fair* | ایتس  نات  فِر | *این اِنصاف نیست* |
| *It's not in fashion* | ایتس  نات  این  فَشِن | *آن مُد نیست* |
| *It's not in style* | ایتس  نات  این  اِستآیْلْ | *آن مُد نیست* |

| | | |
|---|---|---|
| *It's not your business* | ایتس نات یُر بیزینِس | *به شما ربطی ندارد* |
| *It's okay with me* | ایتس اُکِی ویت می | *برای من مسئله ای نیست* |
| *It's on me* | ایتس آن می | *به حساب من است - من هزینه را می پردازم* |
| *It's on sale* | ایتس آن سِیْل | *برای فروش ( می باشد )* |
| *It's out dated* | ایتس اَوت دِیْتِد | *آن دِمُده شده – آن از مُد اُفتاده* |
| *It's out of fashion* | ایتس اَوت آو فَشِن | *آن دِمُده شده* |
| *It's quite the ways* | ایتس کوآیْتْ دِ وِیز | *راهش نسبتاً طولانی است* |
| *It's really kind of you* | ایتس ریْیلی کآیند آو یو | *واقعاً نظر لطف شماست* |
| *It's really nice of you* | ایتس ری یِلی نآیس آو یو | *واقعاً نظر لطف شماست* |
| *It's so sad that ...* | ایتس سُ سَد دَت ... | *جای تأسف دارد که ...* |
| *It's time to go* | ایتس تآیم تو گُ | *وقت رفتن است* |
| *It's two kilometers further down* | ایتس تو کیلامِترز فِردِر دَون | *دو کیلومتر پایین تر است* |
| *It's two kilometers further up* | ایتس تو کیلامِترز فِردِر آپ | *دوکیلومتر بالاتر است* |
| *It's up to you* | ایتس آپ تو یو | *به خودت بستگی دارد* |
| *It's way up here* | ایتس وِیْ آپ هییِر | *از اینجا خیلی بالاتر است* |
| *It's your fault* | ایتس یُر فُلت | *تقصیر خودت است* |
| *It's your turn* | ایتس یُر تِرن | *نوبت شما است* |
| *I've no patience with you* | آیْوْ نُ پِیْشِنسْ ویت یو | *حوصله ات را ندارم* |
| *Jokes aside* | جُکْسْ اِسآید | *از شوخی گذشته* |
| *Just a minute, please* | جاست اِ مِنِت ، پیلیز | *یک دقیقه لطفاً* |
| *Just a moment, please* | جاست اِ مُمنت ، پیلیز | *یک لحظه لطفاً* |
| *Just a second, please* | جاست اِ سِکِند ، پیلیز | *یک ثانیه لطفاً* |

| | | |
|---|---|---|
| *just for the hell of it* | جاست فُر دِ هِل آو ایت | فقط واسه خنده |
| *Just for this odd night* | جاست فُر دیس آد نآیت | فقط برای این یک شب |
| *Just hush it up from dad* | جاست هاشْ ایت آپ فِرام دَد | فقط به بابا چیزی نَگو |
| **Keep an eye on it** | کیپ اَن آی آن ایت | چشم از آن بر ندار - مُراقب آن باش |
| **Keep away** | کیپ اِوِی | دور شو |
| **Keep in mind** | کیپ این مآیند | یادت باشه - به خاطر داشته باش |
| **Keep in touch** | کیپ این تاچ | در تماس باش |
| **Keep in touch with me** | کیپ این تاچ ویت می | با من در تماس باش |
| **Keep it to yourself** | کیپ ایت تو یُرسِلف | به کَسی چیزی نگو - پیش خودت بمونه |
| **Keep it under your hat** | کیپ ایت آندِر یُر هَت | به کَسی چیزی نگو |
| **Keep it up** | کیپ ایت آپ | همان طور به کارت، ادامه بده |
| **Keep off the grass** | کیپ آف دِ گِرَس | وارد چَمن نشوید |
| **Keep quiet** | کیپ کوآیِتْ | ساکت باش - بی سرو صدا |
| **Keep talking** | کیپ تاکینگ | به صُحبتت ادامه بده |
| **Keep trying** | کیپ تِرآی اینگ | به تَلاشت اِدامه بده - باز هم، سَعی کُن |
| **Keep writing** | کیپ رآیتینگ | به نوشتن، ادامه بده |
| **Keep your mouth shut** | کیپ یُر مَوثْ شات | دَهنت را ببند - صحبت نکن |
| **Knock it off** | ناک ایت آف | تَمومِش کُن |
| **Knock on your desk** | ناک آن یُر دِسک | بِزن روی میزت |
| **Knowing this** | نُ اینگ دیس | با دانستن این ( موضوع ) |
| **Ladies and Gentlemen** | لِیْدیْز اَند جِنتِلمِن | خانم ها و آقایان |
| **Ladies first** | لِیدیز فِرست | خانم ها مُقدم ترند - اول خانم ها |

*Leave it to me* — لیو ایت تو می — آن را به عُهده ی من بِگذار

*Leave it up to me* — لیو ایت آپ تو می — بگذارش به عهده ی من

*Leave me alone* — لیو می اِلُن — منو تنها بگذار - وِلم کُن

*Lend me* — لِند می — به من قَرض بده

*Let her know* — لِت هِر نُ — خوب است که او هم بداند

*Let him go* — لِت هیم گُ — اجازه بدهید او برود - بِذار بِرِ - وِلش کُن، بِرِ

*Let me go* — لِت می گُ — اجازه بده، بِرم - ولم کُن، برم

*Let me help you* — لِت می هِلپ یو — بگذار کمکت کنم

*Let me know* — لِت می نُ — به من بگو - اجازه بده که من بدانم - بگذار بدونم

*Let me see* — لِت می سی — اجازه بده ببینم - بگذار ببینم

*Let me tell it direct and forward* — اجازه بدهید رُک و رو راست به شما بگویم

لِت می تِل ایت دیرِکت اَند فُروارد

*Let me tell you* — لِت می تِل یو — اجازه بده بهت بگم

*Let 's start* — لِتس اِستارت — بیا شروع کنیم

*Let's play, shall we?* — لِتس پِلی ، شَل وی ؟ — بیا بازی، می آیی؟

*Let's get a feel of the place!* — لِتس گِت اِ فیل آو دِ پِلِیْس ! — بیا یه سر و گوشی آب بدهیم

*Let's get out of here* — لِتس گِت اَوت آو هییِر — بیا از اینجا بریم بیرون

*Let's get to the point straight away*

لِتس گِت تو دِ پُینت اِسترِیت اِوِی

اجازه بدهید مستقیم برویم سَرِ اَصلِ مطلب

*Let's get together* — لِتس گِت توگِدِر — بیا با هم باشیم - بیا دور هم باشیم

*Let's get together tonight* — لِتس گِت توگِدِر تونآیت — بیا امشب دور هم باشیم

*Let's go* لِتس گُ بزن بریم - بیا بریم

*Let's go back* لِتس گُ بَک بیا بَرگردیم

*Let's go half and half* لِتس گُ هَف اَند هَف هر کَسی سَهمِ ( دُنگِ ) خودش را بدهد

*Let's go to the movies. It'll take your mind off troubles*

لِتس گُ تو دِ مooویز . ایت ایل تِیک یُر مآیند آف تِرابِلز

بیا بریم سینما. آن باعث می شود که از فکر مشکلات بیرون بیایی

*Let's just drop it* لِتس جاست دِرآپْ ایت بهتر است تَمومش کنیم - وِلش کُن

*Let's stop kidding ourselves* لِتس اِستاپ کیدینگ اَورسِلوز بیا خودمان را گول نزنیم

*Let's take a nap* لِتس تِیک اِ نَپْ بیا یه چُرتی بزنیم

*Lie down here* لآی دَون هیِر همین جا دراز بِکِش

*Lie down on the back* لآی دَون آن دِ بَک روی زمین به پشت دراز بِکِش

*Lie down on the face* لآی دَون آن دِ فِیس روی زمین دَمَر دراز بِکِش

*Lie like a rug!* لآی لآیک اِ راگ ! دُروغ به این بزرگی!

*Like a fish out of water*

لآیک اِ فیش اَوت آو واتِر

مثل یه ماهی بیرون از آب ( مثل مُرغِ پَر کنده )

*like hell* لآیک هِلْ مثل جَهنَم ( **hell** عامیانه به معنای خیلی زیاد، می باشد )

*Like the man says* لآیک دِ مَن سِیز به قول یارو گُفتنی

*Listen to me* لیسِن تو می به من گوش بده

*Little by little* لیتِل بآی لیتِل کم کم - یواش یواش

*Live on your effort* لِو ( لیو ) آن یُر اِفُرت نانِ بازویت را بخور

| | | |
|---|---|---|
| *Long after* | لانگ اَفتِر | *مدت ها پس از آن* |
| *Look out* | لوک اَوت | *بپا - مواظب باش* |
| *Luck wasn't on her side* | لاک وازِنت آن هِر سآید | *بَخت با او یار نبود* |
| *Lucky you* | لاکی یو | *خوش به حالت* |
| *Make a phone call to me* | مِیک اِ فُن کال تو می | *یه زنگی به من بزن* |
| *Make fun of yourself* | مِیک فان آو یُرسِلف | *خودت را مسخره کُن* |
| *Make up your mind* | مِیک آپ یُر مآیند | *فکرهایت را بکن - تصمیمت را بگیر* |
| *Make your own decision* | مِیک یُر اُن دیسیژن | *تصمیم خودت را بگیر* |
| *Make your will* | مِیک یُر ویل | *وصیّت را بکن* |
| *Make yourself at home* | مِیک یُرسِلف اَت هُم | *فکر کن اینجا خانه ی خودت است* |
| *Many happy returns* | مِنی هَپی ریترنز | *صَد سال به، از این سال ها* |
| *May God bless you if* | می گاد بِلس یو ایف | *خدا بِهِت رَحم کُنه اَگه* |
| *May I have a message?* | مِی آی هَوْ اِ مِسِج ؟ | *می توانم یه پیغام بِگذارم؟* |
| *May I have your attention, please?* | مِی آی هَو یُر اَتنشِن، پیلیز؟ | *میشه لطفاً توجه کنی؟* |
| *May I help you?* | مِی آی هِلپ یو ؟ | *اجازه هست کمکت کنم؟* |
| *May I take a message?* | مِی آی تیک اِ مِسِج ؟ | *می توانم پیغامتان را بگیرم؟* |
| *May I trouble you for the salt?* | مِی آی ترابِل یو فُر دِ سالت ؟ | *ممکن است زَحمت بکشید و نمک را بدهید* |
| *May you never see a bad day* | مِی یو نِور سی اِ بَد دِی | *چشمت روز بد نَبینه* |
| *Mind if I join you?* | مآیند ایف آی جُین یو ؟ | *اشکالی دارد اگر به شما مُلحق بشوم؟* |
| *Mind you that* | مآیند یو دَت | *یادت باشه که* |

| | | |
|---|---|---|
| *More or less* | مُر اُر لِس | *کم و بیش* |
| *My dad went for that* | مآی دَد وِنت فُر دَت | *پدرم آن را پذیرفت* |
| *My English is poor* | مآی اینگیلیش ایز پورْ | *انگلیسیِ من ضعیف است* |
| *My eyes aren't acting up* | مآی آیز آرِنت اَکْتینْگ آپ | *چشم هایم خوب نمی بینند* |
| *My faculty doesn't function well* | مآی فَکُلتی دازِنت فانکْشِنْ وِل | *فکرم خوب کار نمی کند* |
| *My goodness!* | مآی گودنِس ! | *خدای من !* |
| *My heart is bleeding* | مآی هارت ایز بیلیدینگ | *دلم خیلی خون است* |
| *My heart is heavy* | مآی هارت ایز هِویْ | *حالم گرفته - دلم گرفته* |
| *My house is far from here* | مآی هَوس ایز فار فِرام هییِر | *خانه ام از اینجا دور است* |
| *My memory doesn't serve me best* | مآی مِمُری دازِنت سِرو می بِست | *حافظه مرا یاری نمی کند - چیزی یادم نمی آید* |
| *My memory fails me* | مآی مِمُری فِیلْز می | *حافظه مرا یاری نمی کند* |
| *My memory keeps wandering* | مآی مِمُری کیپس وانْدرِیْنگْ | *حَواسم دائماً پَرت میشه* |
| *My mind wandered for a second* | مآی مآیند واندِرد فُر اِ سِکِند | *یک لحظه حَواسم پَرت شد* |
| *My mind went blank* | مآی مآیند وِنت بلَنک | *همه چیز از ذِهنم پَرید* |
| *My pocket has been picked* | مآی پاکِت هَز بین پیِکتْ | *جیبم را زدند* |
| *Neither this nor that* | نیدِر دیس نُر دَت | *نه این نه آن* |
| *Never mind* | نِور مآیند | *اشکالی ندارد - مهم نیست - بی خیال* |
| *News flies apace* | نییوز فلآیز اِپِیسْ | *خبر زود مُنتشر می شود* |
| *Nice guy* | نآیس گآیْ | *چه آدم خوبی* |

*Nice having you around with us*

نآیس هَوینگ یو اَرَوْند ویت آس

*باعث خوشحالی است که شما پیش ما هستید*

| | | |
|---|---|---|
| *Nice job* | نآیس جاب | *خسته نباشی - آفرین - کارت خوب بود* |
| *Nice meeting you* | نآیس میتینگ یو | *ملاقات شما باعث خوشحالیم شد* |
| *Nice party, isn't it?* | نآیس پارتی، ایزِنت ایت ؟ | *جَشن خوبی است، مگه نه؟* |
| *Nice to meet you* | نآیس تو میت یو | *از دیدارتان خوشحال شدم* |
| *Nice to see you* | نآیس تو سی یو | *از دیدنتان خوشحال شدم* |
| *Nice to see you again* | نآیس تو سی یو اِگِیْن | *از دیدار دوباره ی شما خوشحالم* |
| *No buts and ifs!* | نُ باتسْ اَند ایفْس ! | *دیگه، اَگه و اَمّا نداره* |
| *No complain* | نُ کامپلِیْن | *گِله ای نیست - شکایتی ندارم* |
| *No doubt* | نُ دَوْتْ | *بدون شک - بدون تَردید* |
| *No matter how you do it* | نُ مَتِر هآوْ یو دو ایت | *مهم نیست که چطوری انجامش میدی* |
| *No matter when you come* | نُ مَتِر وِن یو کام | *مهم نیست که چه موقع می آیی* |
| *No matter where you go* | نُ مَتِر وِر یو گُ | *مهم نیست که کجا می روی* |
| *No matter who comes* | نُ مَتِر هو کامز | *مهم نیست که چه کسی می آید* |
| *No matter who you are* | نُ مَتِر هو یو آر | *مهم نیست که چه کسی هستی* |
| *No offense man* | نُ آفِنس مَن | *آقا، منظور بدی نداشتم* |
| *No problem* | نُ پرابْلِم | *مشکلی نیست* |
| *No spitting* | نُ اِسْپیتینگ | *تُف انداختن، ممنوع* |
| *No sweat* | نُ سواِت | *کاری نداره - آسونه* |
| *No sweat man!* | نُ سواِت مَن! | *بابا بی خیال !* |

| | | |
|---|---|---|
| *No time for jawing* | نُ تآیم فُر جاآینگ ( جُاینگ ) | وقت برای وراجی نیست ( فَک زدن، ممنوع ) |
| *No trouble* | نُ تِرابِل | زحمتی نیست |
| *No way* | نُ وِی | راهی نداری |
| *No, he's never nice* | نُ ، هیز نِوِر نآیس | نه، او اصلاً آدم خوبی نیست |
| *No, I'm often late* | نُ، آیم آفِن لِیت | نه ، من اَغلب دیر می رسم |
| *No, more's the pity !* | نُ ، مُرز دِ پیتی ! | نه، متأسفانه! |
| *No, Sir* | نُ، سِر | نه آقا – نه قربان |
| *Nobody move* | نُبادی مووْ | هیچ کس از جایش، تکان نخورد |
| *None of that* | نان آو دَت | دیگه تکرار نشه - دیگه نبینم ها |
| *None of them* | نان آو دِم | هیچ کُدامشان - هیچ یک از آن ها |
| *None of your business* | نان آو یُر بیزینِس | به تو رَبطی ندارد |
| *None taken* | نان تِیکِن | من هم به دِل نگرفتم |
| *Not a word to any one* | نات اِ وُرد تو اِنی وان | به کسی چیزی نگو |
| *Not at all* | نات اَت اُل | به هیچ وجه - اصلاً |
| *Not bad* | نات بَد | بد نیست |
| *Not care at all* | نات کِر اَت اُل | اصلاً اهمیت نده |
| *Not give a damn* | نات گیو اِ دَم | اصلاً اهمیت نده |
| *Not me* | نات می | من اَهلش نیستم - من این کاره نیستم |
| *Not trouble at all* | نات تِرابِل اَت اُل | اصلاً زحمتی نیست |
| *Note his conduct* | نُت هیز کِنداکت | مراقب رفتارش باش |
| *Nothing* | ناثینگ | هیچی |
| *Nothing happened* | ناثینگ هَپِند | هیچ اِتفاقی رُخ نداد |

| | | |
|---|---|---|
| *Nothing important* | ناثینگ ایمْپُرتَنْتْ | چیز ( خبر ) مهمی نیست |
| *Nothing serious* | ناثینگ سیرییِسْ | چیز (مسئله ی) جدّی ای نیست |
| *Nothing special* | ناثینگ اِسْپِشِلْ | چیز ( خبر ) خاصّی نیست |
| *Ofcourse* | آفکُرس | اَلبته |
| *Off with his head* | آف ویت هیز هِد | سَرش را از تَنش، جدا کنید |
| *Oh my God* | اُه مآی گاد | اُه خدای من |
| *Oh, shit* | اُه، شِت | اُه ، لعنتی |
| *Oh. Come off it!* | اُه. کام آف ایت ! | اُه . دست وردار بابا ! – اُه. بی خیال بابا ! |
| *Oil and water don't mix* | اُیل اَند واتِر دُنت میکس | آبِشان توی یک جوی، نمی رود |
| *ok* | اُکی | باشه – خُب – خوب است – بسیار خوب |
| *On a long-term bases* | آن اِ لانگ – تِرم بِیسِزْ | در دراز مدت |
| *On a second* | آن اِ سِکِند | در یک ثانیه – در یک چشم به هم زدن |
| *On the contrary* | آن دِ کانتْرِری | برعکس – معکوس – مخالف |
| *On the instant* | آن دِ اینْاِسْتَنْتْ | یک لحظه |
| *On the other hand* | آن دِ ( دی ) آدِر هَند | به عبارت دیگر |
| *Once a month* | وانس اِ مانث | یک بار در ماه |
| *Once a week* | وانس اِ ویک | یک بار در هفته |
| *Once a year* | وانس اِ یِر | یک بار در سال |
| *Once again* | وانس اِگِیْن | یه بار دیگه |
| *Once and for all* | وانس اَند فُر اُل | یک بار برای همیشه |
| *Once more* | وانس مُر | یکی دیگه |
| *Once upon a time* | وانس اِپان اِ تآیم | روزی روزگاری – یه زمانی – یکی بود یکی نبود |

| | | |
|---|---|---|
| *One by one* | وان بآی وان | یکی یکی |
| *One final thing* | وان فآینال ثینگ | یه چیز دیگه |
| *One final word* | وان فآینال وُرد | حرف آخر - خَتم کَلام |
| *One moment, please* | وان مُمِنت ، پیلیز | یه لحظه، لطفاً - لطفاً یک لحظه صبر کنید |
| *One more thing* | وان مُر ثینگ | یه چیز دیگه |
| *One more time* | وان مُر تآیم | یک بار دیگر |
| *One of them* | وان آو دِم | یکی از آنها |
| *One of us* | وان آو آس | یکی از ما |
| *One of you* | وان آو یو | یکی از شما |
| *One of your friends* | وان آو یُر فِرندز | یکی از دوستانت |
| *Over and over again* | اُوِر اَند اُوِر اِگین | بارها و بارها |
| *Over your head* | اُوِر یُر هِد | از سَرت هم زیاد است |
| *Pack it in* | پَک ایت این | جَمع و جورکُن ( و برو ) |
| *Pardon me* | پاردُن می | مرا ببخشید - معذرت می خواهم - متوجه نشدم |
| *Pay attention, please* | پِی اَتنشِن، پیلیز | لطفاً توجه کنید |
| *Pity melted my heart* | پیتی مِلتِد مآی هارت | دِلم براش کباب شد |
| *Place a call to me* | پِلیس اِ کال تو می | یه زنگی به من بزن |
| *Place a phone call to me* | پِلیس اِ فُن کال تو می | یه زنگی به من بزن |
| *Please* | پیلیز | لطفاً - خواهش می کنم |
| *Please keep an eye on my bag* | پیلیز کیپْ اَن آی آن مآی بَگ | لطفاً مواظب کیف من باش |
| *Please send me the chambermaid* | پیلیز سِند می دِ چِیمبِرمِید | لطفاً خَدمه ی اُتاق را پیش من بفرستید |

| | | |
|---|---|---|
| *Please speak louder* | پیلیز اِسْپیک لَوْدِر | لطفاً بلند تر صحبت کنید |
| *Pleased to meet you* | پیلیزد تو میت یو | از دیدنتان خوشحال شدم |
| *Praise is to God* | پرِیْز ایز تو گاد | خدا را شُکر |
| *Put it on my tap* | پوت ایت آن مآی تَپ | به حساب من بزن - بذار پا حسابم |
| *Put yourself together* | پوت یُرسِلف توگِدِر | به خودت، مُسلط باش |
| *Quite so* | کوآیْتْ سُ | همین طور است که می فرمایید |
| *Reason with me* | ریْزِنْ ویت می | با دلیل با من صحبت کن |
| *Remember me to him* | ریمِمبِر می تو هیم | مرا به یاد او بنداز |
| *Remind me* | ریمآیند می | مرا به خاطر بیاور |
| *Right now* | رآیت نَو | همین الان - همین حالا |
| *Run away* | ران اِوِی | فرار کُن |
| *Say cheese* | سِی چیز | بگو ( پنیر ) هُلو |
| *Say my hello to him* | سِی مآی هِلُ تو هیم | سلام مرا، به او برسان |
| *Say no more* | سِی نُ مُر | بس کُن - دیگه حرف نزن |
| *Say nothing* | سِی ناثینگ | هیچی نگو - جیکت در نیاد |
| *Say nothing of it man!* | سِی ناثینگ آف ایت مَن ! | رفیق اصلاً حرفش هم نزن ! - قابلی ندارد ! |
| *Say something* | سِی سام ثینگ | یه چیزی بگو |
| *Say your prayers* | سِی یُر پرِیرز | اَشهدت را بگو - ( نمازت را بخوان ) |
| *See the notes for further information* | سی دِ نُتسْ فُر فِردِر اینْفُرمِیْشِن | برای اطلاعات بیشتر به یادداشت ها مراجعه کنید |
| *See you* | سی یو | می بینمت - به اُمید دیدار |

| | | |
|---|---|---|
| *See you later* | سی یو لِیتِر | بعداً می بینمت |
| *See you then* | سی یو دِن | بعداً می بینمت - پس تا بعد |
| *See you tomorrow* | سی یو تومارُ | فردا می بینمت |
| *Send your father my regards* | سِند یُر فادِر مآی ریگاردز | به پدرت سلام مرا برسان |
| *Set the price of it, please* | سِت دِ پرآیس آو ایت ، پیلیز | لطفاً قیمت آن را تعیین کنید |
| *Shall I help you?* | شَل آی هِلپ یو ؟ | می خواهی کمکت کنم؟ |
| *Shall we go to the cinema?* | شَل وی گُ تو دِ سینِما ؟ | می آیی برویم سینما؟ |
| *She designs to be a lawyer* | شی دیزآینْز تو بی اِ لُیر | قصد دارد که وکیل شود |
| *She feels funny today* | شی فیلز فآنی تودِی | او امروز یه جورایی سَرحال ( شَنگول ) است |
| *She feels so resentful of him* | شی فیلز سُ ریزِنت فول آو هیم | خانم از او خیلی دِلخور است |
| *She has her job on the line* | شی هَز هِر جاب آن دِ لآین | شُغلش در خطر است - مُمکنه شُغلش را از دست بده |
| *She is a decent girl* | شی ایز اِ دیسِنت گِرل | او دختر نَجیبی است |
| *She is a friend all around* | شی ایز اِ فرِند اُل اَروند | او همه رقمه یه دوست است |
| *she is a nonsense and some* | شی ایز اِ نانسِنس اَند سام | او آدم مُزخرفی است، یه چیزی هم بیشتر |
| *She is a super duper friend* | شی ایز اِ سوپِر دوپِر فِرند | او یه دوست تمام عَیار است |
| *She is about to go* | شی ایز اِبوت تو گُ | او عازم رفتن است |
| *She is always in time* | شی ایز اُلوِیزْ این تآیم | او همیشه کمی زودتر می رسد |
| *She is always on the ball* | شی ایز اُلوِیز آن دِ بال | او همیشه مشغول یه کاری جدید است |
| *She is always on time* | شی ایز اُلوِیزْ آن تآیم | او همیشه سَرِ وقت می رسد |

*She is always up to something*

شی ایز اُلویز آپ تو سامثینگ

*او همیشه مشغول یه کاری است*

*She is dishonest and I want out now*

شی ایز دیسْآنِست اَند آی وانت اَوت نَوْ

*او صداقت ندارد و من می خواهم از دستش خَلاص شوم*

*She is free on Sundays* شی ایز فیری آن ساندِیز *او یکشنبه ها وقت آزاد دارد*

*she is kind, yet very exact*

شی ایز کآیند، یِت وِری اِگْزَکتْ

*او مهربان است، و با این حال خیلی دقیق و سختگیر*

*She is looking a bit under par* *او یه کمی بدحال و ناخوش به نظر می آید*

شی ایز لوکینگ اِ بیت آندرِ پار

*She is poor* شی ایز پور *او فقیر است*

*She is punctual* شی ایز پانکْ چوآل *او وقت شناس است*

*She is quick to answer* شی ایز کو ای ک تو اَنسِر *او حاضر جواب است*

*She is rich* شی ایز ریچ *او ثِروتمند است*

*She is shyness* شی ایز شآیْنِسْ *او خِجالتی است*

*She is so talkative* شی ایز سُ تاکِتیوْ *او خیلی پُر حرف ( وَرّاج ) است*

*She is very proud* شی ایز وِری پرَوْد *او خیلی مَغرور است*

*She is very nervous* شی ایز وِری نِرْوِسْ *او خیلی عَصبی است*

*She is watching me all the time like a hawk*

شی ایز واچینگ می اُل دِ تآیم لآیک اِ هاک ( هُک )

*او همیشه من را مثل عُقاب ( شاهین ) تَحت نظر دارد*

***She just comes up with*** شی جاست کامز آپ ویت **او همیشه بهانه گیر است**

***She made such a scene in public***

شی مِید ساچ اِ سین این پابلیک

**اون تو در و همسایه، چنان آبرو ریزی راه انداخت که نگو**

***She never eats meat*** شی نِور ایتس میت **او هرگز گوشت نمی خورد**

***She offered to help me*** شی آفِرد تو هِلپ می **او به من پیشنهاد کمک داد**

***She promised to come, but she never showed up***

شی پِرامیسد تو کام، بات شی نِور شُد آپْ

**او قول داد که بیاید اما هرگز خودش را آفتابی نکرد**

***She put me into the spot*** شی پوت می این تو دِ اِسْپات **او مرا در رودربایستی گذاشت**

***She ran away from there*** شی رَن اِوِی فِرام دِر **او از آنجا گُریخت**

***She said the word*** شی سِد دِ وُرد **او موافقت کرد**

***She sat in silence*** شی سَت این سآیلِنس **او ساکت نشست**

***She scowls*** شی اِسْکَوْلزْ **او اَخم می کند - او تُرشرویی می کند**

***She set me up for this*** شی سِت می آپ فُر دیس **او برای من، پاپوش درست کرد**

***She smiles through everything*** **او با خوش رویی، مسائل را حَل می کند**

شی اِسْمآیلزْ ثورو اِوریثینگ

***She speaks much*** شی اِسپیکس ماچ **او زیاد حرف می زند**

***she stayed up late*** شی اِسْتید آپ لِیت **تا دیر وقت بیدار ماند**

***She talked my ear off for an hour*** **او یه ساعت تمام مُخَم را کار گرفته بود ( در گوشم حَرف می زد )**

شی تاکتْ مآی ایِر آف فُر اَن آوِر

*She talks through everything* — شی  تاکس  ثورو  اِوری ثینگ — *او با صحبت مسائل را حل می کند*

*She was excited* — شی  واز  اِکسْآیْتِد — *او هیجان زده شد*

*She was her family's pride* — شی  واز  هِر  فَمیلیز  پرآید — *او باعثِ سرافرازی خانواده اش بود*

*She was lost* — شی  واز  لاست — *او گُم شد*

*She was out of luck* — شی  واز  اَوت  آو  لاک — *او خوش شانس نبود*

*she was up late* — شی  واز  آپ  لِیت — *تا دیر وقت بیدار بود*

*She wasn't right fat* — شی  وازِنت  رآیت  فَت — *او خیلی هم چاق نبود*

*She wasn't lucky* — شی  وازِنت  لاکی — *او خوش شانس نبود*

*She whispered me to stay* — شی  ویسْپِرد  می  تو  اِستِی — *او آهسته به من گفت که بمانم*

*she would like to stand out* — *او دوست دارد تو چشم باشد – او دوست دارد که خودی نشان دهد*

شی  وُود  لآیک  تو  اِستَند  اَوت

*She's blowing some steam on* — شیز  بِلُ اینگ  سام  اِستیم  آن — *داره عقده ی دلش را خالی میکنه*

*She's clapping* — شیز  کِلَپینگ — *او داره دست میزنه*

*She's my body body* — شیز  مآی  بادی  بادی — *او دوست جون جونی من است*

*She's my chum chum* — شیز  مآی  چام  چام — *او دوست جون جونی من است*

*She's not in a high spirit today* — *امروز از نظر روحی سَر حال نیست*

شیز  نات  این  اِ  هآی  اِسپیریت  تودِی

*She's not in the good mood today* — *امروز زیاد حال و حوصله ندارد*

شیز  نات  این  دِ  گود  مود  تودِی

*She's reading my letter* — شیز  ریدینگ  مآی  لِتر — *او داره نامه ی مَنو می خونه*

*She's scarcely 17 years old* — شیز  اِسکِرسْلی  سِونتین  یِرز  اُلد — *او هنوز هفده ساله نشده است*

| | | |
|---|---|---|
| *She's singing* | شیز سینْگینْگ | *او داره آواز می خونه* |
| *She's speaking her heart* | شیز اِسپیکینگ هِر هارت | *داره حرفِ دلِشو، می زنه* |
| *Shut up* | شات آپ | *خفه شو* |
| *Since he went* | سینس هی وِنت | *از وقتی که رفته* |
| *Since I last saw her* | سینس آی لَست سا هِر | *از آخرین باری که او را دیدم* |
| *Since I last went to his house* | سینس آی لَست وِنت تو هیز هَوْس | *از آخرین باری که به خانه ی او رفتم* |
| *Since when?* | سینس وِن؟ | *از کِی تا حالا؟* |
| *Since when have you been here?* | سینس وِن هَوْ یو بین هییر ؟ | *از کِی تا حالا اینجایی؟* |
| *Sink or swim* | سینک اُر سوایم | *هرچه باداباد* |
| *Sit down, please* | سیت دَون ، پیلیز | *لطفاً بفرمایید بنشینید* |
| *Slap the cuffs on him* | اِسلَپ دِ کافس آن هیم | *به او دَستبند بزنید* |
| *sleepy* | اِسلیپی | *خواب آلو - چُرتی* |
| *Slip no advantage* | اِسلِپ (اِسْلیپ) نُ اَدوَنتِج | *هیچ فُرصتی را از دست نده* |
| *Smoking prohibited* | اِسْمُکینگ پرُهیبْیتِد | *استعمال دُخانیات ممنوع است* |
| *So long* | سُ لانگ | *به آرزوی دیدار - تا بعد - خدا حافظ* |
| *So much the better* | سُ ماچ دِ بِتِر | *چه بهتر - هرچه بیشتر، بهتر* |
| *So so* | سُ سُ | *اِی، بد نیستم - نه خوب نه بد* |
| *So what?* | سُ وات ؟ | *که چی؟* |
| *Somebody help me, please* | سام بادی هِلپ می ، پیلیز | *لطفاً یه نفر به من کمک کنه* |
| *somehow* | سام هاوْ | *یه طوری - یه طریقی - هر جور هست* |

| | | |
|---|---|---|
| ***Somewhat*** | سام وات | قَدری - اَندکی |
| ***Somewhere*** | سام وِر | یه جایی |
| ***Sooner or later*** | سونِر اُر لِیْتِر | دیر یا زود |
| ***Sorry bothered you*** | ساری باذِرد یو | ببخشید که شما را اَذیّت کردم |
| ***Sorry for cutting you off*** | ساری فُر کاتینگ یو آف | ببخشید که حرف شما را قَطع می کنم |
| ***Sorry to bother you*** | ساری تو باذِر یو | ببخشید که شما را به زحمت می اندازم |
| ***Sorry to interrupt you*** | ساری تو اینترِاپت یو | ببخشید که حرف شما را قَطع می کنم |
| ***Sorry, I didn't get it*** | ساری، آی دیدنِت گِت ایت | ببخشید، متوجه (ی منظورتان) نشدم |
| ***Sorry, I didn't get the hint*** | ساری، آی دیدنِت گِت دِ هینت | ببخشید، منظورتان را نگرفتم |
| ***Sorry, you got the wrong number*** | ساری، یو گات دِ رانگ نامبِر | ببخشید، شماره ی اِشتباهی گرفتید |
| ***Sorry,I took you for your brother*** | ساری، آی توک یو فُر یُر برادِر | ببخشید، شما را با برادرتان اشتباه گرفتم |
| ***Spare my blushes*** | اِسپِر مآی بِلآشِز | خِجالتم ندهید |
| ***Speak up*** | اِسپیک آپ | بلند تر صحبت کنید |
| ***Speak your heart*** | اِسپیک یُر هارت | حرف دِلت را بزن |
| ***Stand still*** | اِستَند اِستیل | بی حرکت |
| ***Stay a little*** | اِستِی اِ لیتِل | کمی صَبر کنید |
| ***Stay alive*** | اِستِی اِلآیوْ | زنده بمان |
| ***Stay away*** | اِستِی اِوِی | دور شوید - نزدیک نشوید |
| ***Stay overtime*** | اِستِی اُوِرتآیم | اِضافه کاری ماندن |

| | | |
|---|---|---|
| *Stop horsing around* | اِستاپ هُرسینگ اَرَوْنْد | دیگه مَسخره بازی درنیار |
| *Stop wolfing down your food* | اِستاپ وُلْفینْگ دَوْنْ یُر فود | یَواش تر غذا بخور، چه خَبرته ( دیگه مثل گُرگ، غذا نَخور ) |
| *Stop being so noisy* | اِستاپ بینگ سُ نُیزی | این قدر سر و صدا نکن |
| *Stop being such a baby* | اِستاپ بینگ ساچ اِ بِیبی | بچه بازی در نیار - این قدر بچه نشو |
| *Stop fooling around* | اِستاپ فولینگ اَرَوْند | دیگه مسخره بازی در نیار |
| *Stop it* | اِسْتاپ ایت | دیگه بس کن |
| *Stop pulling my leg* | اِستاپ پولینگ مآی لِگ | دیگه سَر به سَرم نگذار - این قدر اَذیت نکن |
| *Stop quarreling* | اِستاپ کوآرِلینگ | دیگه دعوا نکن |
| *Stop ragging on her!* | اِستاپ رَگینگ آن هِر ! | دیگه مُزاحم او نَشو ! - دیگه او را دَست نینداز ! |
| *Stop smoking* | اِستاپ اِسْمُکیْنگْ | دیگه سیگار نَکش |
| *Stop telling me what to do* | اِستاپ تِلینگ می وات تو دو | اینقدر به من نگو که چکار کنم |
| *Stop that silly argument* | اِسْتاپ دَت سیلی آرگیومِنت | اون گفتگوی احمقانه را تمام کن |
| *Stop your fooling* | اِستاپ یُر فولینگ | مَسخره بازی در نیار |
| *Such a mess!* | ساچ اِ مِس ! | چه اِفتضاحی ! - عجب بی نَظمی ای ! |
| *sure* | شُر | حتماً - مطمئناً - البته |
| *swear to God* | سوار تو گاد | به خدا قسم |
| *Take a nap* | تِیک اِ نَپ | چُرتی بِزن |
| *Take a nap for an hour* | تِیک اِ نَپ فُر اَن آوِر | یه ساعت، یه چُرتی بزن |
| *Take a seat,please* | تِیک اِ سیت ، پیلیز | لطفاً بفرمایید بنشینید |
| *Take care* | تِیک کِر | مواظب باش - مُراقب باش |

| | | |
|---|---|---|
| *Take care of your mother* | تِیک کِر آو یُر مادِر | از مادرت مواظبت کن |
| *Take his example* | تِیک هیز اِگزَمپل | از او سرمشق بگیر |
| *Take it as you like* | تِیک ایت اَز یو لآیک | هر جوری که می خواهی برداشت کن |
| *Take it easy* | تِیک ایت ایزی | بی خیال - سخت نگیر - آسون بگیر |
| *Take it off the table* | تِیک ایت آف دِ تِیبل | آن را از روی میز بردارید |
| *Take my advice* | تِیک مآی اَدوآیس | نصیحت مرا گوش کن - به حرفم گوش بده |
| *Take this way* | تِیک دیس وِی | از این راه بروید |
| *Take your anger out on someone else* | تِیک یُر اَنگِر اَوت آن سام وان اِلسْ | عصبانیتت را بِبَر رو یه شخص دیگه خالی کُن |
| *Take your hands off me* | تِیک یُر هَندز آف می | دستت را بنداز - دستت را بردار |
| *Take your turn* | تِیک یُر تِرن | نوبت را رعایت کُن |
| *Taking photograph is prohibited* | تِیکینگ فُتگِرَف ایز پِرُهیبیتِد | عکاسی ممنوع است |
| *Tell me* | تِل می | به من بگو |
| *Tell me about that girl* | تِل می اِبَوت دَت گِرل | به من در مورد آن دختر، بگو |
| *Tell me something* | تِل می سام ثینگ | به من یه چیزی بگو |
| *Telling lies is one of her faults* | تِلینگ لآیز ایز وان آو هِر فُلتس | دروغ گویی یکی از معایب اوست |
| *Ten dollars* | تِن دالِرز | ده دُلار |
| *Thank God* | تَنک گاد | خدا را شُکر |
| *Thank heavens* | تَنک هِوِنز | خدا را شکر |
| *Thank you* | تَنک یو | متشکرم - مَمنون - مِرسی |

| | | |
|---|---|---|
| *Thank you very much indeed* | تَنک یو وِری ماچ ایندید | درحقیقت، خیلی از شما ممنون هستم |
| *Thanks a lot* | تَنکس اِ لات | خیلی ممنون |
| *Thanks a million* | تَنکس اِ میلیین | بینهایت ممنونم |
| *Thanks for everything* | تَنکس فُر اِوریثینگ | بابت همه چیز، ممنونم |
| *Thanks for the lift* | تَنکس فُر دِ لیفت | ممنون از اینکه مرا رساندید ( با ماشین ) |
| *Thanks for the ride* | تَنکس فُر دِ رآید | ممنون از اینکه مرا رساندید ( با موتور یا دوچرخه ) |
| *That burns me up* | دَت بِرنزْ می آپ | اون منو می سوزونه ( آتیش میزنه ) |
| *That is out of question* | دَت ایز اَوت آو کواِسْچِن | این مسئله، خارج از موضوع است |
| *That makes sense* | دَت مِیکس سِنس | حالا شد یه چیزی |
| *That place is too ritzy for us* | دَت پِلیس ایز تو ریتْسیْ فُر آس | اون مکان ( آن جا ) به گروه خونیِ ما نمی خورد ( خیلی مُجَلّل است ) |
| *That sounds good* | دَت سَونْدز گود | خوب به نظر می آید ( از طریق گوش ) |
| *That sounds like a good idea* | دَت سَوندز لآیک اِ گود آیدئیا | به نظر، عقیده ی خوبی می باشد |
| *That sounds like a plan* | دَت سَوندز لآیک اِ پِلَن | این شد یه حرفی |
| *That was a silly talk* | دَت واز اِ سیلی تاک | آن حرف احمقانه ای بود |
| *That's it* | دَتس ایت | خودش است |
| *That's a cock and bull story* | دَتس اِ کاکْ اَند بُل اِستُریْ | آن چرت و پرت است |
| *That's a good idea* | دَتس اِ گود آیدئیا | فکر ( نظر ) خوبی است |
| *That's a great idea* | دَتس اِ گِریت آیدئیا | فکرِ بکری است |
| *That's a marvelous idea* | دَتس اِ مارولِس آیدئیا | فکر مَحشری است |
| *That's a money for jam* | دَتس اِ مانی فُر جَم | آن پول باد آورده است |

| | | |
|---|---|---|
| *That's a relief* | دَتس　اِ　ریلیف | راحت شدم |
| *That's all* | دَتس　اُل | کافی است |
| *That's as obvious as a bright daylight* | دَتس　اَز　آبْوی اِس　اَز　اِ　بِرآیت　دِی لآیت | ( موضوع ) مِثل روز، روشن است |
| *That's beyond a joke* | دَتس　بیْاند　اِ　جُک | شوخی نمی کنم - از شوخی گذشته |
| *That's clean as a whistle* | دَتس　کیلین　اَز　اِ　ویسِل | ( موضوع ) مِثلِ روزِ روشنه |
| *That's correct* | دَتس　کُرِکت | دُرست است |
| *That's enough* | دَتس　ایناف | کافی است |
| *That's fine with me* | دَتس　فآین　ویت　می | برای من خوب است |
| *That's not something doubtful* | دَتس　نات　سام ثینگ　دَوْتْفول | آن چیزِ شَکّ برانگیزی نیست |
| *That's not true* | دَتس　نات　تورو | حقیقت ندارد - درست نیست |
| *That's nothing new* | دَتس　ناثینگ　نیْو | چیز جدیدی نیست - تعجبی ندارد |
| *That's right* | دَتس　رآیت | دُرست است - دُرسته - حقیقت دارد |
| *That's so hard to deal without you* | دَتسْ　سُ　هارد　تو　دیلْ　ویت اَوت　یو | بدون شما سِپری کردن خیلی سخته |
| *That's the naked truth* | دَتس　دِ　نِیْکِد　توروث | این حَقیقتِ مَحض است |
| *That's too much* | دَتس　تو　ماچ | خیلی زیاد است |
| *That's totally clear* | دَتس　تُتالی　کیلییِر | کاملاً واضح است |
| *That's true* | دَتس　تورو | حقیقت دارد |
| *That's very cheap* | دَتس　وِری　چیپ | خیلی اَرزان است |

| | | |
|---|---|---|
| *That's very kind of you* | دَتس وِری کآیند آو یو | *نظر لطف شماست - خیلی لطف دارید* |
| *That's wrong* | دَتس رانگ | *اشتباه است - غلط است* |
| *The audience poured out* | دِ آدیانس ( اُدیانس ) پُرد اَوت | *جمعیت بیرون ریختند* |
| *The best of luck for you* | دِ بِست آو لاک فُر یو | *با آرزوی بهترین موفقیّت برای شما* |
| *The blue one* | دِ بولو وان | *اون رنگ آبیه (اون آبیه)* |
| *The blue one is cheap* | دِ بولو وان ایز چیپ | *رنگ آبیه، ارزان است* |
| *The blue ones* | دِ بولو وانز | *اون رنگ آبی ها* |
| *The blue ones are mine* | دِ بولو وانز آر مآین | *رنگ آبی ها، مال من هستند* |
| *The cat's got your tongue?* | دِ کَتس گات یُر تانگ ؟ | *گربه زبونت را گاز گرفته؟ ( چرا حَرف نمی زنی؟ )* |
| *The day after* | دِ دِی اَفتِر | *روز بعد* |
| *The Doctor turned him away* | دِ داکتِر تِرند هیم اِوی | *دکتر او را جواب کرد* |
| *The door of the car is dented* | دِ دُر آو دِ کار ایز دِنتِد | *درِ ماشین، قُر شده* |
| *The green one is expensive* | دِ گیرین وان ایز اِکْسپِنسیوْ | *آن رنگ سبزه، گران است* |
| *The house is vacant* | دِ هَوس ایز وِیْکَنْتْ | *آن خانه، خالی است* |
| *The meeting was put off until tomorrow* | دِ میتینگ واز پوت آف آنتیل تومارُ | *جلسه تا فردا به تَعویق اُفتاد* |
| *The more the better* | دِ مُر دِ بِتِر | *هرچه بیشتر، بهتر* |
| *The night is yet young* | دِ نآیت ایز یِت یانگ | *تازه سَرِ شب است* |
| *The other day* | دِ (دی) آدِر دِی | *روزِ بعد* |
| *The pay is really good* | دِ پِی ایز رِیلیْ گود | *حُقوقش واقعاً خوب است* |

| | | |
|---|---|---|
| *The penny is just dropped* | دِ پِنی ایز جاست دِراپْتْ | *دوزاریش تازه افتاده* |
| *The pie looks good* | دِ پآی لوکس گود | *آن کلوچه به نظرخوشمزه می آید* |
| *The prisoner got away* | دِ پیریزِنِر گاتْ اِوِی | *زندانی فَرار کرد* |
| *The result will soon be evident* | دِ ریزالت ویل سون بی اِویدِنت | *نتیجه به زودی آشکار خواهد شد* |
| *The Same to you* | دِ سِیْمْ تو یو | *شما هم همین طور* |
| *The situation calls* | دِ سیچوایشِن کالز | *موقعیت ایجاب می کند* |
| *The sky will not fall in* | دِ اِسکآی ویل نات فال این | *آب از آب تکان نمی خورد* |
| *The sooner the better* | دِ سونِر دِ بِتِر | *هر چه زودتر، بهتر* |
| *The third* | دِ ثِرد | *سوّمین - سوّمی* |
| *The train leaves right away* | دِ تِرین لیوز رآیت اِوِی | *قطار همین الان حرکت می کند* |
| *The whole of my life* | دِ هُل آو مآی لآیف | *در سراسرِ زندگی ام* |
| *There and back, I'll have done it* | دِر اَند بَک، آیلْ هَوْ دانْ ایت | *تا بِری و بَرگردی، آن را انجام داده ام* |
| *There is a box of matches right under your nose* | دِر ایز اِ باکس آو مَچیز رآیت آندِر یُر نُز | *یک جعبه کبریت، دُرُست دَم دستت است* |
| *There is a lot of fuzz in the line* | دِر ایز اِ لات آو فاز این دِ لآین | *خَط، خیلی پارازیت دارد* |
| *There is a way out* | دِر ایز اِ وِی اَوت | *یه راه خَلاصی است* |
| *There is no hope* | دِر ایز نُ هُپ | *اُمیدی نیست* |
| *There is no hurry* | دِر ایز نُ هِری | *عجله در کار نیست - هیچ عجله ای نیست* |

*There is no truth in what he says*

دِر   ایز   نُ   توروث   این   وآت   هی   سِیز

*هیچ حقیقتی در چیزهایی که او می گوید نیست*

*They are not in speaking term*   دی آر نات این اِسپیکینگ تِرم   *آن ها با هم حرف نمی زنند*

*They are twins*   دِی   آر   توائِنْزْ   *آن ها دوقلو هستند*

*They are well matched*   دِی   آر   وِل   مَچْتْ   *آن ها به هم می آیند*

*They know him*   دِی   نُ   هیم   *آن ها او را می شناسند*

*They live with us*   دِی   لِو   (لیو)   ویت   آس   *آن ها با ما زندگی می کنند*

*They made him liquidated*   دِی   مِید   هیم   لِیْکوائِدِیْتِد   *سَرِش را زیر آب کردند*

*They put you in the device*   دِی   پوت   یو   این   دِ   دیوآیس   *آن ها شما را تحت فشار می گذارند*

*They take turns helping their mother*

دِی   تِیک   تِرنز   هِلْپینگ   دِر   مادِر

*آن ها به نوبت به مادرشان کمک می کنند*

*Things are a little bit sour between them*

ثینگز   آر   اِ لیتِلْ   بیت   سَوْءِر   بیتْوینْ   دِم

*رابطه ی بین آن ها، شِکر آب است*

*This chair is made of wood*   دیس   چِر   ایز   مِید   آو   وُود   *این صندلی از چوب ساخته شده*

*This day week*   دیس   دِی   ویک   *هفته ی آینده، همین روز*

*This food is spoiled*   دیس   فود   ایز   اِسپُوْیْلْد   *این غذا فاسد است*

*This is a non-stop flight*   دیس   ایز   اِ   نان – اِسْتاپ   فِلآیت   *این یک پرواز بدون توقف می باشد*

*This might get you in the trouble*

دیس   مآیت   گِت   یو   این   دِ   تِرآبِل

*این کار ممکن است شما را به زحمت بیاندازد*

| | | |
|---|---|---|
| *This tea is very comforting* | دیس تی ایز وِری کامفُرتینگ | *این چای خیلی آرام بخش است* |
| *This water is not potable* | دیس وآتِر ایز نات پاتِبل | *این آب، آشامیدنی نیست* |
| *This will tip your life over* | دیسْ ویلْ تیپْ یُر لآیفْ اُوِر | *این زندگیت را از این رو به آن رو خواهد کرد* |
| *Three times a week* | ثیری تآیمز اِ ویک | *سه بار در هفته* |
| *Time after time* | تآیم اَفتِر تآیم | *بارها و بارها* |
| *Time is gold* | تآیم ایز گُلد | *وقت طلاست* |
| *Time to hit the shower* | تآیم تو هیت دِ شَوِار | *وقتش است که دوشی بگیرم ( حَمّام کنم )* |
| *Time's over* | تآیمز اُوِر | *وقت تمام است* |
| *Time's up* | تآیمز آپ | *وقت تمام است* |
| *Tit for Tat* | تیت فُر تَت | *این به اون در* |
| *To be honest* | تو بی آنِست | *صادقانه بِگم - راستش را بگویم* |
| *To be out of* | تو بی اَوت آو | *نداشتن* |
| *To be out of order* | تو بی اَوت آو اُردِر | *خَراب شدن* |
| *To be used to* | تو بی یوزد تو | *عادت داشتن به* |
| *To buy at* | تو بآی اَت | *از جایی خریدن* |
| *To buy from* | تو بآی فِرام | *از کَسی خریدن* |
| *To drop by* | تو دِرآپ بآی | *سَرزدن - دیدن - مُلاقات کردن* |
| *To get used to* | تو گِت یوزد تو | *عادت کردن به* |
| *To make a defence* | تو میک اِ دیفِنس | *دفاع کردن* |
| *To run out of* | تو ران اَوت آو | *به اِتمام رسیدن - تمام شدن* |

| | | |
|---|---|---|
| *To set terms and condition* | تو سِت تِرمْز اَند کاندیشِن | شرط و شروط گذاشتن |
| *To sink in the morass* | تو سینک این دِ مُرَسْ | در مَنجلاب فرو رفتن |
| *To some extend* | تو سام اِکسْتِند | تا حَدّی |
| *To stop by* | تو اِسْتاپ باَی | سَرزدن - دیدن |
| *To tell a fortune* | تو تِل اِ فُرچون | آینده را پیش بینی کردن |
| *To tell a joke* | تو تِل اِ جُک | جوک گفتن |
| *To tell a lie* | تو تِل اِ لآی | دروغ گفتن |
| *To tell a secret* | تو تِل اِ سیکرِت | رازِ کَسی را گفتن |
| *To tell a story* | تو تِل اِ اِستُری | داستان گفتن |
| *To tell a tale* | تو تِل اِ تِیل | داستان گفتن |
| *To tell the difference* | تو تِل دِ دیفِرنس | اختلاف را گفتن |
| *To tell the time* | تو تِل دِ تایم | زمان ( وقت ) را گفتن |
| *To tell the truth* | تو تِل دِ توروث | در حقیقت - راستنش را بِگم |
| *To the best of my ability* | تو دِ بِست آو مآی اَبیلیتی | تا آنجایی که من می دانم |
| *To the best of my knowledge* | تو دِ بِست آو مآی نالِج | تا آنجایی که من می دانم |
| *To the best of my recollection* | تو دِ بِست آو مآی رِکالِکشِن | تا آنجا که به خاطر می آورم |
| *Too much* | تو ماچ | خیلی زیاد |
| *top left* | تاپ لِفت | به خدا قسم |
| *Trust me* | تِراست می | به من اعتماد کن |
| *Try your best* | تِرآی یُر بِست | تمام تلاشت را بکن |
| *Try your greatest effort* | تِرآی یُر گرِیتِست اِفرت | نهایت سَعیت را بکن |

***Trying to make an honest money***

تِرآی اینْگْ تو مِیک اَن آنِست مانی

*سَعی می کنم یه لقمه نانِ شرافتمندانه بدست بیاورم*

***Twice a week*** توآیْسْ اِ ویک *دوبار در هفته*

***Twist the lion's tail*** توایْسْتْ دِ لآینز تیلْ *با دُم شیر بازی کردن*

***Two hundred dollars*** تو هاندرِد دالِرز *دویست دُلار*

***Two sons of his are doctors*** تو سانز آو هیز آر داکتِرز *دوتا از پسرهایش، دکتر هستند*

***Two years has elapsed since that event***

تو یِرز هَز اِلَپْسْد سینس دَت ایوِنْتْ

*از آن واقعه دو سال گذشته است*

***Used to*** یوس تو *سابقاً*

***Very briefly tell me what went on***

وِری بیریفْلی تِل می وات وِنت آن

*خلاصه بگو که چی شد*

***Very much*** وِری ماچ *بسیار - خیلی زیاد*

***Wait a minute*** وِیت اِ مِنِت *یک دقیقه صبر کن*

***Wait a moment*** وِیت اِ مُمِنت *یک لحظه صبر کن*

***Wait a second*** وِیت اِ سِکِند *یک ثانیه صبر کن*

***Wake up*** وِیْکْ آپ *بیدار شو*

***wake up , lazy bones*** وِیک آپ ، لِیزی بُنز *آی تَنبل ، بلند شو*

***Was it an accident or a design?***

واز ایت اَن اَکسیدِنت اُر اِ دیْزآیْنْ؟

*آن اِتّفاقی بود یا عَمدی؟*

| | | |
|---|---|---|
| *Watch up* | واچ آپ | *مراقب باش- بپّا* |
| *Watch your mouth* | واچ یُر مَوْثْ | *مواظبِ صحبت کردنت باش* |
| *Watch your tongue* | واچ یُر تانگ | *مواظب حرف زدنت باش* |
| *We are in bad terms* | وی آر این بَد تِرمز | *با هم رابطه ی زیاد خوبی نداریم* |
| *We are out of sugar* | وی آر اَوت آو شوگِر | *شِکر نداریم* |
| *We belong to each other* | وی بیلآنگ تو ایچ آدِر | *ما مُتعلّق به یک دیگر هستیم* |
| *We came to a fight* | وی کِیم تو اِ فآیت | *ما دَعوا کردیم - دَعوامون شد* |
| *We have work to do* | وی هَوْ وُرک تو دو | *باید به کارها برسیم* |
| *We will sort it out* | وی ویل سُرت ایت اَوت | *با صحبت آن را حَلّ خواهیم کرد* |
| *We will work it out* | وی ویل وُرک ایت اَوت | *ما کارها را رو به راه خواهیم کرد* |
| *Well attended* | وِل اَتِنْدِد | *خسته نباشی* |
| *Well done* | وِل دان | *آفرین - خسته نباشی - کارت عالی بود* |
| *Well done indeed* | وِل دان ایندید | *گُلی به گوشه ی جَمالت - واقعاً که آفرین* |
| *Well known* | وِل نَوْنْ | *مَشهور - مَعروف - شناخته شده* |
| *Well, suppose it is so* | وِل، ساپُز ایت ایز سُ | *خوب، فرض کنیم که این طور باشد* |
| *Were you a good boy?* | وِر یو اِ گود بُی ؟ | *آیا پسر خوبی بودی؟* |

*Were you a good student in high school?*

وِر یو اِ گود اِستْیودِنت این هآی اِسکول؟

*آیا در دبیرستان دانش آموز خوبی بودی؟*

| | | |
|---|---|---|
| *What a coincidence !* | وات اِ کُیْنْسیْدِنسْ ! | *عَجب اتّفاقی !* |
| *What a dumb bunny !* | وات اِ دام بانی ! | *چه آدم خُلی ! - چه آدم اَبلهی !* |
| *What a nice girl !* | وات اِ نآیس گِرل ! | *چه دختر زیبایی !* |

| | | |
|---|---|---|
| *What a pity !* | وات اِ پیتی ! | *چه حیف !* |
| *What a relief !* | وات اِ ریلیف ! | *چه راحت شدم! - آخِش !* |
| *What a shame !* | وات اِ شیمْ ! | *خجالت آور است ! - چه شَرمی !* |
| *What about me?* | وات اِبَوت می ؟ | *من چی؟* |
| *What about you?* | وات اِبَوت یو ؟ | *شما چی؟ - شما چطور؟* |
| *What an old house !* | وات اَن اُلد هَوسْ ! | *چه خانه ی قدیمی!* |
| *What are you doing these days?* | وات آر یو دواینگ دیزْ دِیز ؟ | *این روزها چه کار می کنی؟* |
| *What are you doing tonight?* | وات آر یو دواینگ تونآیت ؟ | *امشب چه کار می کنی؟* |
| *What are you doing?* | وات آر یو دواینگ ؟ | *چکار داری می کنی؟* |
| *What are you going to do?* | وات آر یو گُ اینگ تو دو ؟ | *قصد داری چه کار بکنی؟* |
| *What are you looking forward to?* | وات آر یو لوکینگ فُروارد تو ؟ | *دنبال چه چیزی داری می گردی؟* |
| *What are you talking about?* | وات آر یو تاکینگ اِبَوت ؟ | *درباره ی چی داری صحبت می کنی؟* |
| *What are you up to these days?* | وات آر یو آپْ تو دیزْ دِیزْ ؟ | *این روزها چه کار می کنی؟* |
| *What are you up to?* | وات آر یو آپ تو ؟ | *چی تو سَرِت است ؟ - برنامه ات چیه ؟* |
| *What are your interests?* | وات آر یُر اینْتِرِستس ؟ | *چیز های مورد علاقه ی تو کدامند؟* |
| *What brings you here?* | وات بیرینگز یو هییِر ؟ | *چی باعث شده بیایی اینجا ؟ - اینطرفا ؟* |
| *What burns me is that ...* | وات بِرنْز می ایزْ دَت ... | *دلِم از این می سوزه که ...* |
| *What can I do for you?* | وات کَن آی دو فُر یو ؟ | *چه فَرمایشی دارید؟ ( چه کار می توانم برایتان بکنم؟ )* |

*What can I tell you?* وات کَن آی تِل یو ؟ *چی می تونم بهِت بگم؟*

*What did you ask?* وات دید یو اَسک ؟ *چه سؤالی کردید؟ ( چی پرسیدید؟ )*

*What did you do last weekend?* وات دید یو دو لَست ویکِند ؟ *هفته ی گذشته، چه کار کردی؟*

*What did you do last year?* وات دید یو دو لَست یِر ؟ *سال گذشته، چه کار کردی؟*

*What did you mean?* وات دید یو مین ؟ *منظورت چی بود ؟*

*What did you say?* وات دید یو سِی ؟ *چی گفتی؟*

*What do you care?* وات دو یو کِر ؟ *تو، چه اهمّیتی می دهی؟*

*What do you do for a living?* وات دو یو دو فُر اِ لیوینگ ؟ *برای اِمرارِ مَعاش چه کار می کنی؟*

*What do you do?* وات دو یو دو ؟ *شُغلت چیه؟ - چه کار می کنی؟*

*What do you know about me?* وات دو یو نُ اِبوت می ؟ *درباره ی من چی می دانی؟*

*What do you mean?* وات دو یو مین ؟ *منظورت چیه؟*

*What do you recommend?* وات دو یو رِکامِند ؟ *شما چی توصیه می کنی؟*

*What do you suggest?* وات دو یو ساجِست ؟ *شما چی پیشنهاد می کنی؟*

*What do you think?* وات دو یو ثینک ؟ *تو چی فکر می کنی؟*

*What do you usually do on weekends?*

وات دو یو یوژوالی دو آن ویکِندز ؟

*معمولاً تعطیلات آخر هفته، چه کار می کنی؟*

*What do you want me to say?* وات دو یو وانت می تو سِیْ ؟ *چی می خواهی که بهِت بگم؟*

*What do your parents do?* وات دو یُر پَرِنْتسْ دو ؟ *والدینت چه کار می کنند؟ ( چه کاره هستند؟ )*

*What does she eat?* وات داز شی ایت ؟ *او چی می خورد؟*

*what does she think about me?*

وات داز شی ثینک اِبوتْ می ؟

*او درمورد من چه فکری می کند؟*

***What does your best friend look like?***

وات داز یُر بِست فِرِند لوک لآیک ؟

*بهترین دوستت چه شکلی است؟*

***What happened?*** وات هَپند ؟ *چه اتّفاقی افتاد؟*

***What is that good for?*** وات ایز دَت گود فُر ؟ *آن به چه دَردی می خورد؟*

***What is your favorite sport?*** وات ایز یُر فِیوریت اِسپُرت ؟ *ورزش مورد علاقه ی شما چیست؟*

***What is your favorite vacation?***

وات ایز یُر فِیوریت وَکِیشِن؟

*تعطیلیِ مورد علاقه ی شما چیست؟*

***What kind of job do you have?*** وات کآیند آو جاب دو یو هَوْ ؟ *چه نوع شغلی داری؟*

***What kind of movies do you like?***

وات کآیند آو موویز دو یو لآیک ؟

*چه نوعی از فیلم ها را دوست داری؟*

***What next!*** وات نِکست ! *دیگه چی! - چشمم روشن! - بعدش چی!*

***What should I do?*** وات شود آی دو ؟ *من چه کار باید بکنم؟*

***What should you do if you lose your passport?***

وات شود یو دو ایف یو لوز یُر پَسپُرت ؟

*اگر پاسپورتت را گُم کُنی، چه کار باید بکنی؟*

***What should you do if you lose your wallet?***

وات شود یو دو ایف یو لوز یُر والِت ؟

*اگر کیف پولت را گُم کُنی ، چه کار باید بکنی؟*

***What should you do when you see her ?***

وات شود یو دو وِن یو سی هِر ؟

*وقتی که او را می بینی، چه کار باید بکنی؟*

***What time do you get up in the morning?***

وات تآیم دو یو گِت آپ این دِ مُرنینگ ؟

*صبح چه ساعتی بلند می شوی؟*

***What time do you usually get up?***

وات تآیم دو یو یوژوالِی گِت آپ ؟

*معمولاً چه ساعتی بلند می شوی؟*

***What time is it?*** وات تآیم ایز ایت ؟ *ساعت چند است؟*

***What time is the breakfast served?***

وات تآیم ایز دِ بِرِک فَست سِروْد ؟

*چه ساعتی صبحانه سرو می شود؟*

***What would you like to drink?*** وات وُود یو لآیک تو دیرینک ؟ *دوست داری چی بنوشی؟*

***What's it to you?*** واتس ایت تو یو ؟ *به تو چه رَبطی دارد؟*

***What's that to you?*** واتس دَت تو یو ؟ *به شما چه مربوط است؟ - به تو چه؟*

***What's the job?*** واتس دِ جاب ؟ *آن (کار) شُغل، چیست؟*

***What's the last news?*** واتس دِ لَست نیُوز ؟ *چه خبرِ تازه ای دارید؟ - آخرین خبر، چیه؟*

***What's the most exciting thing you've ever done?***

واتس دِ مُست اِکسآیتینگ ثینگ یووْ اِوِر دان ؟

*مُهیج ترین کاری که تاکنون انجام داده ای، چیست؟*

***What's your favorite color?*** واتس یُر فِیوِریت کالِر ؟ *رنگ مورد علاقه ی شما چیه؟*

***What's your favorite restaurant?*** واتس یُر فِیوِریت رِستورَنت؟ *رِستوران مورد علاقه ی شما چیه؟*

***What's your job?*** واتس یُر جاب ؟ *شُغلت چیه؟*

***What's your occupation?*** واتس یُر آکیُوپِیشِن ؟ *شُغلت چیه؟*

***Whatever I have is yours*** وات اِوِر آی هَو ایز یُرز *هرچی که دارم، مُتعلق به شماست*

| | | |
|---|---|---|
| *Whatever made you think that...?* | وات اِوِر مِید یو ثینک دَت ...؟ | چی باعث شد، فکر کنی که ...؟ |
| *What's bothering you?* | واتس باذِرینگ یو ؟ | چی داره تورا اذیت می کنه؟ |
| *What's going on here?* | واتس گُ اینگ آن هیِر ؟ | اینجا چه خبر است؟ |
| *What's happening?* | واتس هَپِنینگ ؟ | چه اِتفاقی داره می افته؟ |
| *What's she like?* | واتس شی لآیک ؟ | قیافه اش چطوری است؟ |
| *What's so funny?* | واتس سُ فانی ؟ | کجاش خنده دار است؟ |
| *What's the date?* | واتس دِ دِیْتْ ؟ | امروز چه تاریخی است ؟ - امروز چَندم است ؟ |
| *What's the matter with you?* | واتس دِ مَتِر ویت یو ؟ | چی شده؟ - چِته؟ - چه مَرگِتِه؟ |
| *What's the pay like?* | واتس دِ پِیْ لآیک ؟ | حقوق و مزایا، چطور است؟ |
| *What's the problem?* | واتس دِ پرابْلِم ؟ | مُشکل چیه؟ - مَسئله چیه؟ |
| *What's the time, please?* | واتس دِ تآیم، پیلیز؟ | لطفاً ( بگویید ) ساعت چند است؟ |
| *What's up?* | واتس آپ ؟ | چه خبر؟ - چی شده؟ |
| *What's wrong with you?* | واتس رانگ ویت یو ؟ | مُشکلت چیه؟ - چه مَرگِتِه؟ |
| *What's wrong?* | واتس رانگ ؟ | مشکل چیه؟ - مسئله چیه؟ |
| *What's your name?* | واتس یُر نِیم ؟ | اِسمت چیه؟ |
| *When do you feel bored?* | وِن دو یو فیل بُرد ؟ | چه موقع شما خسته می شوید؟ |
| *When donkeys fly* | وِن دانکیز فِلآی | وقت گُل نِی - هرگز |
| *When I was younger* | وِن آی واز یانْگِر | وقتی که جوان تر بودم |
| *When is your birthday?* | وِن ایز یُر بِرث دِی ؟ | تولدت ، چه موقع است؟ |

*When you aren't around, things aren't the same*

وِن یو آرِنت اَرَوند ، ثینگز آرِنت دِ سِیم

*وقتی که شما نیستید، اِنگار هیچی مِثل قبل نیست*

*Whenever the situation arises* — وِن اِور دِ سیچوایِشِن اِرآیزِز — هر وقت که موقعیت پیش بیاید

*Whenever you go* — وِن اِور یو گُ — هر وقت که بروی

*Whenever you want* — وِن اِور یو وانت — هر وقت که تو بخواهی

*Where are you from?* — وِر آر یو فِرام ؟ — اَهل کجایی؟

*Where are you off to?* — وِر آر یو آف تو ؟ — کجا داری می ری؟

*Where are you?* — وِر آر یو ؟ — کجا هستی؟

*Where did you get that dent?* — وِر دید یو گِت دَت دِنْتْ ؟ — کجا زدی آن را قُر کردی؟

*Where did you grow up?* — وِر دید یو گرُ آپ ؟ — کجا بزرگ شدی؟

*Where did you hook up with her?* — وِر دید یو هُکْ آپْ ویتْ هِر؟ — او را کجا گیرش آوردی؟

*Where do you usually eat dinner?* — شما معمولاً کجا شام می خورید؟

وِر دو یو یوژوالی ایت دینِر ؟

*Where have you been?* — وِر هَو یو بین ؟ — کجا بودی؟ - ( کجا بوده ای )

*Where is he?* — وِر ایز هی ؟ — او کجاست؟

*Where is your family from?* — وِر ایز یُر فَمیلی فِرام ؟ — خانواده ات اَهل کجا هستند؟

*Where were you born?* — وِر وِر یو بُرن ؟ — کجا مُتولد شدی؟

*Where were you?* — وِر وِر یو ؟ — کجا بودی؟

*Where's the best place to shop?*

وِرز دِ بِست پِلیسْ تو شاپ ؟

بهترین مکان برای خرید،کجا است؟

*Where's your hometown?* — وِرز یُر هُم تَونْ ؟ — زادگاه شما کجاست؟

*Wherever you go* — وِراوِر یو گُ — هر کجا که بروی

***Which school are you studying at?***
ویچ اِسْکول آر یو اِسْتادینگ اَتْ ؟
*در کدام مدرسه مشغول تحصیل هستی؟*

***Who are you going with?*** هو آر یو گُ اینگ ویت ؟ *با کی داری می ری؟*

***Who cares?*** هو کِرز ؟ *چه کَسی اهمیت می دهد؟*

***Who do you think you are?*** هو دو یو ثینک یو آر ؟ *فکر می کنی کی هستی؟*

***Who do you live with?*** هو دو یو لِو ( لیو ) ویت ؟ *با کی زندگی می کنی؟*

***Who do you think you are talking to?***
هو دو یو ثینک یو آر تاکینگ تو ؟
*فکر می کنی داری با کی حرف می زنی؟*

***Who do you want to speak to?*** هو دو یو وانت تو اِسْپیکْ تو؟ *با کی می خواهی حرف بزنی ؟*

***Who do you want to talk?*** هو دو یو وانت تو تاک ؟ *با کی می خواهی صحبت کُنی؟*

***Who do you wish to talk?*** هو دو یو ویش تو تاک ؟ *با کی آرزو داری صحبت کنی؟*

***Who ever said that?*** هو اِوِر سِد دَتْ ؟ *اصلاً چه کسی این حرف را گفت؟*

***Who is it?*** هو ایز ایت ؟ *اون دیگه کیه؟*

***Who is there?*** هو ایز دِر؟ *کی اونجاست؟*

***Who is your best friend?*** هو ایز یُر بِست فِرند ؟ *بهترین دوست شما ، کیست؟*

***Who is your reference?*** هو ایز یُر رِفِرِنس ؟ *مُعرف شما کیست؟*

***Who knows?*** هو نُزْ ؟ *کی می دونه؟*

***Who told you that?*** هو تُلد یو دَت ؟ *کی اونو بِهِت گفت؟*

***Who was it?*** هو واز ایت ؟ *چه کَسی بود؟ - کی بود؟*

***Whom do they know?*** هومْ دو دِی نُ ؟ *آن ها چه کسی را می شناسند؟*

| | | |
|---|---|---|
| *Whom do they live With?* | هوم  دو  دِی  لِو (لیو)  ویت ؟ | *آن ها با چه کسی زندگی می کنند؟* |
| *Whom do you know?* | هوم  دو  یو  نُ ؟ | *تو چه کَسی را می شناسی؟* |
| *Who's calling?* | هوز  کالینگ ؟ | *چه کَسی داره تماس می گیره؟ - ببخشید شما؟* |
| *Who's on the line?* | هوز  آن  دِ  لآین ؟ | *چه کَسی پشتِ خط است؟* |
| *Who's on the phone?* | هوز  آن  دِ  فُنْ ؟ | *چه کَسی پشتِ خط است؟ - ببخشید شما؟* |
| *Whose fault was it?* | هوز  فُلْتْ  واز  ایت ؟ | *تَقصیر چه کسی بود؟* |
| *Why are you laughing?* | وآی  آر  یو  لَفینْگْ ؟ | *چرا داری می خندی؟* |
| *Why are you limping?* | وآی  آر  یو  لیمْپینْگْ ؟ | *چرا می شَلی ؟* |
| *Why are you usually late?* | وآی  آر  یو  یوژوالی  لِیت ؟ | *چرا شما معمولاً دیر می کنید؟* |
| *Why did you do that?* | وآی  دید  یو  دو  دَت ؟ | *چرا آن کار را کردی؟* |
| *Why didn't you tell me?* | وآی  دیدنت  یو  تِل  می ؟ | *چرا به من نگفتی؟* |
| *Why does she like English?* | وآی  داز  شی  لآیک  اینگیلیش ؟ | *چرا او انگلیسی دوست دارد؟* |
| *Why don't you drop by sometimes?* | وآیْ  دُنت  یو  دِرآپْ  بآیْ  سامْ تآیمزْ ؟ | *چرا گاهی به ما سَری نمی زنی؟* |
| *Why don't you answer?* | وآی  دُنت  یو  آنسِرْ ؟ | *چرا جواب نمی دهی؟* |
| *Why haven't you told me?* | وآی  هَونت  یو  تُلد  می ؟ | *چرا به من (نگفتی) نگفته ای؟* |
| *Why not?* | وآی  نات؟ | *چرا که نه؟* |
| *Will he name a price?* | ویل  هی  نِیم  اِ  پرآیس ؟ | *آیا او قیمتی (می گوید) می دهد؟* |
| *Will I see her again?* | ویل  آی  سی  هر  اِگِین (اِگِن) ؟ | *آیا دوباره او را خواهم دید؟* |
| *Will I see you again?* | ویل  آی  سی  یو  اِگِین ؟ | *می توانم دوباره ببینمت؟* |
| *Will you excuse us, please?* | ویل  یو  اِکسکیوزْ  آسْ ، پیلیز؟ | *میشه لطفاً ما را ببخشید؟* |

| | | |
|---|---|---|
| *Wishful thinking* | ویشفول ثینْکینگْ | به همین خیال باش |
| *With a lot of effort* | ویت اِ لات آو اِفُرت | با تلاش فراوان |
| *With all my heart* | ویت اُل مآی هارت | با تمام احساسم - با کمال میل |
| *With all my heart and soul* | ویتْ اُلْ مآیْ هارتْ آند سُلْ | با تمامِ (قلب و روحم) وجودم |
| *With pleasure* | ویت پیلیژِر | با کمالِ میل |
| *With whom do they live?* | ویت هوم دو دِی لِو (لیو)؟ | آن ها با چه کسی زندگی می کنند؟ |
| *With your permission* | ویت یُر پِرمیشِن | با اجازه ی شما |
| *Without you I'm nothing* | ویت اَوت یو آیم ناثینگ | بدون تو من هیچم |
| *Won't you come in?* | وُنت یو کام این؟ | چرا تو نمی آیی؟ - بفرمایید داخل؟ |
| *Word for word* | وُرد فُر وُرد | کلمه به کلمه |
| *Would I lie to you?* | وُود آی لآی تو یو؟ | آخه من به تو دروغ می گم؟ |
| *Would you join us?* | وُود یو جُیْن آس؟ | می خواهی به ما ملحق بشی؟ |

*Would you like me to do anything for you?*

وُود یو (وُوج یو) لآیک می تو دو اِنیثینگ فُر یو؟

آیا میل داری، کاری برایت انجام بدهم؟

*Would you like to go out for dinner?*

وُود یو لآیک تو گُ اَوت فُر دینِر؟

آیا دوست دارید که برای صرف شام بیرون بروید؟

*Would you like to work here?* ووِد یو لآیک تو وُرک هیْیر؟ آیا دوست داری اینجا کار بِکنی؟

*Would you please do me a favor?*

وود یو پیلیز دو می اِ فِی وِر؟

میشه خواهش کنم به من یه لُطفی بِکُنی؟

***Would you please elaborate on it more?***

وُود یو پیلیز اِلَبریت آن ایت مُر ؟

میشه لطفاً در مورد آن بیشتر توضیح دهید؟

***Would you please explain on it further?***

وُود یو پیلیز اِکسْپلین آن ایت فِردِر ؟

میشه لطفاً در مورد آن بیشتر توضیح دهید؟

***Would you please give it to me*** — وُود یو پیلیز گیوْ ایت تو می ؟ — میشه لطفاً آن را به من بدهید؟

***Would you stop worrying?*** — وُود یو اِسْتاپ وُرینگ ؟ — میشه دیگه نگران نباشی؟

***Write on every other line*** — رآیت آن اِوری آدِر لآین — یک خط در میان بنویس

***Yellow press*** — یِلُ پرِس — مَطبوعات جنجالی

***Yes, I'm always on time*** — یِس آیم اُلویز آن تآیم — بله من همیشه به موقع حاضر هستم

***Yes, sir*** — یِس، سِر — بله قربان - بله آقا

***You are exception*** — یو آر اِکْسِپشِن — شما استثناء هستید - شما فرق می کنید

***You are excused*** — یو آر اِکْسکییوزد — شما بخشیده شدید

***You are foolish*** — یو آر فولیش — تو اَحمقی

***You are in your turf*** — یو آر این یُر تِرف — منزل خودِتونه

***You are joking!*** — یو آر جُکینگ ! — شوخی می کنی!

***You are just hearing things*** — یو آر جاست هییرینْگ ثینگز — فقط خیالاتی شدی

***You are just the pick of the bunch*** — یو آر جاست دِ پیک آو دِ بانچ — تو واقعاً گُل سَر سَبَدی

***You are looking good*** — یو آر لوکینگ گود — خوش تیپ شدی - قشنگ به نظر می آیی

***You are most welcome*** — یو آر مُست وِلکام — قَدمتان به روی چشم - خیلی خوش آمدید

***You are right*** — یو آر رآیت — حق با شماست - شما راست می گویید

| | | |
|---|---|---|
| *You are seeing stars* | یو آر سی اینگ اِستارز | خیالاتی شدی |
| *You are seeing things* | یو آر سی اینگ ثینگز | خیالاتی شدی |
| *You are spoiling him* | یو آر اِسْپُیلینگْ هیم | شما دارید او را لوس می کنید |
| *You are stupid* | یو آر اِسْتیُوپیْد | تو احمقی |
| *You are very kind* | یو آر وِری کآیند | شما خیلی مِهربان هستید - شما خیلی لُطف دارید |
| *You are welcome* | یو آر وِلْ کام | خواهش می کنم - قابلی نداره - خوش آمدید |
| *You are wrong* | یو آر رانگ | شما اِشتباه می کنید |
| *You aren't kidding me, are you?* | یو آرِنت کیدینگ می، آر یو ؟ | شوخی که نمی کنی، می کنی؟ |
| *You aren't lying, are you?* | یو آرِنت لآیْ اینگ ،آر یو ؟ | دروغ که نمی گویی، اینطور نیست؟ |
| *You bet you* | یو بِت یو | صد در صد مُطمئن باش |
| *You can count on me* | یو کَن کَوْنْت آنْ میْ | می توانی رو من حساب کنی |
| *You can't count on him* | یو کَنت کَوْنْتْ آن هیم | شما نمی توانید روی او حساب کنید ( آبی اَزش گرم نمی شود ) |
| *You devil you* | یو دِوِل یو | اِی شیطون - اِی ناقُلا - اِی کَلَک |
| *You did a good job* | یو دید اِ گود جاب | کارت را خوب انجام دادی - آفرین |
| *You don't look well* | یو دُنت لوکْ وِلْ | ظاهراً سلامت نیستی - خوب به نظر نمی آیی |
| *You got a nerve* | یو گات اِ نِرو | خیلی جُرأت داری - خیلی نَترس هستی |
| *You had better go now* | یو هَد بِتِر گُ نَو | بهتر است همین اَلان بروی |
| *You have no right* | یو هَو نُ رآیت | تو هیچ حَقّی نداری |
| *You have no right to protest* | یو هَو نُ رآیت تو پرُ تِست | تو حقِّ اِعتراض نداری |

***You have to make an extension of your visa***

یو　هَفْ تو　مِیک　اَنْ　اِکستِنشِن　آو　یُر　ویزا

***شما باید ویزای خود را تَمدید کنید***

***You have to pay your debt***　　یو　هَفْ تو　پِی　یُر　دِتْ　　***باید ( مجبوری ) بِدهی را بپردازی***

***You know how unreasonable she is***

یو　نُ　هاو　آنْریزِنْبِل　شی　ایز

***تو می دانی که او چقدر غیر منطقی است***

***You know what I mean***　　یو　نُ　وات　آی　مین　　***تو می دانی که منظورم چیست***

***You know what I wish***　　یو　نُ　وات　آی　ویش　　***تومی دانی که چی دِلم می خواهد***

***You look older than your age***　　یو　لوک　اُلدِر　دَن　یُر　اِیج　　***به نظر، مُسن تر می آیی***

***You look up to her***　　یو　لوک　آپ　تو　هِر　　***تو از او پیروی ( تقلید ) می کنی***

***You look white as a ghost!***

یو　لوک　وآیت　اَز　اِ　گُست!

***مِثل روح سفید به نظر می آیی ( رَنگت مثل گچ سفید شده )***

***You look younger than your age***　　یو　لوک　یانْگِر　دَن　یُر　اِیج　　***جوان تر از سِنّت به نظر می آیی***

***You made a monkey out of her***　　***از او یه میمون ساختی ( خیلی کِنِفتِش کردی )***

یو　مِید　اِ　مانکی　اَوت　آو　هِر

***You make me laugh***　　یو　مِیک　می　لَف　　***تو من را به خنده می اندازی***

***You may do as you like***　　یو　مِی　دو　اَز　یو　لآیک　　***هرطوری که دِلت می خواهد، انجام بده***

***You maybe run by a car***　　یو　مِیبی　ران　بآیْ　اِ　کار　　***ممکن است زیر ماشین بری***

***You mean a world to me***　　یو　مین　اِ　وُلد　تو　می　　***تو برای من یک دنیا ارزش داری***

***You must be crazy if ...***　　یو　ماست　بی　کِریزی　ایف ...　　***باید احمق شده باشی اگه ...***

***You ought to know better***　　یو　اُتْ تو　( آتْ تو )　نُ　بِتِر　　***شما باید بهتر بدانید***

| | | |
|---|---|---|
| ***You Put your finger on it*** | یو پوت یُر فینْگرِ آن ایت | ***گُل گفتی - زَدی به هدَف*** |
| ***You seem upset*** | یو سیمْ آپْسِتْ | ***به نظر غمگین می آیی*** |
| ***You should meet each other in half way*** | یو شود میتْ ایچ آدرِ این هَفْ وِیْ | ***شما باید با یک دیگر،کوتاه بیایید*** |
| ***You too!*** | یو تو ! | ***شما هم، همین طور!*** |
| ***You were a grind on the nerve*** | یو وِر اِ گرآیند آن دِ نِرو | ***خیلی اعصابمان را خُرد کردی*** |
| ***You're really cool*** | یور رِی اِلی کول | ***خیلی باحالی - واقعاً باحالی*** |
| ***You're out of your mind*** | یور اَوت آو یُر مایند | ***عَقل از سَرت، پریده*** |
| ***Yours truly*** | یُرز تورولی | ***اِرادتمند شما - چاکرِ شما*** |
| ***Yours truly will do his best*** | یُرز تورولی ویل دو هیز بِست | ***چاکرِ شما، نهایت تلاشش را خواهد کرد*** |
| ***Zip up your lip*** | زیپ آپ یُر لیپ | ***هیچی نگو - زیپ دَهنت را بِکِش*** |

پایان قسمت سوم

# Proverbs and saying

## ضرب المثل ها و گفته ها

*A bad penny always comes back* ا بَد پِنی اُلوِیز کامز بَک

*سِکّه ی بد همیشه به دست خود آدم بر می گردد ( مال بَد، بیخِ ریشِ صاحبش است )*

*A bad thing never dies* ا بَد ثینگ نِور دآیز

*یه چیز بد، هرگز نمی میرد ( بادمجان بم، آفت ندارد )*

*A bad workman blames his tools* ا بَد ورک مَن بِلیمز هیز تولز

*کارگر بد، همیشه اَبزارش را مُقصّر می داند ( عَروس نمی تونه بِرقصه، میگه زمین کَجه )*

*A big head has a big ache* ا بیگ هِد هَز ا بیگ اِک

*سَر بزرگ، دَرد زیادی دارد ( هرکه بامش بیش، برفش بیشتر )*

*A bird in hand is worth two in the bush* ا بِرد این هَند ایز وُرث تو این دِ بوش

*یک پرنده در دست داشتن ، بهتر از دو پرنده در بوته زار است ( سیلی نَقد به از حَلوای نِسیه است )*

*A book is like a garden carried in the pocket* ا بوک ایز لآیک اِ گاردن کَرید این دِ پاکت

*یک کتاب مثل باغی است که در جیب حَمل می شود*

*A broken hand works, but not a broken heart* ا بِرُکِن هَند ورکس، بات نات اِ بِرُکن هارت

*دست شکسته کار می کند امّا قلب شکسته نه*

*A burnt child dreads fire* ا بِرنت چآیلد دِرِدز فآیر

*بچه ی سوخته از آتش واهمه دارد ( مار گزیده از ریسمان سیاه و سفید می ترسد )*

*A cat has nine lives* اِ کَت هَز نآین لآیوْز

*گربه ۹ جان دارد ( گربه هفت جان دارد )*

*A change is as good as a rest* اِ چِینج ایز اَز گود اَز اِ رِست

*تَغییر و تَنوع، به خوبیِ یک استراحت است*

*A clear conscience fears no accusation* اِ کیلییِر کانشِنس فییِرز نُ اَکییوزیشِن

*وجدان پاک هیچ ترسی از مُتهم شدن ندارد ( آن را که حساب پاک است از مُحاسبه چه باک است )*

*A clear conscience is a soft pillow* اِ کیلییِر کانشِنس ایز اِ سافت پیلُ

*وجدان زُلال مانند بالشِ نرمه ( آن را که حساب پاک است از محاسبه چه باک است )*

*A close friend can become a close enemy* اِ کلُس فِرِند کَن بیکام اِ کِلُس اِنِمی

*دوست نزدیک، می تواند دشمن نزدیک باشد*

*A closed mouth catches no flies* اِ کِلُزد مَوْثْ کَچیز نُ فِلآیز

*دَهان بسته هیچ مگسی را نمی گیرد*

*A constant guest is never welcome* اِ کانستَنت گِست ایز نِور وِلکام

*به مهمان دائمی هرگز خوشامد نمی گویند ( مهمان تا سه روز عزیز است )*

*A creaking door hangs longest* اِ کیریکینگ دُر هَنگز لانگِست

*دروازه ی شکسته مدت بیشتری دوام می آورد ( دود از کُنده بلند می شود )*

*A door must be either shut or open* اِ دُر ماست بی ایدِر شات اُر اُپِن

*دَر، یا باید بسته باشد یا باز ( هم خُدا را می خواهد هم خُرما را )*

*A drowning man is not troubled by rain* اِ دِرَوْنینگ مَن ایز نات تِرابِلد بآی رِین

*آب که از سر بگذرد، چه یک وَجب چه صد وَجب*

*A faint heart never won a lady* اِ فِینت هارت نِور وُن اِ لِیدی

*قلب ضعیف هرگز نمی تونه دلِ خانمی را تَصاحب کُنه*

*A few germs never hurt anyone* اِ فییو جرمز نِور هِرت اِنی وان

*چند تا میکروب، هرگز به کَسی آسیب نمی رساند*

*A fool and his money are soon parted* اِ فول اَند هیز مانی آر سون پارتِد

*آدم احمق به سرعت پولش را به خاطر چیز های بی ارزش از دست می دهد*

*A fool's tongue is long enough to cut his own throat*

اِ فولز تانگ ایز لانگ ایناف تو کات هیز اُن ثِرُت

*زبان نادان به اندازه ی کافی دراز است که گلویش را ببرد ( زبانِ سُرخ ، سَرِ سبز، می دهد بر باد )*

*A foolish and harmful friendship* اِ فولیش اَند هارم فول فِرندشیپ

*یه اَحمق و رابطه ی دوستیِ ضَرَر وارش ( دوستیِ خاله خِرسه )*

*A friend in need is a friend indeed* اِ فِرند این نید ایز اِ فِرند این دید

*دوست در هنگام نیاز، دوست واقعی است ( دوست آن است که گیرد دست دوست در پریشان حالی و درماندگی )*

*A friend who shares is a friend who cares* اِ فِرند هو شِرز ایز اِ فِرند هو کِرز

*یار نباشد که دست یار نگیرد*

*A friend's eye is a good mirror* اِ فِرندز آی ایز اِ گود میرر

*چشمِ دوست آینه ی خوبی است ( مؤمن آینه ی مؤمن است )*

*A full purse never lacks friends* اِ فول پِرس نِور لَکسْ فِرندز

*یه کیسه ی پُر از پول، هرگز بدون رفیق نمی ماند*

**_A good deed is never lost_**  **اِ گُد (گود) دید ایز نِور لاست**

_خوبی هرگز گُم نمی شود    ( تو نیکی می کُن و در دِجله انداز که ایزد در بیابانت دهد باز )_

**_A good wife and health is a man's best wealth_**

**اِ گود وآیفْ اَند هِلثْ ایز اِ مَنزْ بِستْ وِلثْ**

_زن خوب و فَرمان بر و پارسا    کُند مرد درویش را پادشاه_

**_A great talker is a great liar_**  **اِ گِریت تاکِر ایز اِ گِریت لآیِر**

_سخنگوی خوب، دروغگوی خوبی است_

**_A hard beginning makes a good ending_**  **اِ هارد بیگینینگ مِیکس اِ گود اِندینگ**

_شروع دشوار، پایان خوبی دارد    ( هر سربالایی یک سرپایینی دارد )_

**_A healthy man is a successful man_**  **اِ هِلثی مَن ایز اِ ساکْسِسْفول مَن**

_یک مرد سالم یک مرد موفق است_

**_A hedge between keeps friendship green_**  **اِ هِج بیتْوینْ کیپس فِرِندشیپ گیرین**

_یه حفاظ ( دیوار ) در میان بگذار ، دوستیت را نگه دار    ( درِ خانه ات را ببند، همسایه ات را دُزد نَکُن )_

**_A hound's food is in its legs_**  **اِ هَوْندزْ فود ایز این ایتس لِگزْ**

_غذای سگ شکاری، به پاهایش بستگی دارد_

**_A hungry man is an angry man_**  **اِ هانگیری مَن ایز اَن اَنگیری مَن**

_آدم گرسنه، عصبانی است    ( آدم گرسنه، ایمان ندارد )_

**_A leopard can't change its spots_**  **اِ لِپرد کَنت چِینج ایتس اِسپاتس**

_خُلق و مَنش در بعضی ها قابل تغییر نیست - زَنگی به شُستن نگردد سپید_

*A liar is not believed when he tells the truth* اِ لآیِر ایز نات بیلیود وِن هی تِلز دِ توروث

*کسی حرف آدم دروغگو را باور نمی کند حتی وقتی که او حرف راست می زند ( مِثلِ چوپانِ دروغگو )*

*A liar should have a good memory* اِ لآیِر شود هَو اِ گود مِمُری

*دروغگو باید حافظه ی خوبی داشته باشد ( آدم دروغگو کم حافظه است )*

*A lie travels round the world while truth is putting her boots on*

اِ لآی تِراوِلز رَوند دِ وُلْد وآیل توروث ایز پوتینگ هِر بوتس آن

*وقتی که حقیقت دارد کفش هایش را می پوشد، دروغ به دور دنیا می رود*

*A light purse is a heavy curse* اِ لآیت پِرس ایز اِ هِوی کِرس

*جیبِ خالی، فُحش و لَعنت سنگینی است*

*A little knowledge is a dangerous thing* اِ لیتِل نالِج ایز اِ دِینْجِرِس ثینگ

*آگاهی سَطحی، چیزِ بسیار خطرناکی است*

*A little pot is soon hot* اِ لیتِل پات ایز سون هات

*کتری کوچک، زود داغ می شود ( آدم کم جَنبه زود از کوره در می رود )*

*A little thing in hand is worth more than a great thing in prospect*

اِ لیتِل ثینگ این هَند ایز وُرث مُر دَن اِ گِریت ثینگ این پراسپکت

*چیز کمی در دست داشتن ، باارزش تر است از چیزهای زیادی که در تصور و خیال می باشد*

*( سیلی نقد به از حلوای نسیه است )*

*A lock is better than suspicion* اِ لاک ایز بِتِر دَن ساسپیشِن

*یک قُفل، بهتر از بدگمانی و سوءِ ظَن است ( مالت را سِفت نگه دار، همسایه ات را دُزد نَکن )*

***A man doesn't seek his luck, luck seeks its man***

**اِ مَن دازِنت سیک هیز لاک ، لاک سیکس ایتس مَن**

*شخص به دنبال شانس نمی رود، این شانس است که به دنبال شخص می رود*

***A man is as old as he feels*** **اِ مَن ایز اَز اُلد اَز هی فیلز**

*شخص به همان سِنّی است که احساس می کند*

***A man is known by the company he keeps*** **اِ مَن ایز نُن بآی دِ کامپِنی هی کیپس**

*یه شخص با افرادی که رفت و آمد می کند، شناخته می شود*

***A miss is as good as a mile*** **اِ میس ایز اَز گود اَز اِ مآیل**

*آب که از سَر گذشت، چه یک وَجب چه صد وَجب*

***A moneyless man goes fast through the market***

**اِ مانی لِس مَن گُزْ فَست ثورو دِ مارکت**

*مردی که پول ندارد سریع ازمیان بازار رد می شود*

***A monkey never thinks her baby's ugly*** **اِ مانکی نِور ثینکسْ هِر بِیبیزْ آگلی**

*یه میمون هرگز فکرنمی کنه که بچه اش زِشته ( سوسکه به بچه اش میگه، قربون دست و پای بلوریت برم، مادرا! )*

***A penny saved is a penny earned*** **اِ پِنی سِیود ایز اِ پِنی اِرند**

*یک پِنی پس انداز، یک پنی درآمد است ( یک ریال هم یک ریال است )*

***A poor beauty finds more lovers than husbands***

**اِ پور بییوتی فآیندزْ مُر لآوِرزْ دَن هازبِند**

*یه دختر فقیروزیبا، عاشقان زیادی پیدا می کنه تا شوهر*

***A rolling stone gathers no moss*** **اِ رُلینگ اِستُن گَزِرزْ نُ ماس**

*یه سنگ غلتان هیچ خَزه ای به خود نمی گیرد ( آدم همه کاره و هیچ کاره )*

***A rose by any other name would smell as sweet***

اِ رُز بآی اِنی آدِر نیم وُود اِسمِل اَز سوای ت

*به گُل رُز هر اسمی که بدهند باز بوی خوش دارد ( مُشک آن است که خود ببوید نه آن که طبله ی عطار بگوید )*

***A rule isn't unfair if it applies to everyone***

اِ رول ایزِنت آنفِر ایف ایت اَپلآیز تو اِوری وان

*قانون اگر برای همه بکار برود، غیر مُنصفانه نیست*

***A rumor goes in one ear and out many mouths***

اِ رومِر گُز این وان اییِر اَند اَوت مِنی مَوزِزْ

*شایعه وارد یک گوش می شود و از دهان های بسیاری خارج می شود*

***A small spark makes a great fire***

اِ اِسمُل اِسپارک مِیکْسْ اِ گِریت فآیِر

*یک جرقه ی کوچک آتش بزرگی به پا می کند*

***A stitch in time saves nine***

اِ اِسْتِچ این تآیم سِیْوزْ نآین

*یک کوک ( بَخیه ) به موقع به جای نُه کوک بی موقع است ( جلوی ضَرَر را هر وقت بگیری، سود است )*

***A teacher is better than two books***

اِ تیچِر ایز بِتِر دَن تو بُکس ( بوکس )

*یک معلم بهتر از دو کتاب است*

***A thief believes everybody steals***

اِ ثیفْ بیلیوزْ اِوری بادی اِسْتیلزْ

*یک دُزد فکر می کند که همه ( دُزدند ) می دُزدند*

***A thorn defends the rose, harming only those who would steal the blossom***

اِ ثُرن دیفِندز دِ رُز، هارمینگ اُنلی دُز هو وُود اِستیل دِ بِلاسِم

*خار از گُل سُرخ دِفاع می کند و فقط صَدمه می زند به آن هایی که می خواهند گُل را بِدُزدند*

*A throne is only a bench covered with velvet* **اِ ثِرُن ایز اُنلی اِ بِنچ کاوِرد ویت وِلوِت**

*تخت نیمکتی است که با مَخمل پوشیده شده*

*A tree falls the way it leans* **اِ تیری فالزْ دِ وِی ایت لینْزْ**

*یک درخت به همان سَمتی که کَج می شود، می اُفتد*

*A watched pot/kettle never boils* **اِ واچْتْ پات/کِتِل نِور بُیلْزْ**

*یه ظَرفی ( کِتری ) را که تماشا می کنی هرگز نمی جوشد*

*( اِنتظار هر چیزی را که بِکِشی، اِسترس بیشتری را مُتحَمِّل می شوی )*

*A wild goose chase* **اِ وآیلد گوس چیسْ**

*به دُنبال نُخود سیاه فرستادن*

*A wise man hears one word and understands two*

**اِ وآیز مَن هییِرز وان وُرد اَن آندِرستَندز تو**

*مرد عاقل یکی می شنود و دوتا می فهمد*

*A wise man makes his own decisions, an ignorant man follows the public opinion*

**اِ وآیز مَن مِیکسْ هیز اُن دیسیژِنز، اَن ایگْنُرِنتْ مَن فالُزْ دِ پابلیک آپینیِن**

*مرد عاقل خودش تصمیم می گیرد،و مرد سطحی نگر از عقاید دیگران پیروی می کند*

*A woman's place is in the home* **اِ وُمِنز پِلیس ایز این دِ هُم**

*جایگاه زن، در منزل است*

*A worthy woman is far more precious than jewels, strength and dignity are her clothing*

**اِ وِرثی وُمِن ایز فار مُر پِرشِس دَن جواِلزْ، اِسترِنث اَند دیگْنیتیْ آر هِر کِلُزینگ**

*ارزش یک زن شایسته خیلی بیشتر از جواهرات می باشد ، اِستقامت و وِقار، لباس زن است*

**Absence makes the heart grow fonder** اَبسِنس مِیکس دِ هارت گرُ فاندِر

*غیبت و جُدایی، باعث افزایش عَلاقه می شود ( دوری و دوستی )*

**Action is proper fruit of knowledge** اَکشِن ایز پراپِر فوروت آو نالِج

*عَمل، میوه ی دانش است ( بار درخت علِم نباشد مگر عَمل )*

**Actions speak louder than words** اَکشِنز اِسپیک لَوْدِر دَن وُردز

*عَمل بلندتر از کلمات حرف می زند ( دو صد گفته چون نیم کردار نیست )*

**Advice should be viewed from behind** اَدوآیس شود بی ویْیود فِرام بینْهآیند

*نصیحت باید بطور غیر مستقیم باشد*

**After death the doctor** اَفتِر دِث دِ داکتِر

*دکتر، بعد از مرگ ( نوشدارو بعد از مرگ ِسُهراب )*

**After sorrow comes joy** اَفتِر سارُ کامزْ جُیْ

*بعد از هر گریه، خنده ای است*

**All clouds bring not rain** اُل کِلَوْدزْ بیرینگ نات رِینْ

*هر گردی، گردو نیست*

**All fellows in football** اُل فِلز این فوتبال

*بازی اِشکَنَکْ داره، سَر شکستنک داره*

**All good things come to an end** اُل گود ثینگز کام تو اَن اِند

*یه روزی تمام چیزهای خوب به پایان می رسند ( هیچ عیشی بی پایان نیست )*

**All is for the best** اُل ایز فُر دِ بِست

*همه چیز به خاطر بهترین است ( هرچه پیش آید، خوش آید )*

All is well that ends well اُل ایز وِل دَت اِندز وِل

همه ی آن هایی خوب است که به خوبی خَتم شود ( شاهنامه آخرش خوش است )

All roads lead to Rome اُل رُدز لید تو رُم

همه ی جاده ها به رُم ختم می شود ( هرجا بری آسمان همین رنگ است )

All talk and no action اُل تاک اَند نُ اَکشِن

همه اش صحبت و عمل هیچ ( به عَمل کار برآید به سخنرانی نیست )

All that glitters is not gold اُل دَت گیلیتِرز ایز نات گُلد

همه ی چیزهایی که می درخشند، طلا نیستند ( هر گردی،گردو نیست )

All the better اُل دِ بِتِر

چه بهتر

All things are easy that are done willingly اُل ثینگز آر ایزی دَت آر دان ویْلینگْلی

همه ی چیز هایی که با میل انجام می شوند، آسان هستند

All things come to those who wait اُل ثینگز کام تو دُزْ هو وِیت

همه چیز می آید برای آن هایی که صَبر می کنند ( گر صبر کُنی ز غوره، حلوا سازی )

All things grow with time, except grief اُل ثینگز گرُ ویت تآیم ، اِکْسِپْت گیریف

همه چیز با زمان رُشد می کند بجُز غَم و غُصّه

All truth will not bear telling اُل توروث ویل نات بِر تِلینگ

دروغ مَصلحت آمیز، بهتر از راست فِتنه اَنگیز است

***All work and no play makes Jack a dull boy***

**اُل وُرکْ اَند نُ پِلی مِیکْسْ جَک اِ دال بُی**

*کار زیاد و بدون تفریح آدم را سُست و بی حال می کند*

***Always have two strings to your bow*** **اُلویز هَوْ تو اِستِرینگز تو یُر بُ**

*همیشه برای کمانت دوتا سیم ( ریسمان ) داشته باش ( کار از مُحکم کاری عیب نمی کند )*

***An apple a day keeps the doctor away*** **اَن اَپل اِ دِی کیپس دِ داکتِر اِوِی**

*روزانه یک سیب، دکتر را دور نگه می دارد - روزی یه سیب بخور تا بیمار نشوی*

***An evil lesson is soon learned*** **اَن ایوِل لِسِن ایز سون لِرنْد**

*کارِ بَد، زود آموخته می شود*

***An eye for an eye and a tooth for a tooth*** **اَن آی فُر اَن آی اَند اِ توث فُر اِ توث**

*چشم در برابر چشم و دندان در برابر دندان*

***an ill beginning, an ill ending*** **اَن ای لْ بیگینینگ ، اَن ای ل اِنْدینگ**

*یک شروع بد، یک پایان بد دارد ( خِشت اوّل چون نَهد مِعمار کَج تا ثُریا می رود دیوار کَج )*

***An ounce of discretion is worth a pound of wit***

**اَن اَوْنْس آو دیسکِرِشِن ایز وِرث اِ پَوْند آو ویت**

*یه اونس بصیرت بهتر از یک پوند هوش است*

***An old rat is a brave rat*** **اَن اُلد رَت ایز اِ بِرِیو رَت**

*یه موش پیر، یه موش شجاع است ( دود، از کُنده بلند می شود )*

***Anger and hate hinder good counsel*** **اَنگِر اَند هِیْت هیندِر گود کَوْنْسِل**

*عَصبانیت و تَنفّر، مانع از مشورت خوب، می شوند*

*Anger is a short madness* اَنگر ایز اِ شُرت مَدنِس

عصبانیت یک دیوانگیِ کوتاه مدت است

*Answer one in his own language* اَنسِر وان این هیز اُنْ لَنگواج

جواب هر کسی را به زبان خودش بده ( جوابِ های، هوی است )

*Any port in a storm* اِنی پُرت این اِ اِستُرم

در طوفان، هر بَندری ( لنگرگاه ) که باشد ( لِنگه کفش در بیابان نعمت است )

*Appetite comes with eating* اَپِتآیت کامز ویت ایتینگ

اِشتها با خوردن می آید

*April and May the keys of the year* اِیپْریل اَند مِی دِ کیز آو دِ یِر

ماه آوریل و ماه مه، کلید های سال هستند ( سالی که نِکوست از بَهارش پیداست )

*As bold as brass* اَز بُلد اَز بِرَس

مثل سنگِ پای قزوین

*As easy as ABC* اَز ایزی اَز اِی بی سی

به آسانیِ اِی بی سی ( مِثل آب خوردن ساده است )

*As well be hanged for a sheep as for a lamb* اَز وِل بی هَنگد فُر اِ شِپ اَز فُر اِ لَم

آب که از سَر گذشت چه یک وَجب چه صَد وَجب

*As you make your bed, so you must lie in it*

اَز یو میک یُر بِد ، سُ یو ماست لآی این ایت

جایت را که می اندازی، خودت هم باید بخوابی

( هرکَسی که خربزه می خورد، پای لرزش هم می نشیند - چاه مَکَن بهر کَسی اول خودت، دوم کَسی )

**Bad news travels fast** بَد نییوز تِراوِلزْ فَست

خبر بد سریع پخش می شود ( یک کلاغ و چهل کلاغ کردن )

**Barking dogs seldom bite** بارکینگ داگز سِلْدِم بآیت

سگی که پارس می کند به ندرت گاز می گیرد ( از آن نترس که های و هوی دارد- از آن بترس که سر به تو دارد )

**Be slow to promise and quick to perform** بی اِسلُ تو پِرامیس اَند کو ای ک تو پِرفُرم

در قول دادن عجله نکن و در عَمل به آن سریع باش

**Beauty is in the eyes of the beholder** بییوتی ایز این دِ آیزْ آو دِ بیهُلْدِر

زیبایی بستگی به دید و نظر شخصی دارد که نگاه می کند

( عَلف باید به دهان بُزی شیرین باشد - آب دریا در مذاق ماهی دریا خوش است )

**Beauty is only skin deep** بییوتی ایز اُنلی اِسکینْ دیپ

صورت زیبا، هیچ نیست، سیرت زیبا بیار ( تن آدمی شریف است به جان آدمیت )

**Beggars' bags are bottomless** بِگرزْ بَگزْ آر باتِمْلِسْ

کیسه ی گدایان بدون ته می باشد

**Beggars can't be choosers** بِگرز کَنت بی چوزِرزْ

فقرا نمی توانند انتخاب گر باشند ( مُفت خور، صاحب سلیقه نمی باشد )

**Believe not all you hear** بیلیو نات اُل یو هییر

همه ی چیزهایی که می شنوی را، باور نکن ( بشنو و باور نکن )

**Better a coward for a minute than dead for the rest of your life**

بِتِر اِ کَوْارد فُر اِ مِنِت دَن دِد فُر دِ رِستْ آو یُر لایف

بهتر است که برای چند دقیقه آدم، ترسو باشه تااینکه مابقی عُمرش را، مُرده باشه

( آدم ترسو همیشه جان سالم بدَر می برد )

**Better alive coward than a dead hero** بِتر اِلاَیْو کَوْارد دَن اِ دِد هییرُ

ترسوی زنده، بهتر است تا قهرمان مرده ( پهلوان زنده را عشق است )

**Better do it than wish it done** بِتر دو ایت دَن ویش ایت دان

بهتر است که آن کار را بکنی تااینکه آرزوکنی، انجام داده شود

**Better have it out than be always aching** بِتر هَو ایت اَوت دَن بی اُلویز اِیْکینگ

بهتر است که آن را در بیاوری تا اینکه همیشه دَرد بکشی ( دندانی که درد می کند را باید کشید )

**Better late than never** بِتر لِیت دَن نِور

دیر رسیدن بهتر از هرگز نرسیدن است ( آهسته برو همیشه برو )

**Better the devil you know than the devil you don't know**
بِتر دِ دِوِل یو نُ دَن دِ دِوِل یو دُنت نُ

دشمن دانا به از دوست نادان بود

**Better to ask the way than to go astray** بِتر تو اَسک دِ وی دَن تو گُ اَسترِی

بهتر است که مسیر را بپرسی تا اینکه سرگردان بروی

( دانا هم می داند و هم می پرسد اَمّا نادان نه می داند و نه می پرسد )

**Better to be alone than in bad company** بِتر تو بی اِلُن دَن این بَد کامپِنی

تنها بودن بهتر است تا همنشینی با بَدان

**Better to light a candle than to curse the darkness**
بِتر تو لاَیت اِ کَندِل دَن تو کِرس دِ دارکنِس

به جای اینکه به تاریکی ناسزا بگویی بهتر است که شمع روشن کنی

**Better untaught than ill taught** بِتر آنْتات دَن ایل تات

تعلیم نیافته بهتر است تا بد آموخته

***Better to be safe than sorry*** **بِتِر تو بی سِیف دَن ساری**

*چرا عاقل کُند کاری که باز آرد پشیمانی*

***Between the devil and the deep blue sea*** **بیْتوین دِ دوِل اَند دِ دیپ بولو سی**

*بین شیطان و دریای عَمیق آبی بودن ( میان بد و بدتر گیر کردن )*

***Beware of a silent dog and still water*** **بیْور آو اِ سایلنت داگ اَند اِستیل واتِر ( وادِر )**

*بر حَذَر باش از سگ ساکت و آبِ راکد*

***Birds of a feather flock together*** **بِردز آو اِ فدِر فلاک توگدِر**

*کبوتر با کبوتر، باز با باز، کند همجنس با همجنس پرواز*

***Black will take no other hue*** **بلَک ویل تیک نُ آدِر هیْیو**

*سیاهی هیچ رنگ دیگری به خود نمی گیرد ( بالاتر از سیاهی رنگی نیست )*

***Blood is thicker than water*** **بلاد ایز ثیکِر دَن واتِر**

*خون غلیظ تر از آب است*

*( پیوند با خون قویتر است - همبستگی بین اعضای خانواده نسبت به افراد غریبه بیشتر است )*

***Brain is better than brawn*** **بِرین ایز بِتِر دَن بِرُن**

*عقل بهتر از نیروی عَضلانی است ( یه جو عَقل بهتر از یک خَربار زورِ بازو است )*

***Burn the candle at both ends*** **بِرن دِ کَندِل اَت بُث اِندز**

*شمع را از دوطرف بِسوزان ( مثل شمع سوختن )*

***Business before pleasure*** **بیزِنِس بیفُر پیلیژِر**

*کار، قبل از تَفریح*

**Call a spade a spade** **کال اِ اِسپید اِ اِسپید**

*به یک بیل، بیل بگو ( آن را که عَیان است، چه حاجت به بیان است )*

**Cattle do not die from crows cursing** **کَتِل (کَدِل) دو نات دآی فِرام کِرُز کِرسْینگ**

*گَلّه با نفرین کلاغ از بین نمی رود ( به حرف گربه سیاه باران نمی آید )*

**Charity begins at home** **چَریتی بیگینز اَت هُم**

*دستگیری(صدقه دادن) از منزل شروع می شود ( چراغی که به منزل رواست،به مسجد حرام است )*

**Cleanliness is next to godliness** **کیلین لینِس ایز نِکست تو گاد لینِس**

*نظافت نزدیکی به دینداری(خداشناسی) است ( پاکیزگی نشانه ی ایمان است )*

**Clothes do not make the man** **کِلُزْ دو نات مِیک دِ مَن**

*لباس، مرد را نمی سازد ( شخصیت نمی دهد )*

*( تن آدمی شریف است به جان آدمیت - نه همین لباس زیباست نشان آدمیت )*

**Clouds gather before a storm** **کِلَوْدز گَزِر بیفُر اِ اِستُرم**

*قبل از طوفان، ابرها جمع می شوند*

**Coming events cast their shadows before** **کامینگ ایوِنْتسْ کَست دِر شَدُزْ بیفُر**

*حوادثی که در راه هستند، سایه هایشان را قبلاً گسترده اند ( سالی که نِکوست از بَهارش پیداست )*

**Courtesy on one side only lasts not long** **کِرتِسی آن وان ساید اُنلی لَستس نات لانگ**

*احترام از یک جانب هرگز دوام زیادی ندارد ( محبت، دو سر دارد )*

**Cowards die many times before their death** **کَوْاردز دای مِنی تایمز بیفُر دِر دِثْ**

*تَرسوها قبل از فرارسیدن مرگشان، بارها می میرند ( آدم های ترسو روزی هزار بار می میرند )*

***Curiosity killed the cat*** **کیُیورآسیتی کیلد دِ کَت**

*کنجکاوی آن گربه را کُشت ( کنجکاوی زیاد باعث دردِ سَر می شود )*

***Cut your coat according to your cloth*** **کات یُر کُت اَکُردینگ تو یُر کِلاث**

*پایت را به اندازه ی گلیمت دراز کن*

***Darkness reigns at the foot of the lighthouse***

**دارکْنِس رِینْزْ اَت دِ فوت آو دِ لآیتْهَوْسْ**

*تاریکی بر پایین فانوس حُکومت می کند*

***Death closes all doors*** **دِثْ کِلُزِز اُل دُرز**

*مرگ، همه ی درها را می بندد*

***Death keeps no calendar*** **دِث کیپس نُ کَلندِر**

*مَرگ، خبر نمی کند*

***Delays are dangerous*** **دیلِیْزْ آر دِینجِرِس**

*تأخیرها، خطرناک هستند ( کار امروز را به فردا، نینداز )*

***Diamonds cut diamonds*** **دآیِمنْدز کات دآیِمندز**

*سنگ، سنگ را می شکند*

***Different strokes for different folks*** **دیفِرنت اِستِرُکس فُر دیفِرنت فُکس**

*ضربات ( نوازش ) مختلف برای مردم مختلف ( گروهی این ، گروهی آن پسندند )*

***Discretion is the better part of valor*** **دیسکرِشِن ایز دِ بِتِر پارت آو وَلِر**

*اِحتیاط، بهترین قِسمت شُجاعت است*

***Do as I say, not as I do***

**دو اَز آی سِی ، نات اَز آی دو**

*کاری که می گویم را انجام بده ، نه کاری را که می کنم ( نبین چه کار می کنم، ببین چی می گویم )*

***Do as you would be done by***

**دو اَز یو وُود بی دان بآی**

*آنچه برای خودت می پسندی برای دیگران هم بپسند*

***Do not be born good or handsome, but be born lucky***

**دو نات بی بُرن گود اُر هَندسام ، بات بی بُرن لاکی**

*یک جو شانس بهتر از صد جو، خوشگلی است*

***Do not blame God for having created the tiger, but thank him for not having given it wings***

**دو نات بِلیم گاد فُر هَوینگ کیریئایْتِد دِ تآیگِر، بات تَنک هیم فُر نات هَوینگ گیْوِن ایت وینْگز**

*خدا را سَرزنش نکن که چرا ببر را خَلق کرده ، برو خدا را شُکر کُن چون که به آن بال نداده*

***Do not rejoice at my grief, for when mine is old, yours will be new***

**دو نات ریْجُیْس اَت مآی گیریف ، فُر وِن مآین ایز اُلد ، یُرز ویل بی نیْیو**

*در غَم من شادی نکن چون زمانی که غَم من تمام می شود ، غم تو شروع می شود*

***Do not speak of secrets in a field that is full of little hills***

**دو نات اِسْپیْک آو سیکرِتس این اِ فیلد دَت ایز فُل ( فول ) آو لیتِل هیلز**

*اَسرار را بازگو نکن در محل هایی که پُر از تَپّه های کوچک است ( دیوار موش دارد ، موش هم گوش دارد )*

***Do not use a hatchet to remove a fly from your friend's forehead***

**دو نات یوز اِ هَچِتْ تو ریْمووْ اِ فِلآی فِرام یُر فِرِندز فُرهِد**

*برای بلند کردن یک مگس از روی پیشانی ِ دوستت، از ساتور ( تیشه ) استفاده نکن ( دوستی خاله خِرسه )*

***Do what is right, come what may***

**دو وات ایز رآیت ، کام وات مِی**

*کار دُرست را بکن، می آید هرچه که ممکن باشد ( هرچه باداباد )*

*Dog doesn't eat dog*
داگ دازِنت ایت داگ

سگ، سگ را نمی خورد

*Don't ignore the remark*
دُنت ایگنُر دِ ریمارک

از آن علامت چشم پوشی نکن ( خودت را به کوچه ی علی چپ نزن )

*Don't make a mountain out of a mole hill*
دُنت مِیک اِ مَوْنْتِن اَوت آو اِ مُلْ هیل

از تَپه ی کوچک ، کوه نساز ( از کاه، کوه ساختن )

*Don't bite the hand that feeds you*
دُنت بایت دِ هَند دَت فیدز یو

گاز نگیر دستی را که به تو غذا داده است ( نمک می خوری، نمکدان را نشکن )

*Don't bite off more than you can chew*
دُنت بایت آف مُر دَن یو کَن چو

گاز نَزَن بیشتر از آن چیزی را که می توانی بِجَوی ( لُقمه ی بزرگتر از دَهانت برندار )

*Don't count your chickens before they're hatched*
دُنت کَوْنت یُر چیکِنز بیفُر دِیْرْ هَچْتْ

جوجه هایت را قبل از اینکه از تخم بیرون بیایند، نشمار ( جوجه را آخر پاییز می شمارند )

*Don't cry over spilled (spilt) milk*
دُنت کِرای اُوِر اِسپیلد ( اِسپیلت ) میلک

بخاطر شیر ریخته شده ، گریه نکن ( آب رفته به جوی باز نیاید )

*Don't judge a book by its cover*
دُنت جاج اِ بُک ( بوک) بای ایتس کاوِر

درمورد کتاب نباید از روی جلدش قضاوت کرد ( نه هرکه به قامت مِهتَر به قیمت بِهتَر )

*Don't judge a man until you've walked in his boots*
دُنت جاج اِ مَن آنتیل یووْ واکت این هیز بوتس

تا وقتی که در موقعیت شخصی قرار نگرفتی، درمورد او قِضاوت نکن ( کنارگود نشسته، میگه لنگش کُن )

**Don't look a gift horse in the mouth** دُنت لوک اِ گیفت هُرس این دِ مَوثْ

دهان اسب هدیه ای را نگاه نکن ( دندان های اسب پیشکش را نمی شمارند )

**Don't put all your eggs in one basket** دُنت پوت اُل یُر اِگز این وان بَسکِت

همه ی تخم مرغ هایت را در یک سبد نگذار ( همه ی پُل های پشت سرت را خراب نکُن )

**Don't put off for tomorrow what you can do today**

دُنت پوت آف فُر تومارُ وات یو کَن دو تودِی

کار امروز را به فردا نینداز

**Don't put the cart before the horse** دُنت پوت دِ کارت بیفُر دِ هُرس

گاری ( کالسکه ) را جلوی اسب نبند

**Early to bed and early to rise, it makes the man healthy, wealthy and wise**

اِرلی تو بِد اَند اِرلی تو رایز ، ایت مِیکس دِ مَن هِلثی ، وِلثی اَند وایز

زود بخوابی ، زود بلند می شوی. این عَمل باعث می شود که مَرد ، سلامت ، پول دار و عاقل باشد

( سحر خیز باش تا کامروا گردی )

**East or west, home is best** ایست اُر وِست ، هُم ایز بِست

شرق یا غرب، خانه بهتر است ( هیچ جا خانه ی خود آدم نمی شود )

**Easy come, easy go** ایزی کام، ایزی گُ

آسان ( به دست ) آمده، آسان ( از دست ) می رود ( باد آورده را باد می برد )

**Eat to live, but do not live to eat** ایت تو لِوْ (لیو)، بات دو نات لِوْ (لیو) تو ایت

خوردن برای زیستن است ، نه زیستن برای خوردن

**Empty vessels make the most noise** اِمپْتی وِسلز مِیک دِ مُست نُیْزْ

خُم خالی ( ظرف تو خالی ) صدای بیشتری را تولید می کند

***Every cloud has a silver lining*** اِوری کِلَوْد هَز اِ سیلوِر لآینینگ

هر ابری یک پوشش نقره ای دارد ( در نا اُمیدی بَسی اُمید است پایان شب سیه، سفید است )

***Every dog has his day*** اِوری داگ هَز هیز دِی

هر سگی روز خودش را دارد ( هیچ سری بی روزی نیست - هرکس را لاجرم روز خوشی است )

***Every dog is a lion at home*** اِوری داگ ایز اِ لاین اَت هُم

هر سگی در لانه ی خود، شیر است

***Every madman thinks all other men mad*** اِوری مَدمَن ثینکس اُل آدِر مِن مَد

دیوانه فکر می کند که همه دیوانه هستند ( کافر همه را به کیش {دین} خود پندارد )

***Every man has his price*** اِوری مَن هَز هیز پِرآیس

هر مَردی ، قیمتی دارد

***Every medal has its reverse*** اِوری مِدال هَز ایتس ریوِرس

هر مدالی ، پشت هم دارد ( سکّه دو رو دارد )

***Everything has an end*** اِوریثینگ هَز اَن اِند

هر چیزی پایانی دارد

***Everything is good in its season*** اِوریثینگ ایز گود این ایتس سیزِن

هر چیزی در فصل خودش خوب است ( هر سخن جایی و هر نکته مکانی دارد )

***Example is better than precept*** اِگزَمپل ایز بِتر دَن پیرِیسِپْتْ

مثال بهتر از قواعد تعلیم می دهد ( سرمشق دیگران بودن بهتر از فرمان دادن به آن ها است )

***Example teaches more than precept*** اِگزَمپل تیچیز مُر دَن پیرِیسِپت

مثال بهتر از قواعد تعلیم می دهد ( سَرمشق دیگران بودن بهتر از فرمان دادن به آن ها است )

**Fair exchange is no robbery** فِر اِکْسْچِینج ایز نُ رابِری

*تَعویض مُنصفانه، دُزدی نیست ( چیزی که عَوض دارد، گِله ندارد )*

**Familiarity breeds contempt** فَمیلیاَرِتی بیْریْدز کانْتِمْپْت

*اُنس باعث اِهانت ( خواری ) می شود ( می خواهی عزیز شوی یا دور شو یا گمشو )*

**Fire and water do not mix** فایِر اَند واتِر (وادِر) دو نات میکس

*آب و آتش باهم سازگار نیستند*

**First come, first served** فِرست کام ، فِرست سِرْوْد

*شخص اول آمده، اول سرویس داده می شود ( آسیاب به نوبت )*

**Fish and guest stink after three days** فیش اَند گِست اِسْتیْنک اَفتِر ثْیریْ دِیز

*ماهی و مهمان بعد از سه روز می گَندند ( مهمان تا سه روز عزیز است )*

**Fools ask questions that wise men can't answer**

فولز اَسک کواِسْچِنْز دَت وآیْزْ مِن کَنت اَنسِر

*آدم احمق سؤالاتی را می پرسد که عاقلان هم نمی توانند جواب بدهند*

*( یه دیوانه سنگی را به ته چاه می اندازد و چهل عاقل هم نمی توانند آن را در بیاورند )*

**Fools have the best luck** فولز هَو دِ بِست لاک

*احمق ها بهترین شانس را دارند ( دنیا به کام اَبلهان است )*

**Forewarned is forearmed** فُر وارند ایز فُر آرمد

*از قبل هُشدار دادن، از قبل تجهیز شدن است ( عَلاج واقعه، قبل از وقوع باید کرد )*

**Forgive and forget** فُرگیو اَند فُرگِت

*بَبخش و فَراموش کُن ( تو نیکی می کُن و در دِجله انداز ... )*

**From a bad paymaster get what you can** فِرام اِ بَد پِیمَستِر گِت وات یو کَن

از آدم خَسیس هرچه که می توانی بگیر ( از خرس یک مو کندن، غنیمت است )

**Give a negative reply** گیو اِ نِگتیو ریپلای

جواب منفی بده ( آب پاکی را روی دست کسی ریختن - یه نَه بگو، خیال خودت را راحت کُن )

**Give and take** گیو اَند تِیک

بده و بگیر ( با هر دست بدی، با همان دست می گیری )

**Give someone an inch and they will take a mile**

گیو سامْ وان اَن اینچ اَند دِی ویل تِیک اِ مایل

یه اینچ بده به اندازه ی یه مایل می خواهند بردارند

( به او دست بدی، شانه نداری - اگر به او رو بدهی، آسترش را هم می خواهد )

**Give the devil his due** گیو دِ دِوِل هیز دو

اِنصاف را نباید از یاد برد حتی برای اشخاصی که فکر می کنی بی ارزش هستند ( اِنصاف را رعایت کُن )

**God helps those who help themselves** گاد هِلپس دُز هو هِلپ دِمْسِلوز

خداوند به آن هایی کمک می کند که به خودشان کمک می کنند ( از تو حرکت از خدا بَرکت )

**Good things come in small packages** گود ثینگز کام این اِسمُل پَکِجز

چیز های خوب در بسته های کوچک می آیند ( فلفل نبین چه ریزه، بشکن ببین چه تیزه )

**Good wine needs no bush** گود وآین نیدز نُ بوش

شَراب خوب احتیاجی به بوته ندارد ( مُشک آن است که خود ببوید، نه آنکه عَطار بگوید )

**Great boast and small roast** گرِیت بُست اَند اِسمُل رُست

لاف زیادی و نان کَم ( پُز عالی و جیب خالی )

*Grin and bear it* گیرین اَند بِر ایت

لبخند بزن و تَحمّل کُن ( دندان روی جِگر گذاشتن )

*Half a loaf is better than no bread* هَف اِ لُف ایز بِتر دَن نُ بِرِد

لقمه ی نان، بهتر از نبودن آن است ( کاچی به از هیچی )

*Haste makes waste* هِیست مِیکس وِیست

عجله باعث اِتلاف وقت می شود ( عَجله کارِ شیطان است )

*Have God and have all* هَو گاد اَند هَو اُل

خداوند را داشته باش، همه چیز را داری ( با خدا باش و پادشاهی کُن )

*He fights with his shadow* هی فآیْتس ویت هیز شَدُ

او با سایه ی خودش، می جنگد ( او از سایه ی خودش هم می ترسد )

*He has not a penny to bless himself with* هی هَز نات اِ پِنی تو بِلِس هیم سِلف ویت

او یک پِنی هم ندارد که خَرج خودش بِکُند ( آه در بَساط ندارد که با آن ناله کند )

*He is an imposter* هی ایز اَن ایمْپُسْتِر

او آدم دَغلکاری است ( اگر صَد تا چاقو بسازد ، یِکیش هم دَسته ندارد )

*He is close-fisted* هی ایز کِلُس - فیستِد

او کاملاً دستش ( به صورتِ مُشت شده ) بسته است ( او آدم خَسیسی است - او نَم پس نمی دهد )

*He is rich that has few wants* هی ایز ریچ دَت هَز فیْیو وانتس

آن کسی ثروتمند است که خواسته ی کمتری دارد ( قِناعت هرکه کرد آخر غَنی شد )

*He that blows in the dust, fills his own eyes*

هی دَت بِلُزْ این دِ داست، فیلز هیز اُن آیز

کسی که در خاک فوت کند، گرد و خاک در چشم خودش می رود ( دودش، به چشم خودت می رود )

***He wants to have it both ways***

**هی وانتس تو هَوْ ایت بُث وِیز**

*او می خواهد که آن را از هر دو طرف داشته باشد*

*( هم از توبره می خورد هم از آخور – هم خر را می خواهد هم خرما را )*

***He who begins many things, finishes but few***

**هی هو بیگینز مِنی ثینگز، فینیشیز بات فیْیو**

*کسی که کارهای زیادی را با هم شروع می کند، تعداد کمی را به پایان می رساند*

*( با یک دست نمی شود دوتا هندوانه برداشت )*

***He who has the frying pan in his hand turns it at will***

**هی هو هَز دِ فِرآی اینگ پَن این هیز هَند تِرنز ایت اَت ویل**

*آن کسی که در دستش ماهی تابه است، هروقت که بخواهد آن را می چرخاند (ریش و قیچی هر دو، دست شماست)*

***He who hesitates is lost***

**هی هو هِزیْتِیتس ایز لآست**

*کسی که شَک کُند ، از دست می دهد ( اگر شَک کُنی، باختی )*

***He who laughs last, laughs best***

**هی هو لَفسْ لَست ، لَفسْ بِست**

*آن کسی که آخرین نفر می خندد، بهتر می خندد ( شاهنامه آخرش خوش است )*

***He who travels far, knows much***

**هی هو تِرآوِلز فار ، نُز ماچ**

*آن کسی که به جاهای دور سفر می کند ، بیشتر می داند ( بسیار سفر باید کرد تا پخته شود خامی )*

***Health is better than wealth***

**هِلث ایز بِتِر دَن وِلث**

*سلامتی بهتر از ثروت است*

***Health is not valued until sickness comes***

**هِلث ایز نات وَلیْیود آنْتیل سیْکنِسْ کامزْ**

*آدم تا مَریض نشود قدر سَلامتی را نمی داند*

***Hear twice before you speak once*** هییِر توآیس بیفُر یو اِسپیک وانس

*دوبار گوش بده قبل از اینکه یک بار صحبت کنی ( دو بشنو و یک بیش نگو )*

***Heart speaks to heart*** هارت اِسپیکس تو هارت

*دِل با دِل صحبت می کند ( دل به دل راه دارد )*

***Hindsight is better than foresight*** هآیندسآیت ایز بِتِر دَن فُرسآیت

*درس عِبرت گرفتن بهتر است تا پیشگویی کردن*

***Honesty is the best policy*** آنِستی ایز دِ بِست پالِسی

*صداقت بهترین سیاست است ( بار کَج به مَنزل نمی رسد )*

***Honey is sweet, but the bee stings*** هانی ایز سوایت ، بات دِ بی اِستینگز

*عَسل شیرین است اما زنبور هم نیش می زند ( عَطایش را به لِقایش بَخشیدم )*

***Hope for the best and prepare for the worst*** هُپ فُر دِ بِست اَند پیرپِر فُر دِ وُرست

*اُمید بهترین را داشته باش اما خودت را برای بدترین هم آماده کُن*

***Hope keeps man alive*** هُپ کیپس مَن اِلآیوْ

*اُمید، انسان را زنده نگاه می دارد ( آدمی، به اُمید زنده است )*

***Hot love is soon cold*** هات لاو ایز سون کُلد

*عشق سوزان زود سرد می شود*

***Hunger is the best sauce*** هانگِر ایز دِ بِست ساس

*گرسنگی بهترین چاشنی است ( اگر گُرسنه اش باشد، سَنگ را هم می خورد )*

***Hunger knows no law*** هانگِر نُز نُ لا

*گرسنگی قانون نمی شناسد ( آدم گرسنه، دین و ایمان ندارد )*

***I beat him to frighten you***

آی بیت هیم تو فِرآیتِن یو

*او را می زنم که تو را بتر سانم ( به در می گویم تا دیوار گوش دهد )*

***I have no pretension to begin with***

آی هَو نُ پیریتِنشِن تو بیگین ویت

*من دَعوا ندارم که شروع کنم ( خَرِ ما از کُرّه گی دُم نداشت )*

***Idle folks lack no excuses***

آیدِل فُکس لَک نُ اِکسکیُوسِز

*آدم تَنبل، بهانه گیر هم می شود*

***Idleness is the root of all evil***

آیدِلنِس ایز دِ روت آو اُل ای وِل

*بیکاری و تنبلی ریشه ی تمام بدبختی ها ( بدی ها ) می باشد*

***If at first you don't succeed try, try again***

ایف اَت فِرست یو دُنت ساکسید تِرآی، تِرآی اِگین

*اگر برای مرتبه ی اوّل موفق نشدی ، سَعی کن ، دوباره تَلاش کن (هر کسی طاووس خواهد، جور هندوستان کشد)*

***If it ain't broke , don't fix it***

ایف ایت اِینت بِرُک ، دُنت فیکس ایت

*اگر آن نشکسته است، تعمیرش نَکن ( سَری که درد نمی کند، دستمال نمی بندند )*

***If the cat had wings she'd chock all the birds in the air***

ایف دِ کَت هَد وینگز شید چاک اُل دِ بِردز این دِ اِر

*اگر گربه بال داشت، تمام پرندگان آسمان را می گرفت ( خدا خَر را شناخت که بِهش شاخ نداد )*

***If the shoe fits wear it***

ایف دِ شو فیتس وِر ایت

*اگر که کفش اندازه است ، آنرا بپوش ( حرف حساب جواب ندارد )*

***If you can't beat them, join them***

ایف یو کَنت بیت دِم (اِم)، جُین دِم (اِم)

*اگر نمی توانی آن ها را بِزنی ، به آن ها مُلحق شو ( با آن که خصومت نتوان کرد، بِساز )*

***If you can't stand the heat, get out of the kitchen***

ایف یو کَنت اِستَند دِ هیت، گِت اَوت آو دِ کیچِن

*اگر نمی توانی گرما را تَحمَل کُنی، از آشپزخانه برو بیرون (چونکه زورت نمی رسد بر خَر،گِرد پالان همی چرا گردی )*

***In at one ear and out at the other*** این اَت وان اییر اَند اَوت اَت دِ (دی) آدِر

*از یه گوش بشنو و از گوش دیگر، بیرون کُن ( یه گوش دَر و یه گوش دروازه )*

***In for a penny, in for a pound*** این فُر اِ پنی ،این فُر اِ پَوند

*چه برای یک پِنی، چه برای یک پوند ( آب که از سَر گذشت چه یک وَجب چه صَد وَجب )*

***In unity there is strength*** این یونیتی دِر ایز اِسترِنگث

*در اتّحاد ، قدرت می باشد ( یک دست، صدا ندارد )*

***It is all over*** ایت ایز اُل اُوِر

*همه اش تمام شد ( آب ها از آسیاب اُفتاد )*

***It is an endless talk*** ایت ایز اَن اِندلِس تاک

*این یک صحبت بی پایان است ( این قِصّه سَرِ دراز دارد )*

***It is better to do well than to say well*** ایت ایز بِتِر تو دو وِل دَن تو سِی وِل

*خوب انجام دادن بهتر است تا خوب گفتن*

*( عمل خوب بهتر از گفتار خوب است - به عمل کار برآید به سخنرانی نیست )*

***It is easier to pull down than to build up*** ایت ایز ایزیِر تو پول دَون دَن تو بیلد آپ

*خراب کردن آسان تر است تا ساختن*

***It is easy to be wise after the event*** ایت ایز ایزی تو بی وآیز اَفتِر دِ ایوِنت

*بعد از وقوع حادثه عاقل بودن آسان است ( مسئله ( مُعَمّا ) چون حَل شود، آسان شود )*

***It is never too late to mend*** ایت ایز نِوِر تو لِیت تو مِند

هرگز برای تعمیر کردن دیر نیست ( ماهی را هر وقت از آب بگیری، تازه است )

***It is the first step that is difficult*** ایت ایز دِ فِرست اِستِپ دَت ایز دیفیکالت

اولین گام است که سخت است ( هر کاری، اولش سَخت است )

***It is the same story in the same day*** ایت ایز دِ سِیم اِستُری این دِ سِیم دِی

این همان داستان قدیمی است در همان روز ( همان آش و همان کاسه )

***It is useless to flog a dead horse*** ایت ایز یوزلِس تو فِلاَگ اِ دِد هُرس

شلاق زدنِ اسبِ مرده، بی فایده است ( آب در هاون ( کوبیدن ) ساییدن - باد در قفس کردن )

***It never rains but it pours*** ایت نِوِر رِینز بات ایت پُرز

باران نمی آید وقتی هم که می آید سیل راه می اندازد ( گنج و مار و گُل و خار و غَم و شادی، به هَمَند )

***It takes all kinds ( to make a world )*** ایت تِیکس اُل کاآیندز ( تو مِیک اِ وُلد )

برای ساختن جهان، از همه ی اَنواع می گیرد ( خداوند همه را یک جور خلق نکرده است )

***It takes two to tango*** ایت تِیکس تو تو تَنگُ

این فَطیر از آن خَمیر است

***Jack of all trades and master of none*** جَک آو اُل تِریدز اَند مَستِر آو نان

آدم همه کاره و هیچ کاره

***Kill not the goose that lays the golden eggs*** کیل نات دِ گوس دَت لِیز دِ گُلدِن اِگز

غازی که تُخم های طلا می دهد را نمی کُشند

***Killing two birds with one stone*** کیلینگ تو بِردز ویت وان اِستُن

با یک سَنگ دو پرنده را کُشتن ( با یک تیر دو نشان زدن )

***Knowledge is power*** — **نالِج ایز پاوِر**

*دانش، نیرو است ( توانا بود هرکه دانا بود )*

***Laugh and grow fat*** — **لَف اَند گرُ فَت**

*بِخند و چاق شو ( فِکر شیرین مرد را فَربه کند )*

***Leave well alone*** — **لیو وِل اِلُن**

*تو نیکی می کن و در دجله انداز ...*

***Leave well enough alone*** — **لیو وِل ایناف اِلُن**

*سَری که درد نمی کنه، چرا دستمال می بندی*

***Lend your money and lose your friend*** — **لِند یُر مانی اَند لوز یُر فِرِند**

*قَرض دادن به دوست، مساوی با از دست دادن آن است*

***Let bygones be bygones*** — **لِت بآیگانز بی بآیگانز**

*دعواهای گذشته را فراموش کُن ( گذشته ها، گذشته )*

***Let sleeping dogs lie*** — **لِت اِسلیپینگ داگز لآی**

*بِگذار سگ های خوابیده ، بخوابند ( با دُم شیر، بازی نکن )*

***Liars have need of good memories*** — **لآیِرز هَوْ نید آو گود مِمُریز**

*دروغگوها نیاز به حافظه ی خوب دارند ( آدم دروغگو، کم حافظه است )*

***Life without a friend is death without a witness***

**لآیف ویت اَوت اِ فِرِند ایز دِث ویت اَوت اِ ویتنِس**

*زندگی بدون رفیق مانند مرگ بدون شاهد است*

*Lightning never strikes twice in the same place*

**لآیتِ نینگ نِوِر اِستِرآیکس توآیس این دِ سِیم پِلِیس**

*صاعقه هرگز دوبار در یک محل اصابت نمی کند ( آدم از یک سوراخ دوبار گزیده نمی شود )*

*Like father, like son* **لآیک فادِر ، لآیک سان**

*مثل پدر ، مثل پسر ( تَره به تُخمش می رود و حسنی به باباش )*

*Live not to eat, but eat to live* **لِو ( لیو ) نات تو ایت ، بات ایت تو لِو ( لیو )**

*برای خوردن زندگی نکن، بلکه بخور تا زندگی کنی*

*Look before you leap* **لُک ( لوک ) بیفُر یو لیپ**

*قبل از اینکه بپَری، نگاه کُن*

*( بی گُدار به آب نَزَن - اول چاه بِکَن، بعداً مناره بِدزد - تا نکنی جای قدم استوار پای مَنه در طَلب هیچ کار )*

*Love is blind* **لاو ایز بِلآیند**

*عشق کور است ( آنجا که عشق خیمه زند جای عقل نیست )*

*Love makes the world go round* **لاو مِیکس دِ وُلد گُ رَوند**

*عشق باعث می شود که جهان بچرخد ( مردی کُن که مردی کردن، مرد آزاده را کُند بنده )*

*Love me, love my dog* **لاو می، لاو مآی داگ**

*من را دوست داری، سَگ من را هم دوست بدار ( اگر گوش عزیز است، گوشواره اش هم عزیز است )*

*Make hay while the sun shines* **مِیک هِی وآیل دِ سان شآینز**

*تا زمانیکه آفتاب می تابد، خرمن کُن ( تا تنور داغ است، نان را بچسبان )*

*Man does not live by bread alone* **مَن داز نات لِو ( لیو ) بآی بِرِد اِلُن**

*مرد تنها با نان خالی زندگی نمی کند - زندگی که همه اش ( مادّیات ) خورد و خوراک نیست*

*Man proposes, God disposes* مَن پرپُزز ، گاد دیسپُزِز

انسان طَلب می کند و خداوند برآورده می سازد ( از تو حرکت از خدا بَرِکت )

*Many a little makes a mickle* مِنی اِ لیتِل مِیکس اِ میکِل

بسیار کَم (از یه چیز کَم اگر بسیار باشد، آن کَم تبدیل به زیاد می شود) ، می شود خیلی

( قطره قطره جمع گردد ، وانگهی دریا شود )

*Many drops make a flood* مِنی دِرآپس مِیک اِ فِلآد

قطرات زیاد ،یک سیل را تشکیل می دهد ( قطره قطره جمع گردد وانگهی دریا شود )

*Many hands make light work* مِنی هَندز مِیک لآیت وُرک

کمک زیاد باعث سبکیِ کار می شود ( یک دست صدا ندارد )

*Might makes right* مآیت مِیکس رآیت

زورت بیش است، حرفت پیش است

*Mischief comes by the pound and goes away by the ounce*

میسچیف کامز بآی دِ پَوند اَند گز اِوِی بآی دِ اُنس

بدبختی خَروار خَروار می آید و ذَرّه ذَرّه می رود

*Misery loves company* میزِری لاوز کامپِنی

شخص بدبخت دوست دارد که همراه داشته باشد ( خَرمن سوخته، خَرمن سوخته را خواهد )

*Misfortune seldom comes alone* میسفُرچون سِلدِم کامز اِلُن

بدشانسی بندرت به تنهایی می آید ( بدبختی که می آید، پشت سر هم می آید )

*Money answers all things* مانی اَنسِرز اُل ثینگز

پول جواب همه چیز را می دهد ( هرکه زَر دارد همه چیز دارد - پول حَلّال مُشکلات است )

**Money does not grow on trees** **مانی داز نات گرُ آن تیریز**

*پول بر روی درخت نمی روید ( پول که عَلف ِخرس نیست )*

**Money is the root of all evil** **مانی ایز دِ روت آو اُل ای وِل**

*پول، ریشه ی تمام پَلیدی ها می باشد*

**Money makes money** **مانی مِیکس مانی**

*پول، پول می سازد ( پول، پول می آورد )*

**Money will do anything** **مانی ویل دو اِنیثینگ**

*پول هر کاری را انجام خواهد داد ( پول حَلّال مُشکلات است - پول داری غم نداری )*

**More catholic than pope** **مُر کاتُلیک دَن پاپ**

*از پاپ کاتولیک تر شدن ( کاسه ی داغ تر از آش شدن )*

**more haste, less speed** **مُر هِیست ، لِس اِسپید**

*عجله ی بیشتر ، سرعتِ کمتر ( عجله کار شیطان است )*

**Necessity is the mother of invention** **نِسیتی ایز دِ مادِر آو اینونشِن**

*نیاز، مادرِ اختراع است*

**Never look a gift horse in the mouth** **نِور لوک اِ گیفت هُرس این دِ مَوْثْ**

*هرگز دهان اسب پیشکشی را نگاه نکن ( دندانِ اسبِ پیشکشی را نمی شمارند )*

**Never put off till tomorrow what you can do today**

**نِور پوت آف تیل تومارُ وات یو کَن دو تودِی**

*هرگز تا فردا به تأخیر نَینداز ، آنچه را که می توانی اِمروز اَنجام بدهی ( کار امروز را به فردا نینداز )*

**Never say die** **نِور سِی دآی**

*هرگز نَگو مرگ ( هرگز نااُمید نشو - در نااُمیدی، بَسی اُمید است پایان شب سیه، سفید است )*

*No joy without annoy* — نُ جُی ویت اَوت اِنُی

*شادی بی غم در این بازار نیست*

*No love like the first love* — نُ لاَوْ لاَیک دِ فِرست لاَوْ

*هیچ عشقی مثل اولین عشق نمی باشد*

*( نباشد یار، چون یار نخستین - نه هر مَعشوق، چون معشوق پیشین )*

*No man can serve two masters* — نُ مَن کَن سِروْ تو مَستِرز

*هیچ کَس نمی تواند در خدمت دو اَرباب باشد ( با یک دست نمی شود دو هندوانه برداشت )*

*No news is good news* — نُ نیْیوز ایز گُد ( گود ) نیْیوز

*بی خبری، خوش خبری*

*No pain, no gain* — نُ پین ، نُ گِین

*زَحمت نباشد ، چیزی حاصل نمی شود ( نابرده رنج، گنج مُیسّر نمی شود )*

*No wife no worry* — نُ وآیف نُ وُری

*زن نداری، غَم نداری*

*Nothing comes of nothing* — ناثینگ کامز آو ناثینگ

*هیچ چیز، از هیچ می آید ( بی مایه فَطیر است )*

*Nothing dries sooner than tears* — ناثینگ دِرآیز سونِر دَن تیاِرز

*هیچ چیز زود تر از اَشک خُشک نمی شود*

*Nothing hurts like the truth* — ناثینگ هِرتس لاَیک دِ توروث

*هیچ چیز مانند حرف حَق، صَدَمه نمی زند ( حرف حَق ، تَلخ است )*

***Nothing is so easy as revenge, nothing so grand as forgiveness***

**ناثینگ ایز سُ ایزی اَز ریوِنج ، ناثینگ سُ گِرَند اَز فُرگیوِنس**

*هیچ چیز مانند اِنتقام ، آسان نمی باشد - هیچ چیز مانند بخشش ، بزرگوارانه نیست*

*( در عَفو، لذّتی است که در اِنتقام، نمی باشد )*

***Nothing seek, nothing find*** **ناثینگ سیک ، ناثینگ فآیند**

*جستجو نکنی، هیچی نمی یابی ( جوینده، یابنده است )*

***Nothing ventured, nothing gained*** **ناثینگ وِنچِرد ، ناثینگ گِیند**

*بدون ( جرأت ) ماجراجویی ، چیزی بدست نمی آید ( نابرده رنج، گنج مُیسر نمی شود )*

***Oil and water don't mix*** **اُیل اَند واتِر دُنت میکس**

*آب و روغن با هم مخلوط نمی شوند ( آبشان به یک جوی نمی رود )*

***Old habits die hard*** **اُلد هَبیتس دآی هارد**

*عادات قدیمی به سختی از بین می روند ( تَرک عادت، موجب مَرض است )*

***Once bitten, twice shy*** **وانس بیتِن ، توآیس شآی**

*یکبار گزیدگی ، دوبار شرمندگی ( آدم عاقل از یک سوراخ دوبار گزیده نمی شود )*

***One bird in the hand is better than two in the bush***

**وان بِرد این دِ هَند ایز بِتِر دَن تو این دِ بوش**

*یک پرنده در دست داشتن بهتر از دو پرنده در بوته زار است ( سیلی نقد به از حلوای نسیه است )*

***One good turn deserves another*** **وان گُد ( گود ) تِرن دیزِروز اَنآدِر**

*به کسانی که در گذشته خوبی کرده اند ، باید خوبی کرد (تو نیکی می کُن و در دجله انداز که ایزد در بیابانت دهد باز)*

***One man's breath, another's death*** **وان مَنز بیریث ، اَنآدِرز دِث**

*نفس ( سلامتی ) شخصی ، مرگ ِ دیگری است ( مرگ خَر، عروسی سَگ است )*

***One man's gravy is another man's poison*** وان مَنز گرِیوی ایز اَنآدِر مَنز پُیزِن

*شادیِ شخصی ، برای دیگری سَمّ است ( آنچه برای یکی نوش است، دیگری را نیش است )*

***One man's meat is another man's poison*** وان مَنز میت ایز اَنآدِر مَنز پُیزِن

*( گوشت ) شادیِ شخصی ، برای دیگری سَمّ است ( آنچه برای یکی نوش است، دیگری را نیش است )*

***One nail drives out another*** وان نِیل دِرآیوز اَوت اَنآدِر

*یک میخ می تواند میخ دیگری را ( در آورد ) حرکت دهد ( دَست بالای دَست، بسیار است )*

***One swallow does not make summer*** وان سوآلُ داز نات مِیک سامِر

*یک پرستو، تابستان را نمی سازد ( با یک گُل بهار نمی آید )*

***One's bark is worse than one's bite*** وانز بارک ایز وُرس دَن وانز بآیت

*سَر و صدای ( آبرو ریزی ) یک شخص ، بدتر از نیش زدن است*

*( زخم زبان، بدتر از زخم شمشیر است )*

***Opportunity seldom knocks twice*** آپُرچونیتی سِلدِم ناکس توآیس

*شانس، بندرت دوبار درب منزل را می زند ( شانس یکبار در خانه ی هر کسی را می زند )*

***Out of frying pan into the fire*** اَوت آو فرِآی اینگ پَن این تو دِ فآیِر

*از ماهی تابه در آمدن و تو آتش اُفتادن ( از چاله در آمد، اُفتاد تو چاه )*

***Out of sight, out of mind*** اَوت آو سآیت ، اَوت آو مآیند

*دور از چشم ، دور از فکر ( از دِل برود ، هر آنچه از دیده برفت )*

***Patience opens all doors*** پیشِنس اُپنز اُل دُرز

*صَبر، همه ی دَرها را باز می کند*

***People who live in glass houses should not throw stones***

**پیپل هو لِو (لیو) این گِلَس هَوزِز شود نات ثِرُ اِستُنز**

*مردمی که در خانه های شیشه ای زندگی می کنند، نباید ( به دیگران ) سنگ پرتاب کنند*

*( تو که بر بام خود آیینه داری ، مَزن بر بام دیگران سنگ )*

***Play fast and loose***

**پلِی فَست اَند لوز**

*شُل کُن، سِفت کُن، در آوردن ( دَمدَمی بودن )*

***Poor and proud***

**پور اَند پرَوْد**

*فَقر و فَخر ( آدم گدا و این همه اَدا )*

***Poverty is no disgrace***

**پاوِرتی ایز نُ دیسگرِیس**

*فقر، نَنگ نیست*

***Poverty is no sin***

**پاوِرتی ایز نُ سین**

*فقر، گناه نیست ( فقیری، عار نیست )*

***Poverty parts friends***

**پاوِرتی پارتس فِرِندز**

*فَقر، رُفقا را جُدا می کند*

***Practice makes perfect***

**پرَکتیس مِیکس پرفِکت**

*تمرین باعث تکامل ( بی نقصی ) می شود ( کار نیکو کردن از پُر کردن است )*

***Prevention is better than the cure***

**پیریونشِن ایز بِتر دَن دِ کیبور**

*پیشگیری بهتر از دَرمان است*

***Promise little and do much***

**پرامیس لیتِل اَند دو ماچ**

*کَم قول بده و بیشتر عَمل کُن*

**Respect is greater from a distance** **رِسپکت ایز گریتِر فِرام اِ دیستَنس**

*اِحترام از مسافت دور ، بیشتر است ( دوری و دوستی )*

**Revolutions are not made with rose water** **ریوُلوشِنز آر نات مِید ویت رُز واتِر**

*انقلاب که با آب و گُل به وجود نیامد ( میان دعوا، حلوا قسمت نمی کنند )*

**Rome wasn't built in a day** **رُم وازِنت بیلت این اِ دِی**

*رُم در یک روز ساخته نشد ( چیز های مهم یک شَبه اتّفاق نمی اُفتند )*

**Saying is one thing and doing another** **سِی اینگ ایز وان ثینگ اَند دوای نگ اَنادِر**

*گفتن یک چیز است و عَمل کردن چیز دیگری ( به عمل کار بر آید به سخنرانی نیست )*

**Seeing is believing** **سی اینگ ایز بیلیوینگ**

*دیدن، باورکردن است ( شنیدن کِی بُوَد مانند دیدن )*

**Seldom seen, soon forgotten** **سِلدِم سین ، سون فُرگاتِن**

*(اگر چیزی) به ندرت دیده شود ، زود فراموش می شود ( از دِل برود هر آنچه از دیده بِرَفت )*

**Set a thief to take a thief** **سِت اِ ثیف تو تِیک اِ ثیف**

*برای گرفتن یک دُزد باید یک دُزد، اَجیر کُنی ( شُغال بیشه ی مازندران را نگیرد جز سگ مازندرانی )*

**Sleep is the brother of death** **اِسلیپ ایز دِ برادِر آو دِث**

*خواب، برادرِ مرگ است*

**So got, so gone** **سُ گات ، سُ گان**

*چون آمده ، پس می رود ( هرچه به یَلّلی می آید به تَلّلی می رود - باد آورده را باد می برد )*

**So many heads, so many minds** **سُ مِنی هِدز ، سُ مِنی مآیندز**

*سَرهای بیشتر ، فِکرهای بیشتر ( هر سَری یه فِکری دارد )*

***So much the better***

سُ ماچ دِ بِتِر

*هرچه بیشتر، بهتر ( نورِ علی نور )*

***Some die that others may live***

سام دآی دَت آدِرز مِی لِو ( لیو )

*بعضی ها می میرند تا دیگران امکان زندگی داشته باشند*

*( اگر مَرگ نبود آدم، آدم را می خورد )*

***Soon ripe, soon rotten***

سون رآیپ ، سون رآتِن

*زود رسیده، زود فاسد می شود*

***Speak well of the dead***

اِسپیک وِل آو دِ دِد

*صحبتِ خوب مردگان را بکنید ( پشتِ سَرِ مرده بد نگو )*

***Spear when you are young, and spend when you are old***

اِسپِر وِن یو آر یانگ ، اَند اِسپِند وِن یو آر اُلد

*در جوانی پس انداز کُن تا در پیری خَرج کُنی*

***Standing pools gather filth***

اِستَندینگ پولز گَزِر فیلث

*استخر بدونِ استفاده ، کثافت به خود می گیرد ( آب که در یک جا بماند ، می گندد )*

***Still waters run deep***

اِستیل واتِرز ران دیپ

*آب ایستاده به عُمق زمین می رود ( فلفل نبین چه ریزه، بشکن ببین چه تیزه )*

***Stretch your legs according to your coverlet***

اِسترِچ یُر لِگز اَکُردینگ تو یُر کاوِرلِت

*پایت را به اندازه ی گلیمَت دراز کُن*

***Strike while the iron is hot***

اِسترآیک وآیل دِ آیِن ایز هات

*تا آهن داغ است، ضَربه بِزن ( تا تنور داغ است، نان را بچسبان )*

Success has many friends ساکْسِس هَز مِنی فِرِندز

موفقیت، دوستان زیادی دارد

Take the bull by the horns تِیک دِ بول بآی دِ هُرنْزْ

از شاخ های گاو بگیر ( هر کاری را از راهش وارد شو )

That's only the tip of the iceberg دَتس اُنلی دِ تیپ آو دِ آیسبِرگ

این فقط نوک کوه یَخی است ( این رشته، سَر دراز دارد )

The apple doesn't fall far from the tree دِ اَپِل دازِنت فال فار فِرام دِ تیری

سیب ، دور از درختش نمی اُفتد ( باشد پسر چنین، چو پدر باشد آن چنان )

The apples on the other side of the wall are the sweetest

دِ اَپِلز آن دِ آدِر سآید آو دِ وال آر دِ سو ای تِست

سیب های آن طرف دیوار شیرین تر هستند ( مرغ همسایه، غاز است )

The baby is the king of the house دِ بِیبی ایز دِ کینگ آو دِ هَوس

بچه فرمانروای خانه است ( حکم بچه، حکم پادشاه است )

The best things in life are free دِ بِست ثینگز این لآیف آر فیری

بهترین چیزها در زندگی، مجانی هستند

The bigger they are, the harder they fall دِ بیگِر دِی آر ، دِ هاردِر دِی فال

هرچقدر که بزرگتر هستند ، سخت تر می اُفتند ( سَر بزرگ، بَلای بزرگ دارد )

*** نَردبان این جهان ما و منی است عاقبت این نردبان اُفتادنی است ***

*** لاجرم هر کَس که بالاتر نشست اُستخوانش سخت تر خواهد شکست ***

The blind can not lead the blind دِ بِلآیند کَن نات لید دِ بِلآیند

آدم نابینا نمی تواند راهنمای نابینای دیگری بشود ( کوری که عَصاکش کور دگِر بُوَد )

*The blind leading the blind* دِ بِلآیند لیدینگ دِ بِلآیند

کوری که عَصا کِشِ کور دگر شود

*The cat dreams of mice* دِ کَت دیریمز آو مآیس

گُربه در رویایش، موش می بیند

( شتر در خواب بیند پنبه دانه گهی لُپ لُپ خورد گه دانه دانه )

*The die is cast* دِ دآی ایز کَست

مرگ سایه انداخته ( کار از کار گذشته - موغ از قفس پریده )

*The early bird catches the worm* دِ اِرلی بِرد کَچیز دِ وُرم

پرنده ی سَحرخیز، کِرم را می گیرد ( سحرخیز باش تا کامروا شوی )

*The first hundred years are the hardest* دِ فِرست هاندرِد یِرز آر دِ هاردِست

صد سال اولش سخت ترین است ( سختی اش همین صد سال اولش است )

*The first step is always the hardest* دِ فِرست اِستِپ ایز اُلویز دِ هاردِست

اولین مرحله ( گام ) ، همیشه سخت ترین است ( هر کاری همیشه اولش سخت است )

*The full do not believe the hungry* دِ فُل ( فول ) دو نات بیلیو دِ هانگیری

آدم سیر، ( حرف آدم ) گرسنه را باور نمی کند ( آدم سیر از گرسنه خبر ندارد و آدم سواره، از پیاده )

*The game is not worth the candle* دِ گیم ایز نات وُرث دِ کَندِل

آن بازی، ارزش شمع روشن کردن را ندارد ( آفتابه، خرج لحیم است )

*The golden key can open any doors* دِ گُلدِن کی کَن اُپن اِنی دُرز

کلید طلایی، هر دَری را باز می کند ( پول حلّالِ مُشکلات است - پارتی داری غم نداری )

***The grass looks greener on the other side of the fence***

دِ گِرَس لوکس گیرینِر آن دِ آدِر سآید آو دِ فِنس

*چمنِ آن طرف نَرده ، سبزتر به نظر می آید ( مرغ همسایه، غاز است )*

***The guest is not welcome to the guest, but both to the host***

دِ گِست ایز نات وِلکام تو دِ گِست ، بات بُث تو دِ هُست

*مهمان، مهمان را نمی خواهد و صاحب خانه هیچ کدام را*

***The last drop makes the cup run over*** دِ لَست دِرآپ مِیکس دِ کاپ ران اُوِر

*آخرین قطره باعث لبریز شدن فنجان می شود*

***The longest day must have an end*** دِ لانگِست دِی ماست هَوْ اَن اِند

*طولانی ترین روز هم باید پایانی داشته باشد*

***The mills of God grind slowly*** دِ میلز آو گاد گِرآیند اِسلُلی

*آسیابِ خداوند، به آرامی می ساید ( چوب خدا، صدا ندارد وقتی بزَند، دوا ندارد )*

***The more haste, the less speed*** دِ مُر هِیست ، دِ لِس اِسپید

*هرچه عجله بیشتر باشد ، سرعت کمتر می شود ( آدم دستپاچه کار را دوبار، انجام می دهد )*

***The pen is mightier than the sword*** دِ پِن ایز مآیتییِر دَن دِ سُرد

*قَلم قدرتمندتر از شمشیر است ( نوک قَلم از نوک شمشیر، بُرّنده تر است )*

***The pot calls the kettle black*** دِ پات کالز دِ کِتِل بِلَک

*قوری به کتری می گوید ، سیاه ( دیگ به دیگ می گوید، رویت سیاه است )*

***The proof of the pudding is in the eating*** دِ پروف آو دِ پودینگ ایز این دِ ایتینگ

*اثباتِ ( خوشمزگیِ ) دسر، در خوردن مَعلوم می شود ( مُشک آن است که خود بِبوید نه آن که عَطّار بگوید )*

*The richer they get, the needier they are* دِ ریچِر دِی گِت ، دِ نیدیاِر دِی آر

*هرچه که ثروتمند تر می شوند ، محتاج تر می شوند ( آنان که غَنی ترند، مُحتاج ترند )*

*The road to hell is paved with good intentions*

دِ رُد تو هِل ایز پیود ویت گود اینتِنشِنز

*جاده ای که به جهنم مُنتهی می شود ، با قَصد خوب است ( اومَدَم ثواب کُنم، کَباب شُدم )*

*The shoe is on the other foot* دِ شو ایز آن دِ آدِر فوت

*کَفش در پای دیگر است ( کار دنیا وارانه است )*

*The sky will not fall in* دِ اِسکآی ویل نات فال این

*آسمان به زمین نخواهد اُفتاد ( آب از آب تکان نمی خورد )*

*The spirit is willing, but the flesh is weak* دِ اِسپیریت ایز ویلینگ ، بات دِ فِلِش ایز ویک

*روح مایل است امّا جسم ضعیف است ( دست ما کوتاه و خرما بر نَخیل )*

*The squeaking wheel gets the oil* دِ اِسْکو ای کینْگ ویلْ گِتس دِ اُیل

*به چرخی که جیر جیر می کند ، روغن می زنند ( آدم کَمرو همیشه کُلاهش پس مَعرکه است )*

*The truth will out* دِ توروث ویل اَوت

*حقیقت، آشکار می شود ( خورشید همیشه پُشت اَبرها نمی ماند )*

*The water has risen over his head* دِ واتِر هَز ریزِن اُوِر هیز هِد

*آب به بالای سر او رسیده است ( آب از سَرش گذشته )*

*The way to a man's heart is through his stomach*

دِ وِی تو اِ مَنز هارت ایز ثورو هیز اِستامَک

*برای اینکه قلب مردی را تَصاحب کُنی، به شِکم او بِرس ( مایه ی عشق آدمی، شکم است )*

*There is a salve for every sore* دِر ایز اِ سَ وْ (سَلْوْ) فُر اِوری سُر

*برای هر دَردی ، دَوایی وجود دارد ( هر دَردی را دوایی است )*

*There is no garden without its weeds* دِر ایز نُ گاردِن ویت اَوت ایتس ویدز

هیچ باغی بدون عَلف و خار نمی باشد ( هیچ گنجی بی مار و هیچ گُلی بی خار نیست )

*There is no general rule without an exception* دِر ایز نُ جِنِرال رول ویت اَوت اَن اِکسِپشِن

هیچ قانونی نیست که اِستثناء نداشته باشد ( هر کاری یه راهی دارد )

*There is no smoke without fire* دِر ایز نُ اِسمُک ویت اَوت فآیِر

هیچ دودی ، بدون آتش نمی باشد ( تا نباشد چیزکی، مردم نگویند چیزها )

*There's no place like home* دِرز نُ پِلیس لآیک هُم

هیچ مکانی مانند خانه نیست ( هیچ جا خانه ی خود آدم نمی شود )

*There's a first time for everything* دِرز اِ فِرست تآیم فُر اِوریثینگ

( شانس ) برای هر کاری ،یه مرتبه وجود دارد ( شانس یکبار در خانه ی آدم را می زند )

*There's a time and a place for everything* دِرز اِ تآیم اَند اِ پِلیس فُر اِوریثینگ

برای هر چیزی ، یه زمان و مکان خاصّی می باشد ( هر سخن جایی و هر نکته مکانی دارد )

*There's more than one way to skin a cat* دِرز مُر دَن وان وِی تو اِسکِین اِ کَت

بیش تر از یک راه برای پوست کندنِ یک گربه وجود دارد ( جهان نیست بر مرد هوشیار تَنگ )

*There's no fool like an old fool* دِرز نُ فول لآیک اَن اُلد فول

هیچ اَحمقی مثل یه اَحمقِ پیر نیست ( سَر پیری و مَعرکه گیری )

*Third time lucky* ثِرد تآیم لاکی

بار سوّم خوش شانسی دارد ( تا سه نَشه، بازی نَشه )

*Time will tell* تآیم ویل تِل

زمان خواهد گفت ( گُذشت زَمان، همه چیز را بَرمَلا خواهد کرد )

***To add insult to injury***
**تو اَد اینْسالت تو اینْجِری**

*بی احترامی را به خِسارت ( صدمه - آسیب ) اِضافه کردن ( عَروس خیلی خوشگل بود، آبله هم در آورد )*

***To beat you to frighten him***
**تو بیت یو تو فِرآیتِن هیم**

*تورا می زنم که او را بترسانم ( به در می گوید که دیوار گوش دهد )*

***To carry water in a sieve***
**تو کَری واتِر این اِ سیوْ**

*با آلک، آب را حَمل کردن ( آب در هاون کوبیدن - باد در قفس کردن )*

***To err is human, to forgive divine***
**تو اِر ایز هیْیومَن ، تو فُرگیو دیوآین**

*انسان خطاکار است و خداوند بخشنده ( بشر جایزالخطا است )*

***To fish in troubled waters***
**تو فیش این ترابِلد واتِرز ( وادِرز )**

*از آب گِل آلود ماهی گرفتن*

***To have a finger in every pie***
**تو هَوْ اِ فینگِر این اِوری پآی**

*در هر کلوچه ای انگشتی زدن ( نخود هر آشی بودن - در هر کاری فُضولی کردن )*

***To have the last word***
**تو هَوْ دِ لَست وُرد**

*آخرین حرف را زدن ( حرف خود را به کُرسی نشاندن )*

***To learn to command one must learn to obey***
**تو لِرن تو کامِند وان ماست لِرن تو اُبِی**

*برای اینکه دستور دادن را یادبگیری ، باید اِطاعت کردن را بیاموزی*

*( آدم تا کوچکی نکند به بزرگی نمی رسد )*

***Today you, tomorrow me***
**تودِی یو ، تومارُ می**

*امروز تو، فردا من ( همیشه شَعبان، یک بار هم رمضان )*

***Tomorrow is another day***
**تومارُ ایز اَنآدِر دِی**

*فردا روزی دیگر است ( فردا هم روز خداست )*

*Too many chiefs, not enough Indians* **تو مِنی چیفس ، نات ایناف ایِنْدیانز**

*رئیس زیاد است و هندی ( کارگر ) به اندازه ی کافی نیست ( دستور دهنده زیاد، ولی مُجری کم )*

*Too many cooks spoil the broth* **تو مِنی کُکْسْ ( کوکس ) اِسپویل دِ بِراث**

*آشپز که زیاد باشد، آش ضایع می شود*

*( آشپز که دوتا شد ، آش یا شور می شود یا بی نمک )*

*Two and two make four* **تو اَند تو مِیک فُر**

*دو و دو می شود چهار ( دو دوتا ، میشه چهارتا )*

*Two captains sink the ship* **تو کَپتِنز سینک دِ شِپ ( شیپ )**

*دوتا کاپیتان، کِشتی را ( غَرق می کنند ) به گِل می نشانند ( آشپز که دوتا شد، آش یا شور می شود یا بی نمک )*

*Two heads are better than one* **تو هِدز آر بِتِر دَن وان**

*دوتا سَر ( فکر ) بهتر از یکی است ( هر سَری عَقلی دارد - یک دَست صدا ندارد )*

*Two wrongs don't make a right* **تو رآنگز دُنت مِیک اِ رآیت**

*دو اِشتباه ، یک درست نمی سازد ( خون را با خون نمی شویند )*

*Two's company, three's a crowd* **توز کامپنی ، ثیریز اِ کِرَوْد**

*دو تا بودن خوب است ، سوّمی زیادی است ( دری باز شد و پیدا شد سَرخَر )*

*Union is strength* **یونیین ایز اِسترِنگث**

*در اتّحاد، قُدرت و عَظمت است*

*Variety is the spice of life* **وِ رآی اِتی ایز دِ اِسپآیس آو لآیف**

*تَنوّع، چاشنی زندگی است*

*Walls have ears* **والز هَو ایِیرز**

*دیوار ها، گوش دارند ( دیوار موش دارد ، موش هم گوش دارد )*

*Waste not, want not*

وِیست نات ، وانت نات

*( هدَر نده ) تلف نَکن تا مُحتاج نشوی*

*Water is the staff of the life*

واتِر ایز دِ اِستَف آو دِ لاَیف

*آب ، عَصای زندگی است ( آب مایه ی حیات است )*

*We seek water in the sea*

وی سیک واتِر این دِ سی

*ما در دریا ، دنبال آب می گردیم*

*( آب در کوزه و ما تشنه لبان می گردیم یار در خانه و ما گرد جهان می گردیم )*

*Well begun is half done*

وِل بیگان ایز هَف دان

*شُروع خوب، اَنجام نیمی از کار است*

*What can't be cured must be endured*

وات کَنت بی کیُورد ماست بی اینْدُارد

*آنچه که عَلاج نمی شود را باید تَحمّل کرد ( با دَرد بِساز تا به دَرمان بِرسی )*

*What is done can't be undone*

واتْ ایز دان کَنتْ بیْ آنْدانْ

*چیزی که اَنجام می شود ، نمی تواند به حالت اوّل برگردد ( آب رفته به جوی باز نمی گردد )*

*What you lose in the swings, you gain in the roundabouts*

وات یو لوز این دِ سوای نگز، یو گِین این دِ رَوْنْدابَوْتْسْ

*چیزی را که در تاب خوردن از دست می دهی ، آن را بطور غیر مستقیم بدست می آوری*

*( خداوند گر ز حِکمت ببندد دَری. به رَحمت گُشاید دَر دیگری )*

*When in Rome, do as the Romans do*

وِن این رُم ، دو اَز دِ رُمَنز دو

*وقتی که در رُم هستی مانند رُمی ها عَمل کُن ( گر خواهی نشوی رُسوا، هم رَنگِ جَماعت شو )*

*When pigs fly*

وِن پیگز فِلآی

*زمانی که خوک ها پرواز می کنند ( وقت گُل نِی )*

*When the cat's away, the mice will play* **وِن دِ کَتس اِوِی ، دِ مآیس ویل پِلِی**

*وقتی که گُربه نیست ، موش ها بازی خواهند کرد (آب که سَر بالا رفت، قورباغه ابو عَطا می خواند)*

*When the cat's away, the mice play* **وِن دِ کَتس اِوِی ، دِ مآیس پِلِی**

*وقتی که گُربه نیست ، موش ها بازی می کنند ( در منزلی که گربه نباشد، موش کَدخدا است )*

*When two Sundays meet* **وِن تو ساندِیز میت**

*وقتی که دوتا یِکشنبه به هم بِرِسند ( اگر پُشت گوشت را دیدی )*

*When you want something done, do it yourself*

**وِن یو وانت سامثینگ دان ، دو ایت یُرسِلف**

*وقتی که می خواهی کاری انجام شود ، خودت آن را انجام بده ( کَس نَخارد پُشتِ من ، جز ناخنِ اَنگشتِ من )*

*Where it is well with me, there is my country*

**وِر ایت ایز وِل ویت می ، دِر ایز مآی کانْتریْ**

*آنجا که با من خوب است ، کشور من است ( آدمی کُجا خوش است! آنجا که دل خوش است )*

*Where one door shuts, another opens* **وِر وان دُر شاتْسْ ، اَنآدِر اُپِنْزْ**

*وقتی که یک دَرب بسته می شود،دیگری باز می شود ( خداوند گر ز حِکمت ببندد دَری. به رَحمت گُشاید دَر دیگری )*

*Where there's a will there's a way* **وِر دِرز اِ ویل دِرز اِ وِی**

*آن جا که خواسته ای هست، راهی هم وجود دارد ( خواستن، توانستن است )*

*Where there's smoke, there's fire* **وِر دِرز اِسمُک ، دِرز فآیِر**

*آن جا که دود هست ، آتش هم هست ( تا نباشد چیزکی، مردم نگویند چیزها )*

*While there is life there is hope* **وآیل دِر ایز لآیف دِر ایز هُپ**

*تا زمانیکه زندگی هست ، اُمید هم وجود دارد ( تا عُمر هست، اُمید هم هست )*

*Wishes won't wash dishes* **ویشیز وُنت واش دیشیز**

*آرزوها و خیالات، ظرف ها را نخواهند شُست ( با حلوا حلوا گفتن، دَهَن شیرین نمی شود )*

*Women are necessary evils* **وِمِن آر نِسِسِری ای وِلز**

*زنان شیطان های واجب ( مورد نیاز ) هستند ( زن بَلاست، الهی که هیچ خانه ای بی بَلا نباشد )*

***You can take a horse to water but you can't make him drink***

**یو کَن تیک اِ هُرس تو واتِر بات یو کَنت مِیک هیم دیرینک**

*شما می توانید اسب را به (چشمه ی) آب ببرید امّا نمی توانید آن را به آب خوردن مجبور کنید*

*( تازی را به زور به شکار نتوان برد )*

***You can't eat your cake and have it*** **یو کَنت ایت یُر کِیک اَند هَوْ ایت**

*شما نمی توانید که کِیکتان را بخورید و (آن را داشته باشید) تمام هم نشود*

*( هم خُدا را می خواهی ، هم خُرما را )*

***You can't judge a book by its cover*** **یو کَنت جاج اِ بُک ( بوک ) بآی ایتس کاوِر**

*شما نمی توانید کتاب را از روی جلدش آرزیابی کنید*

***You can't make an omelet without breaking eggs***

**یو کَنت مِیک اَن آملِت ویت اَوت بیریکینگ اِگز**

*شما نمی توانید بدون شکستن تخم مرغ ، اُملت درست کنید ( بی مایه، فَطیر است )*

***You can't teach an old dog new tricks*** **یو کَنت تیچ اَن اُلد داگ نیبو تِرکسْ**

*شما نمی توانید به یک سَگ پیر فَن های جدید یاد بدهید*

*( شخص اگر در پیری پلو خوردن را یاد بگیرد، لُقمه را به گوشش می گذارد )*

***You need this like you need a hole in the head***

**یو نید دیس لآیک یو نید اِ هُل این دِ هِد**

*موش تو سوراخ نمی رفت جارو به دُمِش می بست*

***you won't miss so much*** **یو وُنت میس سُ ماچ**

*شما چیز زیادی هم از دست نخواهید داد ( همچین آش دَهن سوزی هم نیست )*

***You're never too old to learn*** **یور نِور تو اُلد تو لِرن**

*هرگز برای یادگیری، پیر نیستی ( زِگهواره تا گور دانش بِجوی )*

**پایان قسمت چهارم**

*With the best wishes for you* *Ahmad Abedini*

**به نام خدا**

******* یادگیری زبان انگلیسی آسان می باشد *******

**تماشای فیلم ها، یکی دیگر از بهترین راه های یادگیری زبان می باشد، در این صورت**
**شما می توانید بهترین جملات را با بهترین و صحیح ترین تلفظ ها، بشنوید.**
**اگر شما فیلمی را که تماشا می کنید به همراه فیلم نامه اش باشد،**
**می توانید لغت ها را ببینید و به تلفظ آن ها به دقت گوش دهید و هر زمان که آمادگی داشتید،**
**به همراه فیلم، جملات را تکرار کنید و با فیلم همخوانی داشته باشید.**
**بنابراین شما قادر خواهید بود که فیلم نامه ها را به درستی بخوانید.**
**به یاد داشته باشید که جملات و اصطلاحات بسیار زیبا و مفیدی در فیلم ها به کار می روند**
**پس توصیه ی اینجانب برای یادگیری زبان این است که**
**تا می توانید فیلم هایی را تماشاکنید که فیلم نامه های آن ها موجود می باشند**

## معرفی چند فیلم نامه ی کامل از این مؤلف

| | |
|---|---|
| 1 – داستان شِرِک یک | *The story of Shrek I* |
| 2 – داستان تارزان یک | *The story of Tarzan I* |
| 3 – داستان پرنس مصر | *The story of The prince of Egypt* |
| 4 – داستان پوکوهانتِس یک | *The story of Pocahontas I* |
| 5 – داستان پوکوهانتِس دو | *The story of Pocahontas II* |
| 6 –داستان شگفت انگیزان | *The story of The Incredibles* |
| 7–داستان دیو و دلبر | *The story of Beauty and the Beast* |
| 8- داستان مولان یک | *The story of Mulan I* |
| 9- داستان تروی با 40 سوال و جواب تشریحی | *Troy* |

**ضمناً سی دی و نوار کاست فیلم نامه های بالا نیز موجود می باشند**

## معرفی چند کتاب به زبان انگلیسی از این مؤلف

1- زندگی نامه ی رونالدینهو ( شانزده صفحه رنگی )
2 - زندگی نامه ی دیوید بکهام ( شانزده صفحه رنگی )
3- زندگی نامه ی زین الدین زیدان ( شانزده صفحه رنگی )
4- زندگی نامه ی بوفن ( شانزده صفحه رنگی )
5- زندگی نامه ی کِلُزه ( شانزده صفحه رنگی )
*6- 101 بهترین جوک های انگلیسی*
*7- اخبارهای آمریکایی با یک سی دیِ فشرده ی رایگان* ( VOA )